新新经济

新经济·新思维

HUMAN ACTION

人的行为

［奥］路德维希·冯·米塞斯◎著

谢宗林◎译

（第1册）

本书译文由五南图书出版股份有限公司授权海南出版社在中国大陆地区出版发行简体中文版本。

版权合同登记号：图字：30-2023-078 号

图书在版编目（CIP）数据

人的行为：全四册 /（奥）路德维希·冯·米塞斯著；谢宗林译. -- 海口：海南出版社，2024.7
ISBN 978-7-5730-1385-9

Ⅰ. ①人… Ⅱ. ①路… ②谢… Ⅲ. ①行为经济学 - 研究 Ⅳ. ① F069.9

中国国家版本馆 CIP 数据核字（2023）第 220146 号

人的行为：全四册
REN DE XINGWEI: QUAN SICE

作　　者：	[奥]路德维希·冯·米塞斯
译　　者：	谢宗林
特约策划：	谌紫灵
责任编辑：	张　雪
执行编辑：	于同同
责任印制：	杨　程
印刷装订：	三河市中晟雅豪印务有限公司
读者服务：	唐雪飞
出版发行：	海南出版社
总社地址：	海口市金盘开发区建设三横路 2 号
邮　　编：	570216
北京地址：	北京市朝阳区黄厂路 3 号院 7 号楼 101 室
电　　话：	0898-66812392　　010-87336670
电子邮箱：	hnbook@263.net
经　　销：	全国新华书店
版　　次：	2024 年 7 月第 1 版
印　　次：	2024 年 7 月第 1 次印刷
开　　本：	880 mm×1 230 mm　　1/32
印　　张：	45.25
字　　数：	1 000 千字
书　　号：	ISBN 978-7-5730-1385-9
定　　价：	228.00 元（全四册）

【版权所有，请勿翻印、转载，违者必究】
如有缺页、破损、倒装等印装质量问题，请寄回本社更换。

出版说明

《人的行为》出版于20世纪40年代末，是继亚当·斯密的《国富论》之后，对经济学理论进行全面整合的重要著作，是奥地利经济学派系统而清晰的理论基石。米塞斯的这部作品，通过假定一个"先验的"人的行为之"公理"，推导出人类社会经济的种种安排和运作原理，将经济学理论提升到社会哲学与人类行为通论的高度。《人的行为》被认为是经济学中意义深远但难度较高的书籍，影响了后来的许多经济学家，并成为世界经济学史上的经典之作。

米塞斯通过《人的行为》这本书开创了"人的行为学"方法论，这在经济学研究中具有划时代的意义。总的来说，《人的行为》在世界经济史上的学术地位极为重要，它不仅为经济学提供了一种新的分析框架，还对经济学的科学性和实践性提出了新的理解和要求。

此次出版的《人的行为》旨在为经济学研究者、政策制定者、企业管理者以及对经济学感兴趣的广大读者提供一个全面、深入的视角，以理解奥地利学派的理论框架和米塞斯的经济思想。本书主要有以下特点：一、译者是著名学者谢宗林，他的译文准确流畅，不失学术著作的严谨，真正做到了"信·达·雅"；二、随书附赠罗伯特·墨菲的导读手册，完全可以让读者轻松理解米塞斯的思想和经济学原理。

《人的行为》对经济学的贡献，为我们提供了丰富的思考资源，但是书中的一些观点值得商榷，需结合具体问题仔细甄别，在编辑过程中也对个别章节进行删减，并对个别经济学术语进行了修改。

本书在出版过程中，得到了众多经济学界学者、研究机构的大力支持。在此，我们向所有支持和参与本书出版工作的个人和机构表示衷心的感谢。我们相信，通过我们的共同努力，可以为经济学的发展和经济学著作的出版贡献力量。

推荐语

在经济学发展过程中，里程碑式的经济学经典著作不少。从揭示最根本的经济学原理的角度看，如果要排出前三位，那应该是《国富论》《国民经济学原理》与《人的行为》。《国民经济学原理》与《人的行为》都属于奥地利学派经济学经典，在经济科学中处于核心和基础地位，即处于元经济学的地位。奥地利学派经济学解释经济现象的本质和精确规律，是有关真实世界的真实的人的真实行为的经济学。比如，前美国总统候选人荣保罗和现任阿根廷总统米莱都是著名的奥派拥趸。米莱目前是最耀眼的奥派理论实践家。如果说《国民经济学原理》属于经济科学中元经济学部分的"元宇宙"，那么《人的行为》属于由此衍生的一个更为宏大的"平行宇宙"：《人的行为》从主观主义角度改造和发展了《国民经济学原理》，其涉略范围远远超越《国民经济学原理》，涵盖了门格尔毕生未完成的宏大写作计划之方方面面。正如哈耶克所说，"过去一百年里经济学的每一项重大进步，都是向着不断采用主观主义的方向前进了一步"。这些进步既包括门格尔提出和论证了主观价值论和边际效用论，也包括米塞斯推出其鸿篇巨著《人的行为》，创建其行为学和与行为学一致的经济学。掌握《人的行为》里的行为学与经济学原理和方法论，就等于为洞观经济现象与经济政策问题配备了火眼金睛。无论是经济学小白，还是经济学家，都有必要反复研读此书。每次重读此书，均会有新的发现，新的喜悦。

——冯兴元 中国社会科学院教授

《人的行为》是奥地利学派经济学大师路德维希·冯·米塞斯的鸿篇巨著。它深刻地探讨了人类行为的经济学原理。它以其独特的视角，将经济学建立在人类行为的基本原则之上，为我们提供了一个理解市场、个体选择和社会秩序的全新框架。此书不仅对经济学专业人士具有深远的影响，也为普罗大众提供了洞察人类行为和经济现象的杰出智慧。无论你是对经济学感兴趣，还是希望更深刻理解市场的运作，《人的行为》这部作品都是必读的经典。

——毛寿龙 中国人民大学公共管理学院教授

米塞斯在这本巨著中说明，社会是人有意识的努力的结果，是一种意志现象，为了让社会能够有效运转，从而改善自己的境况，那么人类就必须有意识地利用关于社会的根本特征，即分工合作得以可能的知识，来对制度进行审视，避免为了短期利益而牺牲社会的顺利运作，从而损害自己正确理解的利益。也就是说，人们不能对他们身处其中的社会与制度无动于衷，而是要正确运用自己的理性，使有助于社会正常运作的制度得以出现。米塞斯对个体理性的弘扬，彰显了人的主体价值。他的这一巨著代表了启蒙运动以来人类思想的巅峰，也是指引人类走向文明的高扬火炬。

——朱海就 浙江工商大学经济学院教授

《人的行为》是一部"关于一切"的经济学著作，米塞斯建构出一个严谨而完整的思想框架，并将其建基于行为学——关于个体行为的一般原理之上。他独具匠心地创造出"行为学法则"，坚持方法论个人主义，应用逻辑演绎法，展开对市场中真实的、以个人为原点的研究，分析人在约束条件下的现实选择。市场中人的行为影响市场价格，人的知识传递给其他市场参与者，人本能地拥有一定的计算能力，因而没有其他力量能够取代个人在市场中有目的的行为，广泛的人类合作和交换网络就是在这个基础上形成的。

在《人的行为》中，米塞斯以充分而缜密的论证，证明了计划经济的不可行，证明了商业周期发生的原因，证明了政府干预经济会产生难以矫正的负面影响，证明了利益是人类行为的一个永恒的范畴。米塞斯的书是一篇古典自由主义和自由市场制度的宣言书和辩护词，同时又为其提供了一个较之以往更加科学的理论基础，从而形成一种与物理学和生物学不同但又与其并重，并与人类未来密切关涉的"经济知识的本体"，即人类行为学的法则。

在《人的行为》中，米塞斯整合哲学、经济理论和政治分析的多个方面，重新建构起一个含有政治学因素和特点的经济学思想体系，并将这一理论应用到其他领域，使人类对世界的理解前进了一大步，米塞斯亦由此与大卫·李嘉图、亚当·斯密、卡尔·门格尔等伟大思想家齐名。或许在整个20世纪的上半叶，只有米塞斯可以和18世纪和19世纪的思想伟人们相提并论。

　　每隔一段时间，人类社会都会涌现出一部具有世界意义的思想巨著，其穿透历史和未来的思想力量、无与伦比的创造性，足以为人类寻求真理开辟出一条新的道路。毫无疑问，《人的行为》就是这样一部伟大的杰作。

　　　　——李炜光　天津财经大学财税与公共管理学院教授

译者序

> 众里寻他千百度,蓦然回首,那人却在灯火阑珊处。
> ——辛弃疾《青玉案》

怀 旧

这个中译本的英文原著 *Human Action: A Treatise on Economics*(London, 1949)是一本有多重意义的老书。原著于 1949 年在美国纽约和英国伦敦首次(同时)发行;而据称内容增删不多、编印错漏却不少的第二版于 1963 年继续由同一家出版社发行;1966 年更换出版社发行的第三版改正了前一版的印刷疏漏[1]。无论哪一版,其出书的时间距今都已超过半个世纪,更不用说米塞斯本人在日内瓦讲学期间(1934—1940 年)花了整整 6 年时间潜心写完此书。这本书成功地整合了他个人

---

[1] 前两版的英文版为:J. M. Herbener, Hans-Hermann Hoppe, & J. T. Salerno (1998),"Introduction to the Scholar's Edition" in Ludwig von Mises (1949), *Human Action: A Treatise on Economics*, republished by Ludwig von Mises Institute, Auburn, Alabama.

早期在货币理论方面的贡献、奥地利学派奠基者门格尔（Carl Menger, 1840—1921）的价值理论，以及19世纪20年代计划经济计算大辩论的教训，其精心撰述源于1940年出版的德文巨著 *Nationalökonomi: Theorie des Handelns und Wirtschaftens* 的架构和内容。

经济学界自20世纪30年代以来，由瓦尔拉斯式（一般均衡）、马歇尔式（部分均衡）、凯恩斯式（总体计量）等所谓"新经济学"当道，初学者很少有机会接触《人的行为》这种延续、改进古典经济学的著作（也可被归类为形式原理演绎的理论著作），因为他们的老师执迷于自然科学的实证方法论（positivism），往往认为《人的行为》这种非量化、无数学方程式的论证著述是过气的、非科学的、无实用意义的，避之唯恐不及。于是，大学图书馆收藏的《人的行为》大都变成尘封于角落、乏人问津的旧书。

不得不说，我进行翻译工作时所使用的原著纸本，确实是一本旧书，那是夏道平先生在台湾中华经济研究院任特约研究员时赠予我这个后学的。这本书的扉页上有夏先生亲笔书写的"1960年8月28日购于台北市南昌街"字样。印象中，从夏先生知道我当时对另一位奥地利学派的经济学家哈耶克（F. A. Hayek, 1899—1992）也感兴趣时，也就是在夏先生辞世前两三年，这本书便一直和夏先生所赠的其余的英文藏书一起搁在我的书架上了。

夏先生[1]原籍湖北，却因缘际会成为台湾戒严时期自由经济思想的播种者。夏先生于1949年搬迁到台湾地区，同年11

---

[1] 关于夏道平先生的生平，有兴趣的读者可以参考高全喜的《夏道平：一个自由主义经济学家的风范》(《东方历史评论》)。

月，即与在大陆时期因共事而结识的雷震、胡适等自由主义政治家和知识分子，共同创办了至今仍然让人怀念的《自由中国》半月刊，并成为该刊的一位主要撰稿人。从创刊至1960年9月被禁为止，《自由中国》总计出刊249期，刊载社论429篇，其中116篇出自夏先生之手，此外尚有不少以夏先生本名或笔名撰写和翻译的文章与短评。先生为文，结构严谨、义理完整、大气磅礴，往往振聋发聩、脍炙人口。

1957年，夏先生的一位同乡从美国寄来一期《美国新闻与世界报道》（U.S. News & World Report），其中恰有文章摘要介绍米塞斯的《反资本主义者的心境》（Anti-capitalistic Mentality），引起先生的兴趣，于是先生开始着手翻译全书。《自由中国》遭禁后，夏先生从台湾时政论坛抽身，转而专注于译介米塞斯与哈耶克的著作，并先后在政治大学、东海大学、辅仁大学、东吴大学等校任教，传播奥地利经济学派的自由经济理念。

米塞斯为了逃避纳粹的迫害，于1940年辗转移居美国纽约，开始用英文写作，其主要的英文著作计有6本，按出版年份排列，分别是：Omnipotent Government: The Rise of the Total State and Total War（1944）、Bureaucracy（1944）、Human Action: A Treatise on Economics（1949）、The Anti-capitalistic Mentality（1956）、Theory and History: An Interpretation of Social and Economic Evolution（1957）和 The Ultimate Foundation of Economic Science: An Essay on Method（1962）。在这6本著作中，夏先生先后翻译了 The Anti-capitalistic Mentality（《反资本主义者的心境》，1957年首版）、The Ultimate Foundation of Economic Science: An Essay on Method（《经济学的最后基础》，1968年首版），和 Human Action: A Treatise on Economics（《人的行为》，1976年首版）。此外，夏先生还翻译了哈耶克早期的一本论文集 Individualism and

Economic Order（《个人主义与经济秩序》，1970年首版）和另一位自由主义经济学家洛卜克（Wilhelm Röpke, 1900—1966）的 *The Economics of the Free Society*（《自由社会的经济学》，1979年首版）。米塞斯、哈耶克和洛卜克，是成立于1947年的以提倡自由市场经济为宗旨的朝圣山学社[1]的发起人，夏先生也是该学社的会员。前述所有夏先生译著，皆于20世纪90年代初，经台湾中华经济研究院同事吴惠林博士费心校订后，由台北远流出版公司重新发行。

夏先生的自我要求很高，因此对于前述所有校订后的翻译作品，他仍然觉得不够满意。例如，对于校订再版的《人的行为》，他说："严谨的翻译，尤其是理论性的翻译之求严谨，真是一件难事。我相信这个译本即便再修订一两次，仍不免会有缺憾。"

除　魅

夏先生把珍爱的藏书赠予我，不无鼓励我延续他译介奥地利学派自由经济思想的志业之意。另外，我在十多年前从职场退休后，也不时想要盘点自己钻研经济学数十年，究竟学到多少可以确信的理论知识。因此，我偶尔会翻阅尚未丢弃的经济学书籍，也时常浏览美国米塞斯研究院的网站，但从来没想到要重新翻译《人的行为》，直到大约5年前。当时，我碰巧读到一篇在瓦尔拉式效用函数分析架构下（含约束条件下的优化逻辑）批评米塞斯利息理论的文章，该文作者被认为是奥地利学

---

[1] 参见夏道平《一个自由派国际学会的成长——写在朝圣山学社来台开会之前夕》（1988年），收录在夏道平《自由经济的思路》（1989年）中。

派的新秀。一时之间，我居然顺着该文的逻辑，绕进了思想的迷宫，甚至一度妄想以"效用函数分析"等术语来解释米塞斯所坚持的行为概念[1]；后来才警觉：行为和效用函数分析绝不兼容——在效用函数分析架构中是找不到人的行为的[2]。这一经历让我醒悟：对于人的行为，自己之前的认知太过肤浅，否则不可能为效用函数分析所迷惑。

是的，我之所以翻译这本书，主要是想通过精读米塞斯廓清我之前在钻研经济学的过程中累积、潜伏下来的一切谬思和妄念，让求知的心灵得到升华。至于译文的清晰、流畅和可读性方面，如果有任何优于夏先生的地方，那也得完全归功于本书的校订者洪瑞彬先生。我能通过吴惠林先生的介绍，获得素未谋面的洪瑞彬先生费心校订此书，实乃人生一大幸事。谨此再次感谢两位先生的贡献。另外，我也要感谢五南出版社编辑部的同人，他们的费心校稿与纠错，大大提升了这本译作的质量。

提　醒

前文提到我作为本书的译者因醒悟效用函数分析之弊，而得以进入本书所阐述的理论殿堂。由于每个人的学习背景不完全相同，机缘也不同，我的转变之法不见得适用于其他人；要

---

[1]　谢宗林，《米塞斯的"时序偏好"vs新古典效用函数》，台湾中华经济研究院《经济前瞻》，2013年1月。
[2]　参见本书第五章第四节和第十四章第三节。读者请自问：作为一个消费者，自己可曾执行数理经济学家在论述消费者行为时所进行的那种效用计算？答案显然是否定的。这也意味着，数理经济学家从来没把他的论述对象当作人或人的行为结果，数理经济学家可说是"目中无人"。

从本书获益，需跨越的具体认知障碍，或许因人而异。米塞斯认为，要掌握行为学的大意以及行为学这门知识的特性，须仔细思考某些重大的行为学议题，例如报酬律[1]、李嘉图的联合律[2]、经济计算问题[3]等。无论如何，我相信，任何人只要心灵足够开放、成熟，都能够在细品米塞斯说理的过程中得到启发。

以下简略说明米塞斯6本主要英文著作之间的关系，希望有助于读者对米塞斯的思想做进一步研究。

就米塞斯思想铺陈的逻辑而言，《人的行为》无疑居于核心。该书是根据米塞斯于1940年发表的 *Nationalökonomie: Theorie des Handelns und Wirtschaftens* 的架构和内容改写而成的，所以出版顺序实际上也应算在其余5本著作之前。在《人的行为》里，米塞斯将人的行为严格地区分为两部分：行为学和历史学。经济学镶嵌在行为学当中，是行为学不可分割的一部分，其研究主题是市场现象。行为学和经济学的最终基础是"人的行为"这个概念，这个概念不仅是学者设想出来解释市场或其他社会现象的概念，也是每个人以每一个具体行为所彰显的真实存在。"人的行为"不是理论家的假设。不过，行为学和经济学只以想象和推理的方式处理一般行为元素的形式结构，而不处理个别行为的具体内容；这样确立的定理，在（所假设的）条件给定的情况下其推演过程是严格而有效的。而处理个别行为的具体内容的行为科学是历史学；历史学家固然应使用行为学的研究方法，并且不能违背行为学的定理，但还需要使用"了解"的方法（类似于 thymological or historical

---

[1] 参见本书第七章第二节。
[2] 参见本书第八章第四节。
[3] 参见本书第三篇。

understanding）处理所有历史的独特性问题；如此建构而成的历史命题，必然反映历史学家的个性（掺杂历史学家的主观意见），因此它们不具备像行为学定理那种可被证明的确定性和无可置疑的说服力，而且其本质上不具有普适性，尤其是不能用于预测未来。[1]

《人的行为》主要是一本理论性著作，阐述行为学中发展最完备的部分——经济学，至于历史专属的研究方法和特质，虽然在《人的行为》中有一定的对照论述，但篇幅不多，个别的历史问题讨论就更少了。

1944年出版的 Omnipotent Government 算是对《人的行为》中关于极权主义政府兴起的历史论述的补充；而同年出版的 Bureaucracy 属于行为学理论部分，它是对《人的行为》在讨论市场经济架构中的利润管理（profit management）制度时，作为与其对照而提到的行政管理制度的补充。

1956年出版的 The Anti-capitalistic Mentality 是米塞斯作为历史学家，尝试从 Thymology（夏译：情意学）的角度阐述当时欧美社会反商情结的由来而写的一本120页左右的袖珍书。

和 The Anti-capitalistic Mentality 只处理某个历史现象不同，1957年出版的 Theory and History: An Interpretation of Social and Economic Evolution 是在比较一般的层面，说明历史专属的研究方法和特质，弥补了"人的行为"第二章"人的行为科学的认识论问题"有关历史方面讨论的不足。

1962年出版的 The Ultimate Foundation of Economic Science: An Essay on Method 指出，某些人根据实证主义反对经济学，无

---

[1] 参见本书第二章。

异于反智；这弥补了《人的行为》第三章"经济学和对理智的反叛"只讨论多元逻辑说是一种反叛理智与经济学的学说，而未言明实证主义也属一丘之貉的缺憾。米塞斯指出，"今天这两种学说——多元逻辑说和实证论，彼此很和谐地对'左派'给以理论上的支持。就哲学家、数学家、生物学家来讲，他们有逻辑实证论或经验实证论的奥秘教条；另外，普罗大众仍然受辩证唯物论的一些由片段拼凑的东西的煽动。"[1]是的，在米塞斯看来，多元逻辑说和实证主义之反对经济学，就是对理智的反叛，因为经济学是纯粹凭借理智，从确实存在的行为元素出发，一步步推演建立起来的。[2]

最后，似乎该谈一下哈耶克。夏先生经由钻研米塞斯，进而对哈耶克产生了浓厚的兴趣。他对哈耶克的评价似乎还高于米塞斯。他说，米塞斯的广博更胜于精深，而哈耶克的精深更胜于广博。再者，哈耶克的文章字句精练，行文严谨，相对于他那种炉火纯青的气势，米塞斯似乎稍逊一筹。[3]甚至在译完《经济学的最后基础》后，他没有直接继续翻译米塞斯的其他著作，而是连忙着手翻译哈耶克的《个人主义与经济秩序》。

但哈耶克和米塞斯在思想上的差异其实是很大的，而且二者有着根本的不同。米塞斯强调人的理智（reason），他认为人

---

[1] 参见夏道平译《经济学的最后基础》第八章第四节倒数第二段的结语。

[2] 多元逻辑说主张，人的认知逻辑因所属阶级、种族或国家之不同而有所不同；主张古典经济学不是科学的真理，而是资产阶级炮制出来的虚伪的"意识形态"。而实证主义者则认为，经济学不是建立在经验的基础上，所以不是真实的知识，而是与真实无关的形而上学猜想。或许也可以这么说：多元逻辑说主张人心（human mind）没有共同的逻辑结构，经济学只是资产阶级炮制出来用以迷惑无产阶级的意识形态；实证主义者则否定人心的存在。

[3] 参见夏道平译《经济学的最后基础》初版译者序。

类文明的每一次进步，都是人类凭理智能认识到的；以合作代替对抗，有利于每一个人的长期利益或"正确了解利益"。[1] 而在哈耶克的思想中，反对或鄙薄理智的色彩却颇为浓厚。比如他在《个人主义：真的和假的》一文里说："人类的理智不存在于单数……人类的理智必须理解为人际关系的一个过程。在这个过程中，任何人的贡献都在被别人试验与纠正。"[2] 而米塞斯却说："人，作为一个有思想、能行动的生物，在脱离他的'前人类状态'而成为人的时候，便已经是一个社会性的生物。理智、语言与合作的演化，是同一个过程的结果，它们是不可分割、必然联结在一起的。但是，这个过程发生在个人身上，也完全表现在个人行为的变化上。这个过程只会发生在个人身上，而不会发生在其他实体上。除了个人的行为，没有什么可以成为社会基础。"[3] 说到底，我不太肯定哈耶克真的会坚守他自己鼓吹的真的个人主义，遑论思想精深。

米塞斯和哈耶克两人之间，像前述这样针锋相对的思想分歧，还有许多。[4] 米塞斯坚持认为行为学（含经济学）纯粹是先验的、形式的和演绎的性质[5]，而哈耶克却主张经济学也含有经验科学的成分[6]，但这里仅就《人的行为》所处理的一个重大

---

[1] 参见本书第八章。
[2] 参见夏道平译《个人主义与经济秩序》的初版译者序。
[3] 参见本书第二章第四节。
[4] 对这个议题有兴趣的读者，可以参考穆瑞·N.罗斯巴德的文章《奥地利经济学的现状》（"The Present State of Austrian Economics"）。
[5] 参见本书第二章第二节。
[6] 参见《个体主义与经济秩序》（*Individualism and Economic Order*）中的《经济学与知识》（"Economics and knowledge"）一文，以及《路德维希·冯·米塞斯回忆录》（*Ludwig von Mises' Memoirs*）中的引言。

议题——计划经济计算问题,略述米塞斯和哈耶克两人的基本分歧。这涉及"均衡"(均匀轮转经济)这个概念在经济理论中所扮演的角色。米塞斯主张:(1)均衡只是理论家在推理过程中所使用的一个思考工具,行为人不会,也不需要考虑均衡状态。(2)个人行为和市场过程总是趋向均衡,因为行为总是趋向完全满足(无行为状态),而市场过程总是趋向于消灭企业家的利润和亏损;但行为和市场永远达不到均衡,因为变化是生命的本质,在趋向均衡的过程中,市场必然会不断变化。(3)市场过程的驱动力来自为了追求利润与规避亏损而不断伺机调整生产结构以适应未来消费者需求的企业家。(4)以货币为依据的经济计算是生产手段私有制下企业家行动时的思考工具,也是市场过程趋向均衡以及改善生产结构和消费契合度的指南针。(5)计划经济体制下,因为没有自由的生产手段市场,没有生产手段价格,所以任何人都不可能进行经济计算,也就无法比较不同生产结构的利弊得失。(6)所以,计划经济体制不可能理性地使用生产要素,也不可能实现或者成为有效的社会分工合作体系。

哈耶克也认为计划经济体制不是一种可以落实的社会分工合作体系,但他所持的理由是:理论上,经济计划当局可以利用数理经济学以及那组描述市场"均衡"的微分方程式,来替代市场经济计算,但实际上,要应用该替代方法就必须每天给像神话般庞大的那组方程式求解,而这个无法想象的庞大工作负荷,将使这个替代市场经济计算的想法显得荒谬。简而言之,哈耶克认为,计划经济体制在理论上可行,但基于技术性的原因,实际上很难落实。注意,他暗地里认为,"市场机能"实际上能够很快达到市场"均衡"。

针对哈耶克所持的理由,米塞斯很客气地指出,由于现实中经济体系永远处于不均衡状态，所以即使没有任何技术性的困难阻止人们获知某个假想的均衡状态，这种情况对于必须天天进行选择和采取行动的行为人（包括经济计划当局）也不会有什么用处。[1]米塞斯继续批评哈耶克，说他和一般数理经济学家一样，误以为经济均衡并非只是理论家作为思想工具所虚拟的一个想象，而是有其实际对应的状态。其实，就神化"市场机能"而未加以分析这一点而言，哈耶克也颇有资格被归入瓦尔拉斯学派。

对读者来说，仔细思考、掌握奥地利学派和以瓦尔拉斯为代表的数据学派之间的这点差异，也可能是打开米塞斯思想世界的钥匙。

谢宗林

2017年4月19日于台北市

---

[1] 参见本书第二十六章第六节。

校订者序

> 回首向来萧瑟处，归去，也无风雨也无情。
> ——苏东坡《定风波》

2013年年中，我蓦然回首，发现我进入台湾地区行政管理机构经济建设委员会工作之后，已历经了16位主任委员、16任行政管理机构负责人。令人不胜唏嘘的是，这个当年列为就业首选的职位，曾经是叱咤风云的"美援会""经合会"，号称"财经小内阁"的枢纽部会，竟然如同儿戏般地在5年之内更换了5位主任委员！一个"归去来兮"的念头蓦地从我的内心深处升起，于是就在任职即将届满35年的2013年8月1日，我毅然提出退休申请，并如愿在8月底获准，10月2日便卸下一切重担，过起了闲云野鹤般的生活。

多年知交、自由主义经济学者吴惠林兄对我一向抬爱，知我再无公务萦身，立即来电鼓励，邀我一起投入经典经济著作的译述工作，因为这项工作太重要了。他说他的同学谢宗林兄虽然离开职场多年，但仍然热衷于古典经济思想，特别是奥地利学派自由主义经济学说的研究与传承，说谢宗林兄此刻正从事系列经典著作的重新翻译工作，希望我也能加入这个行列。也因此，我虽与本书的译者谢宗林兄素昧平生，却早已久仰大名，暗地里对其钦敬几分。

2016年年中，惠林兄再度来电，说宗林兄稍早翻译的米塞斯的名著《人的行为》，已经大致完成，但鉴于该书乃经典之作，务必求其尽善尽美，故还在不断地精读、修订之中，他由衷地希望我能协助该书的检阅、校订与润饰工作，使这本书的可读性更为提高云云。

说到《人的行为》，我不禁想起1991年远流出版社修订版的翻译夏道平先生。回忆20多年前，我何其有幸，在惠林兄的引见下，能够多次亲临请益、躬聆雅教。对于夏先生严肃中不失亲和，论述中常带幽默的风范，我印象极为深刻，那种如沐春风的感觉，恍如昨日。没想到古道尚存，夏先生作古多年，居然还有衣钵传人！于是电话中我几乎不假思索地就答应了惠林兄的邀请，他也择日安排了三人之会，终于顺利促成了一桩美事。而接下来的几次会晤、餐叙，宗林兄对学问的专注、对论述的热忱，在言谈中总是自然流露，令人动容。尤其难得的是，宗林兄对翻译的自我要求极高，可谓字斟句酌，因而其译本堪称呕心沥血之作，远非一般译者能及。但他还是不厌其烦，对于我的挑剔与苛求，他总能够虚心接受，重新就相关字句、语义再加推敲，务求更为顺畅、易懂。

另一个让我感慨万千的地方是，宗林兄几次激动地对我说，他自己，还有儿女，早已错过机会，无法在就学阶段吸收正确的经济知识、观念，但是他的孙子还来得及这样做。他一定要倾全力将米塞斯的观念精准呈现，向年轻一代传授经济学的真知灼见，避免重蹈上一代在思想上惨遭扭曲、误导的覆辙。这是多么深刻的领悟，多么沉痛的呐喊！回顾我自己，在大学、研究所主修的就是经济学，随后大半生在职场上接触、处理的也尽是经济问题、经济事务，但扪心自问，我距离米塞斯所阐述市场机能的真谛何其遥远！

夏先生在当年的序文中说得好：不朽的名著，没有"时效"问题，因而也没有"过时"的翻译；有的，只是无常的"时运"。的确，往者已矣，来者可追。希望这个重译本的出版，能够在社会各界形成新的潮流，发挥激浊扬清的作用，让世人有所依循、迷途知返，庶几不负奥地利学派先哲薪火一脉相传的苦心！

洪瑞彬

2017年4月于台北市

前　言

从1934年秋一直到1940年夏，我有幸在瑞士日内瓦的国际关系研究所（Graduate Institute of International Studies）担任国际经济关系讲师，该研究所是由两位卓越的学者——保罗·芒图（Paul Mantoux）和威廉·E.拉帕德（William E. Rappard）所创立和持续领导的学术机构。在宁静的研究氛围中，我着手执行一个旧日的计划——写一本综合性的经济学专论，题为 *Nationalökonomie, Theorie des Handelns und Wirtschaftens*。1940年5月，该书就在一片忧郁的战争气氛中于日内瓦出版了。

目前的这个英文版本，并不是前书的翻译本，虽然整体内容结构几乎没什么改变，但所有部分都已改写。

我要特别向我的好友亨利·黑兹利特（Henry Hazlitt）表示感谢，承蒙他费心阅读这本书的手稿，并给出了很多有价值的建议。我也必须要感谢阿瑟·戈达德（Arthur Goddard）先生在词句、文体方面的指教，惠我良多。此外，我很感激耶鲁大学出版部的编辑尤金·A. 戴维森（Eugene A. Davidson）先生和经济教育基金会的总裁莱纳德·E. 里德（Leonard E. Read）先生的支持和鼓励。

这几位先生对于本书的所有见解，不负任何（直接或间接）的责任，这是毋庸赘言的。

路德维希·冯·米塞斯
1949年2月于纽约

导　论

第一节　经济学与行为学

　　经济学是所有科学当中最年轻的。没错，过去两百余年，许多新科学从古希腊人所熟知的学科中诞生出来。然而，那不过是一些原本属于旧有的学识体系中的局部知识现在变成独立的学科罢了。原有的研究领域现在分得更精细，也采用了一些新的研究方法；人们发现了一些过去没注意到的角落，而且开始运用一些不同于古人的观点来研究事物；但是，研究领域本身并没有扩大。经济学就不同了，它给人类开拓了一个人类从前不可能触及，也从未想到的科学领域。种种市场现象在发生的顺序和相互依存中，竟然有其规律！这种规律的发现，超出了传统学识体系的范围，它所传达的知识既不能被当成逻辑学，也不能被当成数学、心理学、物理学或生物学。

　　自古以来，哲学家一直热衷于琢磨上帝或天理究竟想在人类的历史进程中达到哪些目的,他们在探索人类的命运和演化所遵循的法则。然而,即使是那些没有任何神学倾向的思想家在这方面的努力也都彻底失败了,因为他们使用的是一种错误的方法。他们把人类当成一个整体来论述,或将其论述成类似于"国家""民族"或"教派"等整体概念。他们很随意地设定一些目的,并认为这些整体的行动必然导向那些目的。但是,他们无法圆满地回答,究竟是什么因素驱使各个不同的行为人如此这般行动,从而达成那个所谓不可撼动的整体演化进程的目标。他们不得不寄希望于一些令人绝望的幻想,比如神灵通过启示或委派先知与圣化的领袖作为神的使者,做出神奇的干涉;或是上帝早先规划好的和谐;或是一种注定的命运;或是某一神秘的、匪夷所思的"世界精神"或"民族灵魂"运作使然。其他思想家则说,是某一"天理的诡计"在人的心中植入了某种冲动,驱使行为人不经意地沿着天理指定的那条道路前进。

另一些哲学家则比较务实,他们没去揣测天理或上帝的意图,而是从实际统治的观点看待人间世事。他们一心一意想要建立政治行为的规则,这是一套关于统治和可供政治家使用的技巧。他们当中喜欢理论遐想的人,勾勒出一些野心勃勃的计划,想要彻底改革和重建社会。他们当中比较谦虚的人,则满足于收集与系统化整理历史经验资料。但是,他们全都认为,与人的思想推理过程和自然现象的发生顺序不同,社会活动的过程没有规律性和恒久性可言。他们不去探索社会合作的法则,因为他们认为人类能随心所欲地组织社会。如果社会状况满足不了改革者的愿望,如果事实证明改革者的乌托邦无法实现,那么这样的过错乃是人类欠缺道德所致。于是,社会问题被当成了伦理问题。他们认为,要建构理想的社会,只需要有好的统治者和善良的公民,只要人们保持正直,任何乌托邦都有实现的可能。

但是，人们惊讶地发现，市场现象是有必然的相互依存关系的。这个发现推翻了前面的见解。人们虽然感到困惑，但还是得面对这个崭新的社会观。人们惊愕地发现，在善与恶，正与邪，公道与不公道之外，还能从另一个角度观察人的行为。在社会活动中，现象总是遵循某一规律；人，如果想达到某种目的，就必须按照该规律调整自己的行为。人们以思想检查员的态度，根据武断的标准和主观的价值判断来看待社会事实是没用的；反而必须像物理学家研究自然法则那样，研究人的行为与社会合作的法则。于是，人的行为与社会合作被当成一门旨在探索、研究某些真实给定关系的科学，而不再被当成一门讨论万事万物应该如何的规范性学科；这样的转变，不管是对知识和哲学，还是对社会行为而言，都是一次影响巨大的思想革命。

然而，在随后的一百多年间，由此一思想方法的根本改变所产生的实际效果却极为有限，因为人们认为这种根本性的改变只对整个行为领域当中的一小部分有影响，也就是只对市场现象的研究有影响。古典经济学家在研究中遇到了一个他们未能移除的障碍，那就是使用价值和交换价值在表面上的矛盾。这个价值理论的缺陷迫使他们限制了科学探索的范围。直到19世纪后期，政治经济学仍旧只是一门研究人的行为中有关"经济"那一方面的科学，即只是一套关于财富和自私的理论。它所论述的人的行为仅限于那种被所谓利润动机所驱使的行为，而且它还宣称，人还有一些其他行为，研究它们是其他学科的工作。古典经济学家所启动的思想变革大业，直到现代主观主义经济学接棒后才终告完成，也就是把市场价格理论改造成一个关于人的选择的一般理论。

有很长一段时间，人们没有意识到，从古典价值理论过渡到主观价值理论，不只是以一个令人比较满意的市场交换理论取代一个令人比较不满意的理论。一般选择与偏好理论所涵盖的，远远超出从坎蒂隆（Cantillon）、休谟（Hume）、亚当·斯密（Adam Smith），到约翰·斯图尔特·穆勒（John Stuart Mill）等经济学家所圈定的经济学范畴。它不只是一门关于人们如何在"经济方面"努力的理论，不只是一门关于人们如何努力获取财货和改善物质生活的理论，而是一门研究人的一切行为的科学。人的决策取决于人的选择。人们在做选择时，不只是在各式各样的物质和服务之间取舍，所有的人文价值，都可供人选择。一切目的和手段，物质的和理想的，崇高的和卑微的，高贵的和粗俗的，全都可以排成一个序列，听从一个决定，人们从它们当中挑选一个出来，而把其余的放在一旁。人们想要的或想避免的，没有一个会待在这个独特的等级与偏好顺序的排列之外。现代价值理论拓宽了科学的眼界，也扩大了经济研究的领域。从古典学派的政治经济学中，产生了关于人的行为的一般理论，它可以被称为行为学（Praxeology）[1]。经济或市场交换问题[2]被植入一门更为普通的科学里，再也不可能与这门科学分离。人们即使只论述狭义的经济问题，也不可能不从选择行为开始，于是，经济学成为一门更为普通的科学——行为学——的一部分，并且是行为学中迄今为止发展得最完整的一部分。

---

[1] "行为学"（praxeology）一词于1890年由埃斯皮纳斯（Espinas）首次使用。参见他的文章《技术的起源》"Les Origines de la technologie"，《哲学评论》（*Revue Philosophique*），第十五年，XXX，114—115页，以及1897年在巴黎出版的同名书。

[2] 术语"市场交换"（Catalatics）和"交换科学"（Science of Exchanges）最早由惠特利（Whately）使用。参见他的《政治经济学导论》（*Introductory Lectures on Political Economy*）（伦敦，1831年），第6页。

第二节　人的行为理论在认识论层面的一些问题

在经济学这门新科学里，一切似乎都是有争议的。一方面，在传统的知识体系里，它是外来者；人们感到困惑，不知道该怎样给它归类、为它指定一个合适的位置。而另一方面，人们却又相信，无须重排或扩大整个编目架构就可以把经济学编入知识目录中，因为旧有的编目系统已足够完整。如果经济学在里面找不到合适的位置，那问题可能出在经济学家对经济问题的论述还不够圆满，不够成熟。

如果有人把那些关于经济学的本质、范围和逻辑特性的辩论，当成是众多"掉书袋"的教授假借诡辩争吵以卖弄学问而对其不予理睬，那就完全误解了这些辩论的意义。人们普遍有一种错觉：当学究们在一旁对什么是最适当的研究程序和方法大放厥词时，经济学不去理会这些无用的争辩，而是悄悄地完善自己。奥地利经济学家和自命为"霍亨索伦皇室（the House of Hohenzollern）知识护卫队"的普鲁士历史学派[1]之间关于研究方法的争论，以及克拉克学派和美国制度经济学派之间的争论，其所争论的内容不只是哪一种研究方法更有成效，还有比该争论更重要的内容。真正的问题是：行为学的知识基础何在，以及行为学逻辑的正当性是什么。许多撰述者根据一种对行为学思维完全陌生的知识分类体系以及一种——除了逻辑学和数学——只承

---

[1] 即德国资产阶级政治经济学派，19世纪中叶适应较落后的德国产业资本的发展而产生。先驱者为亚当·缪勒和李斯特（Frederick List）。主要代表，先有罗雪尔、希尔德布兰德（Bruno Hildebrand）和克尼斯（Karl Knies），称为旧历史学派；继有施穆勒（Gustav von Schmoller）、瓦格纳和布伦坦诺（Franz Brentano）等，称为新历史学派。——编者注

认实证自然科学和历史学具有科学性的思维模式，企图否定经济理论的价值和有效性。历史相对论（historicism）学派企图以经济史取代经济理论；而实证主义（positivism）学派则建议用一种似是而非的社会科学来取代经济理论，并主张这种社会科学应该采用牛顿力学的逻辑结构与模式。这两派有一点是相同的：它们都从根本上否定经济思想的一切成就。要经济学家在面对这些攻击时保持沉默，那是不可能的。

这种全盘否定经济学的激进主义，很快就被一种更为全面的虚无主义"超越"了。自古以来，人们在思想、语言和行动中，无不把人类思维结构的一致性和恒久性当成一个毋庸置疑的事实；一切科学探索向来都是根据这个假定进行的。然而，在讨论经济学的知识基础和逻辑特性时，有些论述者连这个假定也否定了，这是人类有史以来的头一遭。有人宣称，一个人的思想取决于他属于哪一个阶级；每一个社会阶级都有自己的一套思维逻辑；思想成果除了是思想者自私的阶级利益"在意识形态上的假面具"，不可能有别的意义。"知识社会学"（sociology of knowledge）的任务，就是要拆穿各种哲学和各种科学理论的假面具，揭露它们只是空洞的意识形态本质。而经济学则是资产阶级的一个权宜之计，经济学家是阿谀奉承资本的人；只有乌托邦的无阶级社会才会以真理取代各种意识形态的谎言。

前述这个多元逻辑说（polylogism）后来也以不同的形式被散播与传述。历史相对论声称，人的思想以及行为的逻辑结构，很可能会随着历史的演化而改变。种族多元逻辑说声称，每个种族都有它自己的一套思想与行为逻辑。最后，非理性说（irrationalism）声称，人的行为取决于一些非理性的力量，因此理性本身不适合阐明人的行为。

所有这些学说所指陈的都远远超出了经济学的范围。它们不仅质疑经济学和行为学，也质疑其他一切人类知识和一般推理论证，它们不仅质疑经济学，也质疑数学和物理学。因此，反驳它们的任务，似乎轮不到其他知识学科单独来承担，而应该由哲学来承担。这让一些经济学家有了一个看似正当的理由：可以不顾认识论层面的问题，忽略多元逻辑说和非理性说所提出的一些异议，继续悄悄地埋头研究。物理学家不在乎谁说物理学的理论是属于资产阶级的、西方的或犹太人的；同样，经济学家也应该忽视类似的观点，他们应该"听任狗儿吠而无须为狗吠萦怀"。对经济学家来说，这种场合正应了斯宾诺莎（Spinoza）的格言："的确，正如光明为它自己和黑暗划定界线，真理也为它自己和谎言定下区分标准。"

然而，这种情况对于经济学的意义与它对于数学或自然科学的意义相比，还是不太一样的。秉持多元逻辑说和非理性说的人猛烈地攻击行为学和经济学，虽然他们笼统地阐释了一般性的名词和概念，也涉及所有分支学科，但他们实际针对的却是有关人的行为的科学。他们说，科学研究成果适用于所有时代、所有种族和所有社会阶级，其实只是一个幻想；而他们也乐于将某些物理学和生物学的理论贬抑为资产阶级的或西方的理论。但是，如果解决实际问题需要使用这些被污名化的理论，他们就会忘掉自己先前的批评。苏联的科技生产曾毫不顾忌地使用资产阶级的物理学、化学和生物学的研究成果，这无疑是承认那些成果对所有阶级都是有效的。纳粹的工程师和医生，打从心底不排斥使用来自"低等"民族和国家的各种理论、发现和发明。所有种族、所有国家、所有宗教、所有语言族群和所有阶级的人民，都以实际行动清楚地证明了，就逻辑学、数学和自然科学而言，他们不赞同多元逻辑说和非理性说。

但是，就行为学和经济学而言，情形却完全不同。多元逻辑说、历史相对论和非理性说被发展出来的主要动机就是要提供一个理由，让政权在决定经济政策时，不顾经济学的教导。计划主义者、种族主义者、民族主义者和国家集权主义者竭尽全力想要驳倒经济学家的理论，同时也想要证明他们自己那些看似有理的学说是正确的，其结果却都以失败而告终。正是这种挫折，促使他们否定人类的一切思想和推理——不管是在世俗活动领域，还是在科学研究领域——所依据的那些逻辑学和认识论的原则。

如果只是因为这些异议背后有政治动机而抹杀它们，那是不应该的。任何科学家都没有权利事先认定，他的理论所遭到的反对是毫无根据的，是反对者受到激情和党派偏见影响引起的。他有义务应对每一项指责，不管指责背后的动机或背景如何。同样不应该的是，人们对这个时常被当作定论宣扬的观点保持缄默：经济学的那些定理只在一些假设性的条件下才有效，而这些条件在实际生活中从未出现过，所以那些定理对于理解真实世界没有用处。很奇怪，有些经济学家似乎赞同该观点，仍旧默默地、自顾自地画着他们的曲线，设定他们的方程式，既不关心他们的推理论述有什么实际意义，也不关心他们的理论和真实的世界与行为有什么关联。

这样的态度是不值得推崇的。任何科学研究要做的第一件事就是详尽描述和界定在哪些条件和假设下，它的一切陈述将切实有效。将物理学当成经济研究应该遵循的典范，是一个错误。但是，那些坚持一路错到底的人，至少应该从物理学者身上学到一件事，即没有哪个物理学家会认为，澄清物理定律的一些假设和条件，不是物理学研究的分内工作。经济学势必要回答的主要问题是：它的各项陈述和实际存在的人的行为有什么关联，因为理解这些行为是经济学研究的目标。

因此，彻底驳斥如下主张，便落在了经济学家的身上：经济学所教导的东西，只对西方文明短暂的且已消失的自由主义时期的资本主义体系有效。除了经济学，其他任何学科都没有责任审视所有不同的观点，都没有责任驳斥那些宣称经济学对解释人的行为问题没用的意见。经济思想体系的铺陈、建构，必须禁得起任何来自非理性说、历史相对论、泛物理主义（panphysicalism）、无意识动作主义（behaviorism）和各种变相的多元逻辑说的批评。几乎每天都有人提出新的论点来证明经济学的努力是荒唐无用的，而经济学家还对这一切熟视无睹，这种情况实在令人无法忍受。

传统的经济理论架构不足以论述经济问题，我们必须把市场交换学建立在一门关于人的一般行为科学——行为学——所提供的坚实基础上。这个过程不仅可以确保经济学免于许多错误的批评，而且也将澄清许多迄今为止还没被充分认识到，更不用说已圆满解决的问题，尤其是经济计算这个根本问题。

第三节 经济理论与人的行为实践

有许多人习惯于指责经济学落后。当然，经济理论确实还不够完美，不过，人类的知识也没有所谓完美这回事。就此而论，人类的其他成就，也同样没有所谓完美这回事。人，注定不会无所不知。那些似乎能完全满足我们求知欲的最精致的理论，也许有一天会被修改或被新的理论取代。科学不可能给我们绝对的最终定论，而只能给我们智力所能及的以及在当下流行的科学思想范围内可以相信的意见。在探索知识的过程中，任何科学体系都只不过是一个中途站，必然会受到"人的任何努力都难免有所缺憾"的影响。但承认这些事实，并不等于说当今的经济学是落后的，而只能说经济学是一个有生命的东西，而生命必然意味着不完美和改变。

用"落后"来指责经济学的那些批评有两个不同的观点。

一方面，有些博物学家和物理学家谴责经济学不是一门自然科学，谴责经济学没采用实验室那一套方法和程序。本书的一个任务，就是要揭露这种想法的谬误。针对有这种想法的人的心理，在这篇导论里说几句就够了。通常，心胸狭窄的人对于别人与他不同的地方，都会不以为意，就像寓言故事里的骆驼，对所有没有驼峰的动物都看不顺眼。实验室里的研究人员认为，实验室是唯一称得上做研究的地方，而要展现科学思想的成果，微分方程式则是唯一可靠的方法，他们根本不可能知道人的行为在认识论层面上的问题。在他们看来，经济学就是某种形式的力学，不可能是别的东西。

另一方面，有些人断言，社会科学必定有些不对劲，否则社会状况怎么会这么糟。在过去的两三百年间，自然科学的研究已经取得了惊人的成果，而这些成果的实际应用也已成功地使一般人的生活水平得到了空前的提高；相对地，社会科学的任务显然彻底失败了，因为它完全没有让社会状况变得更好。社会科学并未扑灭苦难与饥饿，消除经济危机与失业，杜绝战争与暴政；社会科学是没有效果的，它对人类幸福感的增加毫无贡献。

这些发牢骚的人没有看到，若非实际应用了经济学的教义、坚定地实施了自由经济的政策，生产技术的巨大进步以及财富和幸福的增加，是不可能发生的。正是古典经济学家所宣扬的那些思想废除了古老的法律、习惯和偏见对技术进步所施加的各种束缚，解放了改革者和企业家的天性，使其免于地方行会、政府管制和各种社会压力的钳制。正是古典经济学家削弱了征服者和掠夺者的声望，揭示了商业活动所带来的社会利益。若非经济学家彻底摧毁了前资本主义时代的心态，一切伟大的现代发明将得不到应用。通常被称作"工业革命"的那一段历史，正是这些经济学家的学说激发了思想革命的结果。这些经济学家证明了下面这些古老的信条是错的：以质量比较好且比较便宜的产品来超越竞争对手，是不公平与不正当的；偏离传统的生产方法是邪恶的；各种机器都是邪恶的东西，因为机器会造成失业；文明政府的一个任务是阻止有效率的商人赚钱致富，并保护低效率的商人免受高效率的商人的竞争；以政府强制力或其他公权力限制企业家的自由，是增进全国人民福祉的一个适当手段。英国的政治经济学和法国的重农主义学说是现代资本主义的先导，它们使自然科学的进步成为可能，并让群众获得了大量利益。

我们这个时代的错误恰恰在于，人们普遍不知道这些自由经济政策在过去两百年的技术演进中所扮演的角色。人们误以为，生产方法的进步只是凑巧与自由放任的政策同时发生了。有人认为，现代工业生产模式是神秘的"生产力"发挥作用的一个结果，无关乎任何思想因素。他们相信，古典经济学不是资本主义兴起的一个原因，反倒是资本主义兴起的一个结果，古典经济学是资本主义"意识形态的上层结构"，古典经济学理论是刻意为资本家剥削者的不当得利辩护的一种理论。因此，废除资本主义，以极权体制取代市场经济和自由企业，不至于妨碍生产技术的继续进步。相反，由于移除了资本家为了一己之私所设下的那些阻挠技术进步的障碍，废除资本主义将有助于技术进步。

我们这个时代面临着毁灭性战争和社会即将解体，其主要特征就在于人们对经济学的反叛。卡莱尔（Thomas Carlyle）称经济学为一门"忧郁的科学"，称经济学家为"资产阶级的马屁精"。江湖骗子——那些自夸拥有秘方，可助人迅速进入人间天堂者——把用"正统的"或"反动的"等字眼来嘲讽经济学当作快乐。煽动家（Demagogues）自夸他们所谓击败经济学的胜利。自称"实际行动派"的人，以吹嘘自己鄙视经济学且对他们所谓"纸上谈兵的"经济学家的学说一无所知为荣。过去数十年来的经济政策便是这样一种心态所导致的：嘲笑任何合理的经济理论，反而吹捧经济理论的毁谤者所提出的一些"貌似有理"的虚伪学说。所谓"正统的"经济学，在许多国家被禁止进入大学，几乎不为政治家、政客和学者所知。在目前这么严峻的经济形势下，我们肯定不能怪罪一门被统治者和群众一致轻蔑和忽视的科学。

必须强调的是，在过去的两百年间，白种人发展出来的这种现代文明，其命运和经济学的命运是不可分割的。这种文明之所以能诞生在这个世界上，全是因为人们接受了某些想法，而这些想法正是经济学的教条在经济政策问题上的应用。如果世界各国继续在各种拒绝经济思想的学说的迷惑下坚持目前所采取的政策路线，则现代文明将会而且必定会消亡。

没错，经济学是一门理论性科学，因而其避讳任何价值判断。它的任务，不是告诉人们应该追求什么。它是一门研究手段的学科，研究什么手段适合用来达成人们所选定的目的；它肯定不是一门研究如何选择目的的学科。最终的决定、目的不同的人的评价和选择，不属于任何科学的研究范围。科学不可能告诉人们应该怎样行动，它仅仅会指出如果一个人想达到某些确定的目的，他必须怎样行动。

也许在许多人看来，这实在太微不足道了。在他们看来，一门局限于研究实然问题的科学，一门不能对最高和最终目的表示任何价值判断的科学，对人们的生活和行动是没有什么重要性可言的。这个看法也是错误的。然而，揭露这种错误不是本导论的任务，而是这一整本书的任务。

第四节　摘　要

前面那些说明是为了解释为什么本书将经济问题放在人的行为理论这个比较宽泛的框架内。不管是从现阶段的经济思想来看，还是从现阶段关于社会组织的政治性讨论来看，将传统意义上的市场交换问题或经济问题孤立起来论述都是行不通的。经济问题只是人的行为科学的一部分，因而必须将其纳入行为科学中进行论述。

总目
CONTENTS

出版说明

推荐语

译者序

校订者序

前言

导论

第一篇 人的行为

第一章 行为人 /003

第二章 人的行为科学的认识论问题 /028

第三章 经济学和对理智的反叛 /083

第四章 对行为范畴的初步分析 /108

第五章 时间 /116

第六章 不确定性 /124

第七章 在这个世界里的行为 /142

第二篇　在社会框架内的行为

第八章　人的社会　/175

第九章　思想的作用　/219

第十章　社会中的交换　/242

第三篇　经济计算

第十一章　不用计算的价值排序　/253

第十二章　经济计算的范围　/268

第十三章　货币计算是行为的一个工具　/290

第四篇　交换学或市场社会经济学

第十四章　交换学的范围与方法　/297

第十五章　市场　/331

第十六章　价格　/412

第十七章　间接交换　/499

第十八章　时间流逝中的行为　/599

第十九章　利率　/654

第二十章　利息、信用扩张与商业周期　/671

第二十一章　工作与工资　/731

第二十二章　非人力原始生产要素　/789

第二十三章　市场的外生给定条件　/803

第二十四章　利益的和谐与冲突　/825

第二十五章　计划经济社会的构想　/855

第二十六章　计划经济下的经济计算问题　/865

第五篇　受到干扰的市场经济

第二十七章　政府和市场　/891

第二十八章　借由征税进行干预　/914

第二十九章　限制生产　/921

第三十章　干预价格结构　/941

第三十一章　通货与信用操纵　/969

第三十二章　没收和重新分配　/1002

第三十三章　工团主义和社团国家主义　/1013

第三十四章　战争经济学　/1024

第三十五章　福利原则与市场原则之争　/1040

第三十六章　干预主义的危机　/1067

第六篇 经济学的社会地位

第三十七章 经济学的其他性质 /1077

第三十八章 经济学在学术界的地位 /1083

第三十九章 经济学和人生的一些基本问题 /1100

附录 人的行为导读手册

目　录
(第1册)
CONTENTS

第一篇　人的行为

第一章　行为人　/003
第一节　有意识的行为和动物性反应　/003
第二节　行为的先决条件　/006
第三节　人的行为是最终的给定　/011
第四节　理性和非理性；行为学研究的主观主义与客观主义　/014
第五节　因果观是行为的一个必要条件　/018
第六节　他我　/020

第二章　人的行为科学的认识论问题　/028
第一节　行为学与历史学　/028
第二节　行为学的形式性特征和先验性特征　/031
第三节　先验和真实　/038
第四节　方法论的个人主义原则　/043

第五节　方法论的单次主义原则　/048

第六节　人的行为的具体内容：个体特征与变化特征　/050

第七节　历史学的范畴和特定的研究方法　/052

第八节　构想和了解　/057

第九节　论理念类型　/066

第十节　经济学的程序　/073

第十一节　行为学概念的局限性　/079

第三章　经济学和对理智的反叛　/083

第一节　对理智的反叛　/083

第二节　多元逻辑说的逻辑面　/087

第三节　多元逻辑说的行为面　/089

第四节　种族主义的多元逻辑说　/098

第五节　多元逻辑说和了解　/101

第六节　坚持理智的理由　/105

第四章　对行为范畴的初步分析　/108

第一节　目的和手段　/108

第二节　价值排序　/111

第三节　生理需要的排序　/113

第四节　行为即交换　/114

第五章 时间 /116

第一节 行为学的时间因素 /116

第二节 过去、现在和未来 /117

第三节 节约时间 /120

第四节 行为在时间上的关系 /120

第六章 不确定性 /124

第一节 不确定性和行为 /124

第二节 或然性的意义 /126

第三节 类的或然性 /127

第四节 个案的或然性 /130

第五节 个案的或然性数值评估 /135

第六节 打赌、赌博和竞技比赛 /138

第七节 行为学的预测 /140

第七章 在这个世界里的行为 /142

第一节 边际效用法则 /142

第二节 报酬律 /152

第三节 人的劳动是手段 /157

第四节 生产 /169

第二篇　在社会框架内的行为

第八章　人的社会　/175

第一节　人的合作　/175

第二节　对整体的、形而上学的社会观的批判　/178

第三节　分工　/193

第四节　李嘉图的联合律　/195

第五节　分工的效果　/202

第六节　社会里的个人　/203

第七节　大社会　/208

第八节　攻击和毁灭的本能　/210

第九章　思想的作用　/219

第一节　人的理智　/219

第二节　世界观和意识形态　/221

第三节　影响力　/233

第四节　社会改良论和进步思想　/238

第十章　社会中的交换　/242

第一节　独自交换和人际交换　/242

第二节　契约型联结和支配型联结　/244

第三节　可计算的行为　/248

HUMAN ACTION

第一篇　人的行为

第一章　行为人

第一节　有意识的行为和动物性反应

　　人的行为是有意识的行动。或者，我们可以说，行为是意志付诸实施（达成一定目的）时所借助的一种手段（行动）。行为，意在达成某种目的或目标；行为，是自我（ego）对外来刺激或外在情况所做的有意义的反应；行为，是个人有意识地进行自我调整，以适应制约其生命的宇宙状态。如此这般地改写定义，也许有助于澄清行为的含义，避免可能的误解。但本段开头对"人的行为"所下的定义本身便已足够充分，无须补充或注释。
　　有意识或有目的的动作与无意识的动作形成强烈对比。这里所谓"无意识的动作"是指，人体细胞和神经对刺激的反射动作以及不自主的反应。人们有时候认为，有意识的动作与人体运行中的一些力量所引起的不自主的反应，二者之间的界线是不明确的。的确，某一具体的动作究竟该视为自主的还是不自主的，有时候不容易区分。就此而言，人们的上述看法是对的。但是，"有意识"和"无意识"之间的区别还是很明显的，并能够被清楚地界定。

对于自我行为来说，人体器官和细胞的无意识动作同外界的其他事实一样，都是给定因素。行为人必须把自己体内所发生的一切以及其他因素，比如把天气情况或邻居的态度一起纳入考虑范围。当然，在某一范围内，有意识的动作能够抵消身体因素（器官和细胞的无意识动作）的作用。在某种程度内，人是可以控制身体的。有时候人能通过意志力战胜疾病，弥补先天或后天的身体缺陷或控制身体的反射动作。只要有可能，有目的的行动领域就会不断扩展。如果某个人有能力控制身体细胞和神经中枢的反应却放弃控制，那么，从我们的观点来看，他的这种放弃就是有意识的行为。

经济学研究的是人的行为，而不是行为背后的那些心理活动。这一点正是人的行为理论——行为学，不同于心理学的地方。心理学围绕的主题是导致或可能导致具体行为的内心活动，行为学围绕的主题则是行为本身。这也决定了行为学和"潜意识"这个心理分析概念的关系。心理分析也是心理学，它不研究行为，只研究哪些力量与因素会促使某个人趋向某一具体行为。心理分析中的潜意识属于心理学范畴，不属于行为学。行为本身的性质，不会因为行为是出自头脑清晰的思考，还是出自已被遗忘的记忆或被压抑的欲望——这些记忆与欲望隐藏在看不见的内心深处，并指挥着意志——而有所不同。一个受到潜意识（或本能）的驱使而去杀人的凶手和一个行为异常的神经官能症患者都是行为人，两者也都像普通人一样意图达成某些目的。心理分析值得肯定的一点就是，它证明了即使是神经官能症患者和精神病患者的行为也是有意义的，他们也是行为人，虽然我们这些自认为正常和理智的人认为他们决定目的取舍的思维没有条理，认为他们选来达成目的的手段是"违背真实目的"的，但是他们的行为其实也是有目的的。

行为学所用的"潜意识"一词与心理分析所用的"潜意识"一词，分属两个不同的思想和研究体系。行为学与其他学科一样也受惠于心理分析。因此，我们必须首先弄清楚行为学和心理分析的分界线何在。

行为不是简单地表示偏好。在一些事件或事态的发展不可避免或人们相信其不可避免的情况下，人们会单纯地表示出偏好。比如某人偏爱晴天，不喜欢阴雨天，因此他希望太阳赶快驱散乌云。那些只是一味"希望"的人，不会积极干预事态的发展，也不会干预自己的命运走向。但作为行为人，他要做出选择、决定并且要努力达到某一目的，在两件不可兼得的事物当中，他要选择一件事物而舍弃另一件事物。所以，行为总是既有取又有舍。

表达愿望或希望以及宣示计划，只要人们意图实现一定的目的，就可以算作一种行为。但是，绝不能把这种行为与愿望或计划所指涉的那些行为相混淆，它们不等于人们宣示、推荐或拒绝的那些行为。行为是真实的存在，我们需要关注的是一个人的真实行为，而不是他计划好但未实现的行为。另外，我们要将行为与劳动（使用劳动力）明确地区分开来。行为的意思是，行为人要达到某些目的而运用了某些手段，运用的手段之一通常是行为人自己的劳动，但也不总是如此。在某些特殊情况下，行为人需要用到的手段，可能只是一句话而已。下命令或下禁令也是一种行为，行为人没有付出任何劳动。讲话或不讲话，笑一笑或紧绷着脸也都是行为。享受消费和放弃力所能及的消费，也都是行为。

所以，行为学对"积极的"（勤奋）的人和"消极的"（懒惰）

的人一视同仁。精力充沛的人会通过勤奋、努力改善自己的生活条件，但他的行为既不会多于也不会少于精神萎靡不振、凡事顺其自然的人。因为，什么都不做，无所事事，也是一种行为，也一样在决定着事态的发展。凡是存在人为干预的条件，不管他干预还是不干预，都是一种行为。一个人对自己能改变的情况却甘心忍受，另一个人为了达到某种目的而干预事态的发展，这两者同样都是行为人。若一个人能改变自身某些生理的或本能的因素却不去改变，那他仍是一个行为人。对于行为人来说，不仅做了什么是行为，能做而不去做也是行为。

我们也可以说，行为是个人意志的表现，但这对我们的知识无所增益，因为，"意志"一词没有别的意思，只是指人能在不同事态之间做出选择——选择一种状态而舍弃另一种状态，并按照自己的选择行事。

第二节　行为的先决条件

一个人所处的那种既没有任何行为也不会导致任何行为的状态，我们称为"满意"或"满足"。行为人渴望以一个比较满意的情况取代一个比较不满意的情况，他心里想着某种会使自己更舒适的状态，他的行为则以达到这种更舒适的状态为目的。促使一个人有所行动的诱因，总是某些不舒适的感觉。[1]一个对自己的

---

[1] 参见洛克（Locke），《理解人类的论文》（*An Essay Concerning Human Understanding*）（牛津，1894年），第一卷331—333页；莱布尼茨（Leibniz），《理解人类的新论文》（*Nouveaux essais sur l'entendement humain*）第119页。

处境完全满意的人，不会有任何动机去改变当下的状态。如果他既没有什么愿望，也没有什么渴求，他觉得幸福快乐，那么他将不会有所行动，他只管无忧无虑地活着即可。

但要使一个人有所行动，光有不适的感觉和想要达到某个更满意的状态，是不够充分的，还需要有第三个条件：这个人必须能够预期其有意识的行为能够消除或减轻自己的不适。不具备这个条件，他便不可能有所行动。对于那些不可避免的事态，人必须屈服，即他必须服从"命运"。

这三个条件是人的行为的一般条件。人，是活在这三个条件下的生物。人，不只是智慧的人种（homo sapiens，异于其他动物），更是行为的人种（homo agens，作为行为人而存在）。如果一个人因为先天或后天的缺陷而无可救药地不能有任何行为（此处就"行为"一词的严格意义而言，而不限于该词的法律意义），实际上便不算是人。虽然从法律和生物学的观点来看，他们是人，但他们欠缺人性的根本特征。新生儿也不是一个行为人，他还没走完让各种潜在的人性得到充分发展的全部历程，但在这历程的终点，他将成为一个行为人。

论幸福

在口语中，我们称一个成功达到目的的人为"幸福的人"。一个比较适当而确切地描述其处境的说法是，他现在比从前更快乐。我们没有任何理由反对将人的行为定义为"追求幸福"。

然而，我们必须避免一些常见的误解。行为的最终目的永远都是满足行为人的欲望。要衡量满足的程度，除了个人的价值判断，没有别的标准，而这种价值判断因人而异，即便是同一个人，也会因时、因地而异。究竟是什么让一个人觉得舒适或不适，这是由个人根据自己的意志和标准来判定的，也就是说，这是由个人根据自己的主观价值排序来判定的。谁也不能规定什么会让别人更幸福。

明确前述事实完全不涉及利己主义和利他主义，唯物主义和唯心主义，个人主义和集体主义，无神论和宗教信仰等相互对立的概念。有些人的唯一目的是改善他们自身的处境；另外一些人一旦知道别人有烦恼，自己就会烦恼，甚至比当事人更烦恼。有些人只求满足自己对男女关系、美食、美酒、豪华住宅等物质层面的欲望；另外一些人比较喜欢那种通常被称为"比较高级的"和"理想中的"满足感。有些人急于调整自己的行为，以适应社会合作的要求；另外一些执拗的人会藐视社会生活中的各种规矩。对有些人来说，尘世旅程的最终目的是享受进入天堂后的幸福生活；对另外一些人来说，他们不相信任何宗教学说，也不允许自己的行为受到任何教义的影响。

行为学无关乎行为的最终目的（人的终极目标）。行为学的研究结果适用于各种行为，不管其目的为何。行为学是一门关于手段的科学，不是一门关于目的的科学，它所使用的"幸福"一词，只有一个纯粹形式上的意义。在行为学的术语里，"人的唯一目的是获得幸福"是一种同义反复（tautology），没有任何关于"什么情况可以令人幸福"的具体内容。

人的行为的诱因是某种不适感，而行为的目的总是要尽可能地消除这种不适感，即要让行为人觉得比较幸福。这种想法是幸福主义（Eudaemonism）和享乐主义（Hedonism）学说的精髓。伊壁鸠鲁学派（Epicurean）所说的心神宁静，是人的一切活动想要达到却从未完全达到的那种完全幸福、满足的状态。相较于这个伟大的认识，一些小缺失便显得无关紧要，比如该哲学门派的许多代表性人物未能认清"痛苦"和"快乐"是两个纯粹形式上的概念，反而赋予它们物质上或肉体上的意义。神学的、神秘主义的和其他属于他律伦理（heteronomous ethics）的学派都没有撼动伊壁鸠鲁主义的核心，因为它们除了说伊壁鸠鲁学派忽视"比较高等"和"比较高贵"的快乐，都未能提出任何反对理由。没错，在许多早期拥护幸福主义、享乐主义和功利主义（Utilitarianism）的著作中，有些论点确实容易引起误解，但是，现代哲学家的遣词造句，尤其是经济学家的遣词造句，是如此精确、直接，想必不太可能产生误解。

论本能和冲动

本能社会学（instinct-sociology）的那些方法，对理解人的行为的根本问题是不会有任何帮助的。这个学派把人的行为按具体目标分成若干类，然后给每一类行为指派一个特殊的本能，并将其当作诱因或动机。在这派学者看来，人就好比是一个被各种天生的本能和意向驱使的存在。他们以为，这样的解释彻底捣毁了经济学和功利主义伦理学所阐述的那些"可恨"的东西。然而，费尔巴哈（Feuerbach）业已贴切地指出，每个本能都是追求幸福的本能。[1] 本能心理学（instinct-psychology）和本能社会学的方法将行为的直接目标任意分门别类，并为每一类目标指派一个相对应的根本原动力。比如，行为学指出，凡是行为，其目的都是要消除一定的不适感；而本能心理学则认为，某一行为的目的是要满足某一本能的冲动。

---

[1] 参见《费尔巴哈全集》（*Feuerbach Sämmtliche Werke*）（斯图加特，1907年），第十卷，231页。

本能心理学派的许多拥护者自认为其已充分证明，行为不是由理性决定的，而是源自藏在内心深处的天生的力量、冲动、本能和意向，并且这些都不能运用理性思维予以阐明。他们自认为已经"成功"地揭露了理性主义的浅薄，甚至鄙视、贬抑经济学，说经济学是"从一些虚伪的心理假设出发而得出的一些虚伪的结论和廉价的谎言"[1]。然而，理性主义、行为学和经济学并不讨论行为的原动力和最终目标，而是讨论那些用来达成既定目的的手段。不管某种冲动或本能的来源多么深不可测，人们用来满足这种冲动或本能的手段，总是通过理性思维考虑利弊得失而做出的决定。

在情感冲动下采取某种行为的人，也是行为人。情绪性行为与其他行为的区别只在于同样的付出与收获却有不同的价值排序，而激动的情绪会扰乱价值排序。与冷静思考相比，人在情绪激动（或情感强烈）时会把目标看得比较重，而把必须付出的代价看得比较轻。即使在情绪激动的情况下做出的决定，人们也从未怀疑过，其手段与目的是经过深思熟虑的，而且人也可能付出更高的代价来屈从于激情的冲动，从而影响这种深思熟虑的结果。对情绪激动或醉酒时所犯罪行的刑罚，如果比其他罪行的刑罚温和，就等于是在鼓励人们在情绪激动或醉酒时放纵自己。即使对于一个看似被无法抗拒的激情所驱使的人来说，那些严厉的后果也不是没有震慑作用的。

我们对动物行为的解释基于这样一个假设：动物会屈服于当下的冲动。我们在陈述动物进食、雌雄同居以及攻击其他动物或人的时候，会提到动物有摄取营养、繁衍后代和侵略的本

---

[1] 参见威廉·麦克杜格尔（William McDougall）《社会心理学导论》（*An Introduction to Social Psychology*）（波士顿，1921年，第14版），第11页。

能，我们认为这些本能是天生的，而且必须得到满足。

但是，讲到人，那就不同了。人并不是非得向最迫切需要满足的冲动屈服不可。人这种存在，能够克制本能、情绪和冲动，能让自己的行为合乎理性。他会放弃满足某个强烈的冲动，以便满足其他欲望，他不是欲望的傀儡。一个男人不会凌辱每一个激起他欲望的女性，不会吞食每一块吸引他的食物，不会伤害每一个他想杀掉的人。他把自己的各种愿望和欲求排成一个能分出轻重缓急的序列，然后从中选择，简而言之就是他能采取某种行动。人和其他动物的区别就在于，人能有意识地调整自己的行为。人是有自制力的，他能控制或者压制自己的冲动和欲望。

对于人来说，有时候会出现这么一种欲望（冲动），它是如此强烈，以至于满足它之后可能带来的任何不利后果都不足以遏制某人去满足它。即使在这种情况下，这也是一种有选择的行为，即这个人决定向欲望屈服。[1]

第三节 人的行为是最终的给定

自古以来，人们便渴望弄清楚什么是原动力，即什么是一切存在与变化的原因，什么是一切存在与变化的最终本体且又成为其本身变化的原因。科学比较谦虚，它知道人的心智以及

---

[1] 在这种情况下，上述问题中的两个满足——屈服于欲望所获得的满足和避免了该满足将带来的恶果之后所获得的另一种满足，不是同一个时点的满足。参见第十八章第一节和第二节。

人对知识的追求是有限度的。它想要追溯每个现象背后的原因。但它能看出，这种追本溯源的努力，必然会撞到一些无法跨越的壁垒。有些现象是不可能进一步分析并进一步追溯到其他现象的，它们是最终给定的存在。科学研究的进步也许能成功证明，某个先前被视为最终给定的东西，可以进一步被还原或分析成若干成分。但总会有一些现象是不可能进一步被还原或分析的，它们是最终给定的存在。

一元论说最终的本体只有一个，二元论说有两个，多元论说有许多个。为这些问题而争吵是没有任何意义的，这些形而上学的争辩没完没了。我们现有的知识水平没办法消除争论，即没办法提供一个让所有理性的人都满意的答案。

唯物主义的一元论认为，人的思想和意志是身体器官、脑细胞和神经作用的产物。人的思想、意志和行为都是在物质运动过程中产生的，也许将来有一天，人们可以使用物理和化学的研究方法将这些过程彻底解释清楚。虽然唯物主义一元论的支持者认为，这一理论是不可动摇、不可否认的科学真理，但这也是形而上学的假说。

曾有人提出各种学来说来解释心灵和身体之间的关系。这些学说都只是臆测，没有任何可考察的事实依据，人们所能确定的是，心理过程和生理过程之间存在着联系。至于这种联系的性质，以及它们如何运作，我们几乎一无所知。

我们对于具体的价值判断和具体的人的行为，是不可能进行进一步分析的。虽然我们能合理假定或相信它们的产生有其自身的原因，但是，只要我们无法确定外在的（物理的和生理的）事实是怎样在人的内心产生具体的思想和意志并导致具体的行动的，我们就必须面对一个不可逾越的方法二元论（methodological dualism）。就我们现有的知识水平而言，实证主义、一元论和泛物理主义的基本陈述，只是形而上学的臆测，它们没有任何科学基础，对科学研究也没有任何意义。理智和经验告诉我们有两个独立的领域：一是物理、化学和生理现象所属的外在世界，二是思想、感觉、价值排序和有目的的行为所属的内在世界。就我们目前所知，并没有桥梁连接这两个领域。相同的外部事件有时候会导致不同的内在反应，而不同的外部事件有时候会产生相同的内在反应。我们不知道为什么会这样。

面对这样的事实，我们不得不对一元论和唯物主义的基本陈述持保留态度。我们可能相信也可能不相信，自然科学有一天将像解释某一化合物是由一组特定的化学元素结合产生的那样，成功地解释具体的想法、价值判断和行为的产生。但是，在那一天到来之前，我们必须承认方法二元论。

人的行为是产生变化的手段之一，是宇宙活动的一个元素，所以也是科学研究的合理对象。在目前的情况下，鉴于人的行为不能被追溯到背后的原因，所以它必须被视为最终的给定，而且必须被当作最终的给定来研究。

没错，人的行为所带来的那些改变与宇宙自然之力的运作效果相比，不过是沧海一粟。从永恒和宇宙无限的观点看来，人是极其渺小的尘埃，但是，对人来说，人的行为及其变迁才是真实的东西。行为是人的天性，是人存在的本质，是人维持生命并将自己提升到高于动植物水平的手段。不管人类的一切努力多么变幻莫测或影响甚微，对人类和人类科学来说，这种努力都是最重要的。

第四节　理性和非理性；
行为学研究的主观主义与客观主义

人的行为必然总是理性的。所以，"理性行为"这个用语是个赘词，可以弃置不用。"理性"和"非理性"这两个词，若用来形容行为的最终目的，是不合适且无意义的。行为的最终目的总是要满足行为人的某些愿望，因为任何人都不能以自己的价值判断取代其他行为人的价值判断，所以批判别人的目的与意志是没用的。任何人都没资格说哪种情况会使别人更幸福或更满意。批评者或许会告诉我们，如果他自己处于某人的位置，会以什么为目的做出某种行为；或许他会以独裁者那样的傲慢心态，轻率地抹杀别人的意志和心愿，宣告别人的情况应该怎样才合乎他（独裁者）的心意。

如果某种行为的目的是追求"更理想的"或"更高层次的"满足，而不惜牺牲物质的或实际的利益，那么这一行为通常会被称为"非理性行为"。在这个意义上，人们有时候会赞同，有时候会不赞同——某人基于非理性的考虑，舍弃生命、健康或财富以达到"更高层次的"目标，如忠于他的宗教、哲理和政治信仰，或为了祖国的自由和兴盛而尽忠。然而，与追求其他人生目标相比，努力追求这些"更高层次的"目标既不是更理性的，也不是更不理性的。有人以为追求维系生命健康的基本必需品，比追求其他东西或生活用品更理性、更自然或更正当。没错，维持温饱是人和其他哺乳类动物共同的渴求，缺少食物和住所的人通常会将自己的精力集中在满足这些迫切的需要上面，不太会去关心其他事情。活下去的冲动、保全自己性命的冲动和利用每个机会增强自己生命力的冲动是生命的基本特征，凡是活的动物都有这些冲动。然而，人类并非不可避免地要屈服于这些冲动。

其他动物在任何情况下，都受求生的冲动和繁衍后代的冲动的驱使。然而，人在面对这两种冲动时，有能力控制自己。他能控制自己的性欲，也能控制自己的求生意志。当唯一能活下去的情况变得难以忍受时，他也能抛弃自己的生命——人能够为某一志业而牺牲性命。对人来说，活下去是自己选择的结果，是价值判断的结果。

想要富裕的生活同样是选择的结果。但禁欲主义者的存在，以及现实中有些人为了坚持信仰或为了维持尊严而放弃物质利益，都说明并非人人都想追求比较富裕的物质生活，这恰恰说明这种追求只不过是人的选择罢了。当然，绝大多数人偏爱生命甚于死亡，偏爱财富甚于贫穷。

有人武断地主张，唯有满足身体的生理需要，才是"自然的"，所以才是"理性的"；而满足其他的需要，则是"人为的"，所以是"非理性的"。然而，人性的一个特征是，人不仅和其他一切动物一样需要食物、住所和配偶，人还需要其他东西带来的满足感。人有专属于人的愿望和需要，比起人与其他哺乳类动物那些共同的愿望和需要，我们也许可以说这些愿望和需要"更高级"。[1]

当"理性"和"非理性"这两个词语被用来形容那些用于达成目的的手段时，便隐含了一个关于那些手段是否合适或是否方便使用的判断。批评者的标准是看这些手段是否最适合用来达成某种目的。然而事实上，人的理智并非永不出错，相反，

---

[1] 关于工资法则所涉及的错误，见第二十一章第六节；关于马尔萨斯人口论的误解，见第二十四章第二节。

人常常在做选择和运用手段时犯错。不适合所追求目的的行为往往达不到预期的效果。有些行为虽然与要达到的目的相违背，但该行为仍然是理性的，即该行为仍然是一个合理的——虽然是不完善的，或者说是人深思熟虑的结果，而且也是一次力求达到某一确定目标的尝试——虽然是一次无效的尝试。我们这个时代的医生根据现代病理学，认为一百年前的医生所使用的治疗方法源于落后的医学理论，因而是无效的。但是，一百年前的医生所采取的那些（现代人认为是）无效的医疗行为并不是非理性的，他们当时已尽力而为了。而一百年后，又会有更多的医生掌握更有效的方法去治疗疾病，那时候的医生比我们现在的医生医术更高明，但不能说他们更理性。

行为的反面不是非理性的行为，而是行为人的意志不能控制的身体器官和本能对刺激的被动反应。在某些情况下，人对同一刺激既有被动的反应又有主动的反应。例如，某人中毒了，他的身体器官会有抗毒反应（无须意志的作用）；此外，他自己也可能进行干预，比如服用解毒剂。

"理性"和"非理性"这两个概念的对立所牵涉的问题，在自然科学领域和社会科学领域没有什么不同。科学总是而且必定是理性的。科学一直致力于通过对知识体系的系统整理来理解宇宙现象。然而，我在前面曾指出，如果我们持续不断地把事物分析成它们的组成元素，那么我们迟早会走到再也不可能进一步分析下去的地步。人的心智甚至不可想象，有哪一种知识不受阻于最终的给定，以至于无法进一步分析和归纳。尽管最终的给定可能是非理性的事实，但是把人的心智带到这个位置的那种科学方法始终是理性的。

当前流行的一种言论指责社会科学是纯理性的。对经济学最普遍的反对意见是，它忽视了生活和现实的非理性层面，并企图把无穷无尽的现象压缩成枯燥的理性体系和空洞的抽象概念。没有比这更荒谬的反对意见了。像每一门知识学科那样,经济学也是凭着理性的分析方法一直走到不能再进一步分析的地步,然后它停下来确认某个最终的给定,即面对某个不能——至少就我们现阶段的知识水平而言——进一步分析的现象。[1]

不管行为的动机、原因和目的是什么,行为学和经济学所传授的定理对人的任何行为都是有效的。对任何科学研究而言,最终的价值判断和行为的最终目的都是给定的事实,它们是不能进一步分析的。行为学讨论的是人们为达成这些最终目的而选择的方法和手段,行为学的研究对象是手段而非目的。

我们就是根据这个意义来阐述人的一般行为科学所秉持的主观主义的。行为学把行为人选定的最终目的当作给定的因素,行为学对于这些因素完全持中立态度,也不做任何价值判断。行为学所采用的唯一标准是人们选用的手段是否适合达成选定的目标。幸福主义所说的"幸福",以及功利主义和经济学所说的"效用",都必须用主观主义的视角来解读,把它们当作是行为人的目的,因为这种目的在行为人看来是可取的。我们所坚持的这个形式主义意义深远。幸福主义、享乐主义和功利主义的现代意义比它们在较早时候的物质意义进步的地方,就在于这个形式主义。同样,现代主观价值理论比古典政治经济学所阐述的客观价值理论进步的地方,也在于形式主义。同时,经济学的客观性也根植于主观主义。行为学因为秉持主观主义,把行为人的价值判断当作不能进一步批判和检视的最终给定因素,所以行为学本身是超出一切党派纷争的。它不关心所有教条主义学派或道德学

---

[1] 我们将在第二章的第七节和第八节讨论"研究经验的社会科学"如何处理最终给定的事实。

派之间的冲突，不做任何价值批判，它没有默认的想法和价值判断，它是普遍有效的，而且是完全关于人，也绝对适用于人的。

第五节　因果观是行为的一个必要条件

人之所以会采取某个行为，是因为人能发现决定宇宙形成与变化的因果关系。行为需要具备因果观，也要预设因果观的存在。只有能够用因果观来观察这个世界的人，才具备行为能力。在这个意义上我们可以说，因果观是行为的一个必要条件。"手段与目的"这个（行为概念中的）必要条件[1]，预设"因果观"这个必要条件。在一个没有（现象间）因果关系和规律的世界里，人不会有任何推理和行动的余地，这样的世界一团混乱，人在其中将茫茫然找不到任何方向和指引。人甚至无法想象这样混乱的世界是什么样的。

在看不出任何因果关系时，人不能做出某个行为，这个陈述是不可逆推的。即便人知道其中的因果关系，如果人不能影响其原因，也不能做出某个行为。

因果研究的原型是这样的：我应该从什么地方以及怎样干预才能改变事态的发展方向，使其从原本没有我的干预时会发

---

[1] 这里把原文的"category"翻译为行为的"必要条件"。然而，根据米塞斯在本书其他地方使用该词的意思，若把它译为行为的"根本性质"或"元素"，似乎也颇为适当。当然，"必要条件""根本性质"和"元素"，都是就行为的形式意义而言，无关行为的具体内涵。读者若能掌握行为学本质的形式论述，则在相关段落互换"必要条件""根本性质"和"元素"，应不至于引发误会。——译者注

展下去的方向，转移到一个比较符合我愿望的方向呢？从这个意义上来说，人会提出这样的问题：是谁或是什么在事物的背后影响着事物的发展？人之所以探索规律和"法则"，是因为他想要干预事态的发展。直到后来，这种朴素意义上的探索才被形而上学广泛延伸和诠释成探索事物存在的最终原因。人们花了几个世纪的时间，才终于把一些夸大、不实的想法拉回到比较谦逊的问题上：为了达到这个目的，我必须在什么地方干预，或者我是否能够干预？

在过去的数十年间，对于因果问题的论述，某些杰出的物理学者所引起的混乱颇令人失望。但愿哲学史这令人不快的一页对未来的哲学家能起到警示作用。

至少就目前来说，有些变化产生的原因不为人所知。有时候我们成功地获得了一部分知识，于是我们能说：在70%的案例中，A导致B，在其余的案例中，A导致C或导致D、E、F，等等。若要以更精确的知识取代这个残缺不全的知识，就必须把A拆解开。我们只要还做不到这一点，就必须默认某个统计法则。但是，这对因果观的行为学意义没有任何影响，人在某些方面完全无知或部分无知，不会抹杀因果观这个行为的必要条件。

因果观和不完全归纳法，在哲学、认识论和形而上学层面所引发的一些问题不在行为学讨论的范围之内。我们只需要确认这个事实即可，即人要有所行动，就必须得知道某些事件、过程或事态之间的因果关系。而且只有在知道因果关系的前提下，人的行为才能达到其所追求的目的。我们也充分意识到，这么说是在绕圈子，因为唯一能证明我们已经确切知道某一因果关系的证据就是，该知识引导行为并导致预期的结果。但是，我们之所以无法避开这个引发恶性循环的证据，是因为因果关系是行为的一个根本条件。也正是因为它是这样的一个条件，行为学不得不对这个根本的哲学问题稍加注意。

第六节 他 我

如果我们准备按最广义的意思接受"因果关系"这个术语，那么，目的论（teleology）便可以被称为探索因果关系的学问，而目的因（final causes）是所有原因当中的第一原因。事件的起因被视为旨在达到某种目的的行为或准行为。

和婴儿一样，原始人出于一种类人化的心态（anthropomorphic attitude）认为，每一个变化和每一件事很可能都是"某个存在体"行为的结果，而且该"存在体"的行为方式与他们一样。他们相信，动物、植物、山川、河流和喷泉，甚至地上的石头和天上的星星，都像他们一样，也是有感觉、有意愿和有行为的存在。直到后来文化发展到某个阶段，人们才抛弃了万物有灵论的想法，而以机械论的世界观取而代之。事实证明，机械论是一个如此令人满意的行动指导原则，以至于人们最后相信机械论能解决一切思想和科学研究的问题。唯物主义和泛物理主义宣称，机械论是所有知识的精髓，而自然科学所使用的实验和数理方法则是唯一的科学的思维模式，一切变化都必须被解释为服从力学定律的运动。

因果观和不完全归纳法这两个认知原则，在基本的逻辑和认识论层面上都还有一些问题尚待解决，但机械论的拥护者丝毫不理会这些问题。在他们看来，因果观和不完全归纳法是健全的认知原则，因为它们有效。实验室里的实验会产生理论所预测的结果，而工厂里的机器也按照科技所预测的方式运转。他们说，这些事实证明，现代自然科学的方法和发展是健全的。假如科学不能给我们真理，那又有谁知道真理真正的意思是什么呢？无论如何，有一件事是确定的，即科学可以有效地引领我们走向成功。

然而，当我们接受这个观点时，泛物理主义教条的空洞性却变得越发明显。前面已经指出，科学尚未成功解决身心关系的问题，泛物理主义者无法肯定地说他们提出的那些研究步骤在人际关系和社会科学领域曾产生过实际效果。但毋庸置疑，自我在与他人交往时所秉持的那个原则——把他人当作一个与自己一样的思想和行为的存在，已经在日常生活中以及科学研究中发生作用，且该原则已被证明是有效的，这一点是不可否认的。

一方面，把同胞当作与我（自我）拥有一样的思想与行为的存在，这样做的结果会不错；另一方面，以自然科学论述研究对象的方式来论述我们的同胞，是泛物理主义的基本认知原则所要求的做法，但这个做法看来似乎无法获得与前面那个做法类似的结果。"理解别人的行为"这个命题所引起的一些认识论层面的问题，其错综复杂程度并不亚于因果观和不完全归纳法所引起的问题。我们承认，我们无法提供确切的证据证明以下推理：由于我的思维逻辑是他人的思维逻辑，所以当然绝对是人类的唯一思维逻辑；由于我的行为的必备那些条件是他人的行为的必备条件，所以当然绝对是所有人的行为的必备条件。然而，实用主义者必须记住，我们的这些主张，在日常生活中以及在科学研究中都是有效的；而实证主义者也绝对不能忘记如下事实：在向他的同胞表述自己的意见时，他默认自己的思维逻辑在他和他的同胞之间是有效的，这也是在预设他我（the alter ego）的思想和行为领域确实存在。[1]

思想和行为是人性的特质，只有人才有这两个特征。人之所以为人，除了因为他是动物学的物种分类理论中所说的智人，就在于这两个特征。思想与行为的关系，不属于行为学研究的范围。行为学只需确认以下事实就够了：人所能理解的逻辑只有一种，而且只有一种行为是人所能理解的。至于是否还有超人或次等人以一种不同于人的思想和行为方式而存在，显然不是我们的心智所能回答的问题，我们必须把研究范围限于研究人的行为。

与人的思想联结在一起的人的行为，受到逻辑必然性的限制。人是无法理解那种与人的逻辑思维相悖的逻辑关系的。人类的思维不可能设想出一种行为模式，其范畴与决定我们自己行为的范畴不同。

对人来说，有两个认知原则可以用来理解实际的世界，即目的论和因果观。凡是不能纳入这两个原则的东西，人绝对无法理解。某一事件如果不能依据这两个原则给予解释，那么，对人来说，它便是不可思议的、神秘莫测的。对人来说，某一变化，或者被理解为机械论的因果关系作用的结果，或者被理解为有意识地行动的结果，不存在第三种解释。[2] 没错，正如前面已经说过的，目的论可以被视为一种因果观。但是，确认这个事实不等于抹杀这两个原则之间的根本区别。

泛机械论的世界观坚持一元论，它只承认机械论的因果观，

---

[1] 参见阿尔弗雷德·舒尔茨（Alfred Schütz）的《有意义的社会建构》（*Der sinnhafte Aufbau der sozialen Welt*）（维也纳，1932年），第18页。

[2] 2. 参见卡雷尔·恩格利斯（Karel Engliš）的《目的论作为经验认识形式的正当性》（*Begründung der Teleologie als Form des empirischen Erkennens*）（布尔诺，1930年），第15页。

因为它把任何认知价值都归结为机械论的因果观。或者说，它把比目的论更高一些的认知价值全归结为机械论的因果观。这是形而上学的迷信。受人类理性思考的局限，因果观和目的论这两个认知原则都不是完美无缺的，都不会为我们带来终极知识。因果观导向一个无限追溯背后原因的过程，这个过程是人类的理性思考无法穷尽的。一旦"究竟是什么在推动原动力"这个问题被提出来，目的论的不足也就显现了出来。这两个方法（因果观和目的论）中的任何一个都会止步于某个不能进一步分析也不能进一步解释的最终给定的事物面前。推理论证和科学探索不可能为我们带来完全的心神宁静，也不能带来不容置疑的确定性和掌握一切事物的全部知识。那些追求这些目的的人，必须祈求信仰的帮助，必须努力拥抱某一宗教信条或某一形而上学教条来安抚他们的心灵。

我们如果不想超越理性和经验的领域，就不得不承认我们的同胞是行为人。我们不能因为囿于流行的成见或武断的意见而忽视该事实。日常经验不仅证明了研究自然环境唯一适当的方法是接受因果观这个认知原则的指导，它也同样令人信服地证明了我们的同胞与我们一样都是行为人。要理解人的行为，只有一套理论体系可用，那就是认识和分析我们自己的行为所展现的那一套理论体系。

研究和分析他人的行为，与（不朽的）灵魂是否存在是完全不相干的问题。如果经验主义（empiricism）、行为主义和实证主义的那些反对意见只针对所有关于灵魂的理论，那它们对我们的研究就没什么用处。我们要论述的问题是：如果我们不把人的行为理解为有意义、有目的和为达到某些确定的目的而采取的行动的话，我们是否还能理解它？行为主义和实证主义想把自然科学的实验方法运用到人的行为研究上，它们认为人的行为是人对各种刺激的反应，但这些刺激本身却不是自然科学的方法所能描述的。任何人想描述它们，都必须涉及行为人赋予它们的意义。我们可以把提供待售商品的行为称作一种"刺激"，但是，如果不考虑相关行为人所赋予它的意义，我们就无法描述这种行为（提供商品待售）的重要性，以及它与别的行为相区分的一些特征。人是为了达到某种目的才有所行动的，任何辩证的伎俩都不可能抹杀这个事实。正是这种有目的的行为才是经济学的主题。如果我们忽视行为人赋予这种情境，即这种给定的事态的意义，或忽视他针对这种情况所采取的那个行动被（他自己）赋予的意义，那么我们将无法论述我们的主题。

对物理学家来说，探索目的因（final causes）是不合适的，因为没有任何迹象表明，作为物理学主题的那些事件必须被看作人类有目的的行为的结果。同样，对行为学家来说，忽略行为人的意志和意图的作用也是不合适的，因为那些意志和意图无疑是给定的事实，如果他忽略那些事实，他所研究的就不再是人的行为。很多时候——并非总是如此——那些事件中的问题既可以从行为学的角度来研究，又可以从自然科学的角度来研究。但是，一个从物理和化学的角度来论述枪击事件的人，不会是一个行为学家，因为他忽略的正是行为学想要阐明的那些问题。

论本能的作用

前面我们曾说过，人类只有两条研究路径可走，即因果观和目的论。这一事实从人们对本能的作用这个问题的论述中可以得到证明。对于某些行动来说，我们一方面不能用自然科学的因果方法论给予彻底解释，另一方面也不能将其视为有目的的行为。人为了把握这些行为，不得不采取某种权宜之计——

赋予它准行为的性质，即我们所说的本能的作用。

我们注意到两件事情：第一，活着的有机体按照某种有规律的模式对外来刺激做出反应（动作），这是它固有的倾向；第二，这种反应对加强和保全该有机体的生命力是有益的。如果我们把这种动作看成人有意达成某些目的的结果，我们便可以称其为行为，从而按照行为学目的论的方法对其进行论述。但是，因为没有任何迹象表明，此动作的背后有理性思维的痕迹，所以我们假定某个未知因素——我们称之为"本能"，在发生作用。我们说，本能会指挥动物做出准目的性（quasi-purposeful）行动，同样也指挥人类的肌肉和神经做出虽然无意识却有益的反应。然而，我们只是把此行动中无法解释的因素看成一股真实存在的力量，并且称之为"本能"，我们的知识并没有增加。我们绝不能忘记，"本能"一词只不过是竖立在某处的界标，表示我们没有能力（至少迄今为止）把我们的科学研究向前推进并越过这个界标。

生物学已经成功地为许多先前归因于本能的作用过程找到了"自然的"解释，即找到了机械论因果的解释。不过，还是有许多过程不能解释为由力学或化学刺激所引起的力学或化学反应。许多动物展现出类人状态是不能被理解的，除非我们假定有某个指挥因素在发生作用。

行为主义想用动物心理学的方法，从外部来研究人的行为，这是不切实际的。动物的行为只要不是像呼吸和新陈代谢那种纯生理过程，我们便只能借助行为学所发展出的一些关于意义的概念来研究它。行为主义者从头到尾都从行为学的目的和成败概念的角度看待他的研究对象。他不知不觉地把有益或有害的行为学概念应用在他的研究主题上。他从不公开表述意识或目标追求，这其实是在自欺欺人。事实上，他心里正在为研究对象四处寻找目标，并且以某个模糊的有益概念为标准，衡量其研究对象的每种状态。研究人的行为的科学——只要不是生理学，绝不提行为的意义和目的。它不可能从动物心理学或从观察婴儿无意识的被动反应中学到任何东西。相反，人的行为科学对动物心理学和婴儿心理学有所助益。没有行为学所阐明的那些一般行为必要条件的概念，我们将无从想象或理解动物和婴儿的动作。

观察动物的本能动作让人感到惊奇，也引出一些没人能圆满解答的问题。然而，动物乃至植物以一种准目的性方式展现被动反应这个事实，与人有目的行为相比，与物理学所描述的在无机宇宙中那些到处可见的函数对应关系以及与发生在有机宇宙中的那些生物学过程相比，都是一样的，既不会更神奇也不会更普通。所有这些所谓的神奇只有一个意思，那就是，对我们乐于探索的心灵来说，它们是一种最终给定的事实。

被我们称为动物本能的东西便是这样一个最终的给定。与"运动""力量""生命"和"意识"这些概念一样，"本能"也只是一个用来表示某一最终给定因素的术语。可以肯定的是，它既不能解释任何事物，也不能指出其发生的原因或根源。[1]

绝对目的

为了避免对行为学范畴产生误解，似乎很有必要强调一个老生常谈的真理。

行为学像各种有关人的行为的历史学一样也是论述人的有

---

[1] 参见克劳德·伯纳德（Claude Bernard），《科学实验》（*La Science expérimentale*）（巴黎，1878年），第137页。"生活是一个首要的原因，我们想要的是生活，而不是科学实验。"

目的的行为。如果它提到目的，它指的就是行为人想要达到的目的；如果它讲到意义，它指的就是行为人赋予其行为的意义。

行为学和历史学都是人类思想的表现形式，因此都受限于凡人有限的智力水平。行为学和历史学没有假装知道，一个绝对完美、客观的心灵有什么意图，事态的发展和历史的演化过程有什么内在固有的客观意义，以及上帝、大自然、宇宙精神或天定之命试图在指挥宇宙与人类事务的过程中想要实现什么计划。它们和历史哲学没有任何共同点。它们不像黑格尔、孔德以及其他作者的著作那样，自称揭示了关于生命与历史的真正的、客观的和绝对的意义。

脱离尘世的人

有些哲学告诉世人，立身处世的最终目的是弃绝任何行为。这些哲学把生命看作绝对的厄运，认为人生充满痛苦、煎熬和烦恼，并否认普通人可以通过有目的的努力让生命变得可以忍受。这些哲学认为，幸福只有在意识、意志和生命完全消失后才能获得。走向极乐至福和获得救赎的唯一途径是变得像植物人那样完全消极、淡漠和呆滞，至善是放弃任何思想和行为。

这些是诸如印度哲学，特别是佛教以及叔本华学说的真髓。行为学对它们不做评论。行为学对于一切价值判断和最终目的的选择是中立的。行为学的课题不是要赞同什么或不赞同什么，而只是要确立一些事实。

行为学的主题是人的行为，有些人不在它的主题范围内，这些人已经彻底地压制了人之所以为人的一切特征：意志、愿望、思想和努力追求某些目的。它论述行为人，但不论述已经蜕变成植物人的人，也不论述脱离尘世的人。

第二章 人的行为科学的认识论问题

第一节 行为学与历史学

人的行为科学[1]有两个主要学科：行为学与历史学。历史学会收集与系统化整理一切与人的行为有关的经验资料，它论述人的行为的具体内容。历史学研究人类活动的无限多样性，以及个体行为的偶然性、特殊性和具体影响。它会仔细审查引导行为人的那些观念以及行为的后果，它的研究囊括人的活动的方方面面。它有通史研究，也有各种狭义的历史研究，诸如政治和军事史，思想和哲学史，经济史，技术史，文学、艺术和科学史，宗教史，风俗习惯史，乃至人的许多其他生活领域的历

---

[1] 原文是 the sciences of human action，此处的 sciences 比我们理解的含义更为宽泛，泛指一个知识领域，涵盖所有关于行为的理论知识和历史知识，也有学科的意思。——译者注

史。比如民族学和人类学就不属于生物学；心理学既不属于生理学也不属于认识论和哲学；语言学既不属于逻辑学也不属于生理语音学。[1]

历史学的所有主题都是有关人类过去的行为，它们不可能传授对所有人类行为都有效的知识，尤其不可能传授适用于未来的知识。研究历史让人变得比较明智，但是，历史本身不会提供可用来解决具体问题的知识与技巧。

自然科学会论述过去的事情，每个经验都是过去的事情的经验，不会有未来事情的经验。但是，自然科学的成功要归功于科学实验，在实验中，每一个变动因素都可以独立观察，以这个方式累积起来的大量事实可以被归纳起来。虽然结果表明这种推论方式是方便实用的，但在认识论层面，如何为它定位仍是个有待解决的问题。

人的行为科学所论述的主题，永远是关于复杂现象的经验。对于人的行为，我们不可能在实验室里做实验。我们不可能观察到某一个因素变动对行为的影响，因为我们不可能让所有其他影响因素固定不变。因此，历史经验是关于复杂现象的经验，这种经验所提供的事实不是自然科学经过实验检测过的简单孤立的事实。历史经验所传达的信息不能用作建构理论或预测未

---

[1] 经济史、叙事性经济学和经济统计，当然是历史。"社会学"一词有两个不同的意思。叙述性社会学论述的是叙事性经济学不予论述的一些和人的行为有关的历史现象，它的范围和民族学、人类学自称的范围有一部分是重叠的。另外，社会学通论从一个比其他历史学更具有普适性的观点论述历史经验。例如，狭义的历史学论述某一城镇，或论述某一时期的城镇，或某一民族的城镇，或某一地理区域的城镇。马克斯·韦伯（Max Weber）在他的主要论著《经济和社会》中论述一般城镇，即论述关于城镇的全部历史经验，但不局限于任何历史时期、任何地理区域、任何民族、任何国家、任何种族或任何文明。

来行为的素材。每个历史经验都允许人们做出不同的解释，而事实上它也确实被人们以各种不同的方式解释着。

所以，实证主义和类似的形而上学学派所设定的那些认知前提都是虚幻的。我们不可能按照物理学或其他自然科学的模式去改造人的行为科学，当然也无法为人的行为和社会活动建立任何后验的理论。人们可以根据实验室的实验结果，接受或拒绝自然科学的假说，但历史经验不是科学实验，它既不能证明也不能驳倒任何一般性的行为理论。在人的行为科学领域，对一般性的理论命题不可能通过实验予以验证或否定。

由各种不同的因果链交错、纠结而产生的复杂现象是不能用来检验任何理论的。相反，这些现象唯有根据一些已经从其他领域发展出来的理论予以解释才能被理解。对自然现象、事件的解释不能违背那些已经被圆满验证过的理论，而对历史事件的解释却不能有这样的限制，许多评论者会随意引用相当武断的解释。只要有什么事情需要解释，人总能"恰如其分"地"发明"一些虚幻的、没有任何道理可言的理论。

在人类历史领域，行为学提供了一种解释事件的规则。这种规则类似实验检测过的理论对自然科学家的要求，是在解释个别的物理、化学或生物学事件时必须遵守的规则。行为学是一门理论性和系统性的学科，它不是历史学。它的范围是人的行为，只要是人的行为，就都包含在行为学的研究范围内，不管具体行为发生在什么样的环境中或者有哪些偶然的或个别的因素。它是纯粹的一般性的知识体系，完全不涉及实际行为的具体内容和特征。它探索适用于所有行为的知识，只要该行为的条件与它的假设以及推论所隐含的那些条件能够完全对应。它的那些陈述和命题不是从经验推演出来的，而是像逻辑学和数学的陈述和命题那样，是先验的（a priori）。它们不需要根据经验或事实予以验证或否定，它们在逻辑上和时间上都先于对历史事实的任何理解，它们是理解历史事实的先决条件。如果不知道行为学的那些陈述和命题，除了如万花筒般的变化和混乱，我们不可能看到历史事件的任何发展，也不可能感知任何有意义的经验。

第二节　行为学的形式性特征和先验性特征

当代哲学有一个流行趋势就是否认先验知识的存在。有人说，人类的一切知识都是从经验推演出来的。这种态度很容易被人理解为是针对神学的狂妄言论，以及对某些似是而非的历史哲学和自然哲学的过度反应。玄学家希望依靠直觉发现道德戒律，发现历史演化的意义，发现灵魂和物质的性质，发现决定物理、化学和生理活动的定律。玄学家那些轻浮缥缈的学说表明他们对实事求是的自然科学知识采取一种漠视的态度。形而上学家深信，无须参考经验，只需要凭借理智或理性，便能解释所有的事情，回答所有的问题。

现代自然科学的成功靠的是观察和实验的方法。毫无疑问，经验主义和实用主义在描述自然科学方法时是对的；但同样不容置疑的是，它们竭力排斥一切先验知识，甚至把逻辑学、数学和行为学当成经验和实验学科或仅仅是重复性的学科，那就完全错了。

关于行为学，哲学家的认知错误除了源于他们对经济学的完全无知[1]，也源于他们的历史知识不足（已到了令人吃惊的地步）。在哲学家眼中，论述哲学议题是一份高贵的工作，绝不能与其他赚取金钱报酬的"低级"职业相提并论。大学教授对于自己从哲学研究中取得收入的事实深恶痛绝，他们一想到自己就像工匠和农场工人那样赚钱，便觉得不舒服。哲学家认为，涉及金钱的事情是卑鄙的，研究真理和绝对永恒的价值这类崇高的议题不该关注金钱，因为那会污染他们的心灵。在所有当代哲学家笔下，没有任何一句话能够透露出哪怕一丝他们熟悉经济学的味道，即使是最基本的经济学问题也没有。

人的思想是否有先验性的特征，即"想"这个动作是否必须具备一些智力条件（这些条件实际上先于每个具体概念的产生或具体经验的察觉）？千万不能把这个问题与人如何获得人类特有的心智能力这样的起源问题搞混。人是由缺乏心智能力的非人类祖先进化而来的，这些非人类祖先有某种天赋潜能，在经过无数年代的演化后，终于演变出人类这种有理智的生物。这种转变是一个不断变化的宇宙环境影响一代代的非人类祖先而达成的。因此，经验主义者下结论说，思想推理的根本性质是经验的产物，是人类适应环境的一种表现。

顺着这个逻辑可进一步推导：在我们的非人类祖先和智人之间有若干中间阶段。有些似人非人的生物虽然尚未具备人类的心智能力，却已经具备一些初步的推理能力。他们的心灵还

---

[1] 几乎没有哪一位哲学家会比柏格森（Henri Louis Bergson）更熟悉各种不同学科的当代知识。然而，他的最后一本巨著有一句不经意的评论却清楚表明，他完全不懂现代价值与交易理论的根本定理。谈到交易，他说，"一个人不会去交易，除非他已问过自己，用于交换的两个东西是否价值相等，即是否能按相同价值换得第三种东西"。参见《宗教信仰的来源》（*Les Deux Sources de la morale et de la religion*）（巴黎，1932年）第68页。

不是"有逻辑的"心灵，而是"前逻辑的"（非常不完美的逻辑）心灵。他们那些散漫且有缺陷的逻辑功能，一步步从前逻辑阶段向逻辑阶段演化。理性、知性和逻辑能力是历史现象，逻辑史的存在就像技术史的存在一样。但没有任何证据表明，我们现在所知的逻辑是知性演化的最终阶段。人的逻辑是介于前人类的非逻辑和超人类的逻辑之间的一个历史阶段。理性与心灵作为人类最有效的生存禀赋，是一种镶嵌在不断流逝的生物演化长河中的东西，它们既不是永恒的也不是不变的，而是短暂的。

再者，人在各自的发展过程中，不仅经历了生理的蜕变——从一个简单的细胞变成一个非常复杂的哺乳类有机体，而且也经历了心灵的蜕变，从一个纯粹植物性或动物性的生物变成一个拥有理性心灵的生物。心灵的这种蜕变并非始于出生前的胚胎阶段，而只能始于新生儿逐步产生人类意识之时。每个人在年幼时，都从黑暗的深渊出发，而人类的意识历经了好几个不同的心灵逻辑结构发展阶段才终于觉醒。

接下来是关于动物的例子。我们知道有一条无法逾越的鸿沟把人类的理性和动物的大脑及其神经系统的被动反应过程区分开来。但同时我们也（隐约）觉得动物的大脑中有一些力量正挣扎着走向理性之光。那些力量就好像囚犯急于冲破黑暗的牢笼，急于脱离那自动机器般（automatism）无意志的存在状态。我们的感觉与它们相同，因为我们自己也处于类似的环境：枉费心机地想要冲破智力极限，徒劳地追求不可能达到的完美状态（总是枉费心机）。

但是，先验性是一个不同的问题，它与意识或理性是如何产生的无关，它只关注人的思维逻辑结构的本质及其必要特征。

基本的逻辑关系是不能加以证明或否定的，凡是试图证明它正确与否的尝试都必须以它们的有效性为前提。向一个不懂基本逻辑关系的人阐明什么是基本逻辑关系是不可能的。任何人企图按照下定义的规则去定义它们也必定会失败。它们是最原始、最根本的命题，先于任何名义上的或实质性的定义。它们是无法进一步分析的终极概念，人的心智完全无法想象任何与它们相违背的逻辑关系。不管超越人类的生物怎样看待它们，对于人类来说，它们是不可否认且绝对必然的，它们是感知、领悟和经验不可或缺的先决条件。

基本的逻辑关系也是人类记忆不可或缺的先决条件。自然科学界现在倾向于把记忆描述为普遍现象中的个例。每个有机体都保存了先前所受刺激的结果，而无机物的现状则是由它过去所受到的一切影响塑造的。宇宙的现状就是它的过去的产物。所以，打个不太恰当的比方，我们可以说，地球的地质结构保存了所有宇宙变化的记忆，而每个人的身体则是其祖先及其本人的命运与际遇的沉积。然而，人类的记忆和宇宙演化的结构在统一性与连续性上其实是完全不同的两回事。记忆是一种意识现象，因此有其逻辑先验条件。成年人不记得他身为胎儿与婴儿时的任何事情，对于这个事实，心理学家向来感到困惑。弗洛伊德曾尝试解释这种失忆现象，说它是潜意识压抑不愉快的回忆所致。然而，真正的原因是，无意识状态是没有什么经验可被记忆的。对胎儿、婴儿或成年人来说，像自动机器运行般的动物性的无意识反应，都是不能被记忆的材料，而人只有在意识清醒时才能记忆。

大脑不是一张白纸，它不可以把外部事件写入自己的历史。大脑有一套工具，它可以借此掌握事实和经验。人在从变形虫演化到现在这个样子的过程中，获得了这一套工具，即思维的逻辑结构。然而，这一套工具在逻辑上是先于任何经验的，即它是经验的先决条件。

人并不是被某些外来刺激完全支配的动物，虽然那些刺激不可避免地决定了他的生活环境。人也是一种拥有自主行为的生物。而"行为"就其作为人之所以为人的一个必要条件而言，在逻辑上是先于任何具体行为的。

人无法凭空想象与基本逻辑关系相悖的逻辑关系，或与因果观、目的论相悖的认知原则。这个事实迫使我们不得不承认某个认识论原则，而这个原则也许可以被称为"方法论的先验主义"（methodological apriorism）。

每个人在他的日常行动中都一再证明了，一般思想与行为范畴的不变性和普遍性。一个人对同胞讲话，他想要告知或说服他们，他也会向别人提出问题或回答别人的问题，他之所以有这样的行为，完全是因为他能倚仗某个大家共同拥有的东西，即人的理智所拥有的共同的逻辑结构。"A 可能同时也是非 A"，或"在偏好 A 甚于 B 的同时又偏好 B 甚于 A"，这样的想法对人来说是不可思议的、荒谬的。我们无法理解任何前逻辑或超逻辑的思维，我们甚至无法想象没有因果观和目的论的世界。

在人的理性思维能够理解的领域之外，是否还有其他领域，是否还存在着某种截然不同于人的思想和行为的东西？对人来说，这样的问题无关紧要，因为任何来自这种领域的东西绝不会被人认知，也绝不会进入人的大脑而成为知识。事物的本体（things-in-themselves）是否不同于我们的眼睛所见到的那个样子？是否有我们不能揣测的世界？是否有我们不能理解的想法？这些都是毫无意义的问题，都超出了人的认知范围。人的知识是以人的思维结构为基本条件的，如果人类思维选择人的行为作为研究主题，则其所说的行为，除了包括思维当然能掌握的那些行为的根本性质，还包括思维对不断生成与变化的外部世界的投射，除此以外不可能有别的意思。行为学的所有定理，都仅指涉一般行为的这些性质，而且也仅在这些性质的操作范围内有效。关于人从未梦想过而且也不可能想象到的那些世界或关系，行为学不会妄想传达什么知识。

因此，"人类行为学"这个说法有双重意思。其一，行为学所陈述的那些定理在它们所精确界定的范围内（前提条件），对一切人的行为普遍有效。其二，行为学只研究人的行为，对于非人类的（不管是次于人类的还是超越人类的）行为，它不感兴趣。

原始人的逻辑与现代文明人是否不同

世人有一个普遍的误解，认为吕西安·莱维-布吕尔（Lucien Levy-Bruhl）的著作支持这样一种学说：原始人的思维结构与现代文明人的截然不同。其实正好相反，布吕尔在仔细检视所有的民族学研究资料后，就原始人的心智功能所做的报告清楚地指明，基本的逻辑关系以及思想和行为的一般性质在原始人的心智活动中所扮演的角色与在现代文明人的生活中所扮演的角色没什么两样。原始人的思想内容和现代文明人的思想内容虽然不同，但两者的形式和逻辑结构却是一样的。

没错，布吕尔本人认为，原始人的心理在本质上是"神秘的和前逻辑的"。原始人集体表象（collective representations）受制于"互渗律"（law of participation），因此不在乎"矛盾律"（law of contradiction）。然而，布吕尔所谓前逻辑和逻辑思想的区分，指的是思想内容上的不同，而不是思想形式上或一般结构上的不同。因为他宣称，即使是像我们这样的人，也常使用一些受制于"互渗律"的观念以及这些观念之间的关系。这些观念和关系或多或少与那些遵循推演律（law of reasoning）的逻辑观念和关系分庭抗礼，也或多或少地干扰推演律的观念和关系，二者总是相伴相随，不能完全分离。"前逻辑的和神秘的观念与逻辑的观念并存。"[1]

布吕尔将基督教的基本教义归类到前逻辑心灵的领域。[2]现在，针对基督教教义和神学解释有很多反对意见，但是，绝不会有人说，基督教的神职人员和哲学家，特别是圣奥古斯丁（St. Augustine）和圣托马斯（St. Thomas）等人的心灵逻辑结构与现代文明人的心灵逻辑结构截然不同。相信奇迹者和不相信奇迹者争论的是思想内容，而不是它的逻辑形式。试图证明可能或确实发生过奇迹的人也许错了，但是毫无疑问，要揭露这种想法的错误——正如休谟和穆勒的那些精彩的文章所揭示的——所涉及的逻辑上的错综复杂程度不亚于拆穿任何哲学或经济学的谬误。

探险家和传教士认为，非洲和波利尼西亚的原始人每当对事物有了初步的认识后便会停下来，他们绝不去推演深究。[3]欧洲和美国的教育家对他们的学生有时候也有相同的评价。关于尼日尔的莫西人，布吕尔引述某位传教士的话："与他们交谈，只能谈女人、食物和农作物（在雨季时）。"[4]但是牛顿、康德和布吕尔的邻居比较喜欢谈的还不是一样的内容吗？难道还有什么其他话题？

---

[1] 1. 参见吕西安·莱维-布吕尔的《关于霍托原住民的思考》（*Hoto Natives Think*）（纽约，1932年），第386页。

[2] 同上，第377页。

[3] 参见吕西安·莱维-布吕尔的《原始心态》（*Primitive Mentality*）（纽约，1923年）第27—29页。

[4] 同上，第27页。

关于布吕尔的研究结论，用他自己的话来表述最清楚："原始人的心灵就像现代文明人的心灵一样，急于为周遭发生的事情找到理由，只是他们寻找理由的方向与现代文明人大不相同。"[1]

一个渴望丰收的农夫，根据他的思想内容，可能选择不同的手段去增产。他可能会举行一些神奇的仪式，可能去朝圣，可能给他的守护神献上一根蜡烛，或者使用更多、更好的肥料。但是，不管他做了什么，都是一种行为，即他总是会为了达到某些目的而使用某些手段。从广义上来讲，神奇的仪式也是一种技术。驱魔也是一种有目的的行为，只不过驱魔所依据的世界观被大多数现代人归为迷信，他们认为驱魔是不恰当的行为。但是，"一般行为"这个概念，只隐含行为人相信其所使用的手段将产生其想要的效果，并不隐含行为需要有正确的理论指导，也不隐含行为需要有保证成功的技术或保证行为能达到其所追求的目的。

就所有人来说，不管什么种族、什么年代或什么国家，心灵的逻辑结构都是一样的，民族学或历史学并未提出可以反驳这种主张的任何事实。[2]

第三节　先验和真实

先验推理是纯概念性和纯演绎性的，除了逻辑上的恒真式

---

[1] 参见吕西安·莱维-布吕尔的《原始心态》，第437页。
[2] 参见恩斯特·卡西尔（Ernst Cassirer）的精彩论述：《象征形式哲学》（Philosophie der symbolischen Formen）（柏林，1925年），第二卷，第78页。

和分析性的论断，它产生不了别的东西。它的所有含义都是从一些前提逻辑推演出来的，都已经隐含在前提里面了。因此，有一种反对意见认为，先验的推理对我们的知识无所增益，其实不然。

几何学的所有定理都已经隐含在公理中。比如直角三角形的概念已经隐含勾股定理，这个定理是一个恒真式命题，几何学的演绎产生的是一个分析性的论断。然而，没有人会争辩说，整个几何学，尤其是勾股定理，没有增加我们的知识。从纯粹演绎推理中所获得的认识也是创造性的，它为我们的思维打开了一个通道，它通向先前封闭的领域。先验推理的重要任务一方面要揭示范畴、概念和前提所包含的一切内容，另一方面要说明范畴、概念和前提不包含的内容。先验推理的使命是要把先前隐藏起来的和不为人知的东西变得显而易见和容易理解。[1]

货币理论的所有定理也都已经包含在货币的概念里了。比如，除了已实际包含在货币概念里的东西，货币数量说没给我们增添新知识。这个学说转换和展开了货币的概念，它仅仅是对货币概念的分析，就像勾股定理分析直角三角形的概念那样，它只是一个逻辑上的恒真式命题。然而，没有人会否认货币数量说的认知价值。对于没受过经济学启蒙的人来说，它仍然是一个陌生的命题。前人为了解决与货币相关的一些问题曾经历的一连串失败的尝试充分表明，要达到现阶段的认知程度是极其不容易的。

---

[1] 迈耶森说，科学是一种行为，通过这种行为，我们将不同的和变化着的东西约化成同一的和永恒的东西。参见《科学解释》(*De l'Explication dans les sciences*)（巴黎，1927年），第154页。另外，参见莫里斯·R. 科恩（Morris R. Cohen）的《逻辑序言》(*A Preface to Logic*)（纽约，1944年），第11—14页。

先验的科学理论体系未能向我们传达对现实的充分认识，但这不是它的瑕疵。先验的概念和定理是完全把握现实的思考工具。毫无疑问，它们本身还不是关于所有事物的全部知识，但是，理论与人们对真实的和不断变化的现实的理解并不是相互对立的。没有理论，或者说，没有先验的和人的行为科学理论，人们不可能理解真实的人的行为世界。

长久以来，理性和经验的关系是一个基本的哲学问题。像所有其他认识论的问题那样，哲学家在论述这个问题时，只想到了自然科学，却从未正视人的行为科学。因此，对行为学来说，哲学家在认识论方面的贡献毫无用处。

哲学家在处理关于经济学在认识论层面的问题时，通常采用某个专为自然科学设想的解决方案。有些撰述者引用庞加莱的惯例主义（Poincare conventionalism）[1]，把经济学据以推演的那些前提看成是语义上或假设上的某种惯例。[2] 其他撰述者则偏向于默认爱因斯坦的想法。爱因斯坦曾提问："人类的理性若完全不依靠经验，其创造出来的数学怎么能如此绝妙地切合真实的事物呢？难道人类的理性没有经验的协助，只通过纯粹的推论演绎就能发现事物的真实面貌吗？"而他自己的答案则是："数学定理如果是指涉现实的，便是不确定的，而当它是确定的，便不是指涉现实的。"[3]

然而，人的行为科学与自然科学截然不同。所有热衷于依

---

[1] 参见亨利·庞加莱（Henri Poincaré），《科学与物理》（*La Science et Phypothèse*，巴黎，1918年），第69页。
[2] 参见费利克斯·考夫曼（Felix Kaufmann），《社会科学方法论》（*Methodology of the Social Sciences*）（伦敦，1944年），第46—47页。
[3] 参见阿尔伯特·爱因斯坦，《几何与经验》（*Geometrie und erfahrung*）（柏林，1923年），第3页。

靠自然科学模式为人的行为科学建构一套认识论体系的研究者所犯的错误都是可悲的！

人的行为，即作为行为学主题的那些真实的东西，与人的推论演绎本就来自同一源头。行为和理性是同源同质的，甚至可以说是同一事物的两个方面。理性之所以能够经由纯粹的推论演绎揭露行为的本质，是因为行为是理性的衍生物。由正确的行为学推论演绎而得到的那些定理，不仅像数学定理一样完全正确、无可争辩，而且还以必然确定和无可争辩的态度指出那些出现在日常生活与历史中的真实行为。行为学所传达的是严密而准确的真实知识。

行为学的出发点不在于选择某些假设作为公理或决定某个研究程序，而在于严谨地思考行为的本质。任何行为无一不是完整呈现行为学据以推演的那些基本范畴。任何能想象到的行为模式无一不能清楚地区分手段与目的或成本与收益。绝不会有什么东西只是近似或不完全符合"交易行为"这个经济学概念。也就是只存在交易与非交易，而且所有关于交易的一般定理及其含义对于任何交易行为来说都是严格有效的。交易与非交易之间或直接交易与间接交易之间绝没有什么过渡阶段，没有任何经验可以用来反驳这些陈述。

从来就没有这样的经验，因为与人的行为有关的所有经验，都以行为学据以推演的那些基本性质为其先决条件，而且唯有符合这些先决条件，行为学的应用才会成为可能。如果我们不了解行为学推演而得出的那些概念体系，就不可能辨识或掌握人的行为。我们看到的仅仅是一些动作，而看不到买或卖，看不到价格、工资率、利率……我们唯有将行为学的理论体系付诸实践，才能得到关于买卖行为的经验。但到时候我们是否能察觉到这种经验，与我们的感官是否伴随着这种经验，与我们能否察觉到有哪些人为的具体动作或哪些外在的非人为因素的具体变动，没有丝毫关系。没有行为学知识的协助，我们永远不会了解交易媒介是什么。如果没有这种预先存在的知识，我们在看到硬币时，只会把它看成一种金属圆板而已。要得到关于货币的经验，经验主体就需要事先熟悉"交易媒介"这个行为学概念。

关于人的行为的经验和自然现象的经验，两者不同的关键在于，前者需要并且默认行为学的知识。这也是为什么自然科学的方法不适用于研究行为学、经济学和历史学的原因所在。[1]

在论断行为学的先验性质时，我们并不是在另起炉灶，创立一门与传统的人的行为科学不同的新科学。我们并非主张人的行为科学理论"应该"具有先验性，而是主张人的行为科学"一直"具有先验性。每一次思考人的行为所引起的问题，必然要用上先验性的推论。关于这一点，对于那些思考或讨论问题的人来说，不管他是旨在探索纯知识的理论家，还是渴望理解正在发生的变化而想要制定符合他们自身利益的公共政策或私人策略的政治家、政客或普通公民，都不会有什么分别。一开始，人们也许会争论某个具体的经验有什么意义，但这种争论

---

[1] 米塞斯后来在《经济学的终极基础》(*The Ultimate Foundation of Economic Science*)一书中，进一步指出，自然科学甚至没有必要的思想工具可以察觉人的行为问题。因为思想和目的这两个行为的根本性质在自然科学的理论体系里没有容身之处。在论述自然现象的科学家和论述主题之间有一道不可跨越的认知鸿沟，前者有思想和目的，而后者没有思想和目的（无法想象）。相比于米塞斯在上文对自然科学的方法为什么不适合研究行为学、经济学和历史学的解释，他后来的解释显然比较正确和易懂。因为自然科学的研究毕竟也需要预设的理论，虽然所预设的理论只是假说，需要通过实验检测才会被暂时接受，不像行为学的定理是"必然确定和无可争辩的"，并且是察觉相关经验的先决条件，绝不会有相关经验与正确推衍得出的行为学定理相悖。——译者注

必然会从相关事件的那些偶然的环境因素转向分析一些根本原则，从而不知不觉就不再提起事实上具体发生了什么（尽管这种争论是由该具体事实引起的）。自然科学的历史有一页是关于那些因抵触经验而被抛弃的理论与假说的，我们总该记得伽利略所驳倒的那些古老的力学谬论或燃素理论的命运吧！然而，经济学的历史里却没有这样的记录，因为逻辑上不兼容的一些理论还是各有各的拥护者，他们往往会引用同一事件来证明各自的观点已经通过了经验的鉴定。事实是，在人的行为世界里，关于复杂现象的经验只有一个，但人们总是能根据各种对立的理论给予解释。至于大家对这种解释满意还是不满意，就要看人们会接受哪些根据先验的推论分别建立起来的互相对立的理论了。[1]

历史不可能传授任何一般性的规则、原则或定律。我们没有办法从历史经验中提炼出任何与人的行动方针或政策有关的理论或定律。如果历史事件不能以系统性的行为学知识予以澄清、整理和解释，那么历史将只是把许多不相连的事件任意堆积在一起的一堆资料罢了。

第四节　方法论的个人主义原则

行为学论述的是个人的行为，至于人与人之间的合作，则是它后来在探索和研究的道路上进一步得到的认识。社会行为，

---

[1] 参见 E. P. 切尼（E. P. Cheyney）《法律史及随笔》（*Law in History and Other Essays*）（纽约，1927 年），第 27 页。

比如人的合作，在行为学中是被当成广泛的人的行为范畴中的一个特例来论述的。

行为学所推崇的个人主义方法论（methodological individualism）一向遭到各种学派的激烈批评，被污蔑为唯名论的谬论（nominalistic fallacy）。批评者说，"个人"是一个空洞而抽象的概念，真实存在的人必然总是某个社会整体中的一个成员，我们无法想象有什么样的人会与人群分离，会与社会没有联系。人之为人，是社会演化的产物，人最为突出的特征——理性，只可能出现在社会关系的架构中。人的思想无不依靠语言所提供的那些概念和观念，而语言显然就是一种社会现象。人总是某个集体的成员，正如在逻辑上和时序上，整体都先于它的组成部分或成员，所以，批评者认为，对个人的研究也应排在对社会集体的研究之后。科学要论述人的问题，唯一适当的方法是普遍主义（universalism）或集体主义（collectivism）的方法。

可是，有关整体与个体在逻辑上谁先谁后的争议，其实毫无意义。在逻辑上，"整体"与"个体"是两个关联词，它们两个都是独立的，没有谁先谁后的问题。

同样不适当的是前述批评者将中世纪经验哲学中的实在论（realism）与唯名论的争议牵扯其中。在人的行为世界里，没有人会去争辩社会是否确实存在，也没有人敢否认国家、自治州、市政府、政党、宗教团体等是影响人类发展的真实因素。行为学虽然推崇个人主义的方法论，但绝不质疑这些集合体的重要性，甚至认为描述与分析它们的形成、消失、结构变化与运作是行为学的主要任务之一，并且还选用了唯一可以圆满解决这些问题的方法。

我们首先必须认清，所有行为都是由个人完成的。集体总是通过一个或几个人的行为来运作，这些行为与集体有关，作为其第二来源。某个行为的性质取决于行为人和所有受到该行为影响的人所赋予该行为的意义。这样的意义可以用来区别哪个行为是个人行为，而哪一个行为则是国家行为或政府行为。处决犯人的是刑场上的刽子手，不是国家，而把刽子手的行为认定为国家行为则是相关人等所赋予它的意义。又比如一群武装人员占领了某个地方，他们把这种占领行为归属于他们的国家，而不归属于执行占领行动的军官和士兵，这也是有关人等赋予它的意义。如果我们仔细考查相关个人所完成的各个行为的意义，我们就必然会了解关于集体行为的一切，因为集体不存在于个别成员的行为之外。一个集体的"生命"存在于构成该集体的那些个人的行为中。我们无法想象有哪个集体不是依靠某些个人的行为在发挥作用。一个集体的真实性就在于它能指挥某些个人做出一定的行为，所以，认识集体的有效方法是对个人的行为进行分析。

人，作为一种有思想、能行动的生物，在脱离他的前人类状态而成为人的时候，便已经是一种社会性的生物了。理智、语言与合作的演化是同一个过程的结果，它们是不可分割和必然联结在一起的。但是，这个过程发生在个人身上，也完全表现在个人行为的变化上。这个过程只会发生在个人身上，而不会发生在其他实体上。除了个人的行为，没有什么可以成为社会的基础。

只有通过某些个人的行为才能看出国家、自治州和教会，乃至分工下的社会合作。绝不会有人只注意到某个国家，却没有注意到它的国民。就此一意义而言，我们可以说，集体是通过某些个人的行为而显现的。这不是说个人在时序上先于集体而存在，而是说某些个人的特定行为构成了特定的集体。

至于一个集体是否只是其组成部分的简单加总还是涵盖更多东西，则无须争论；同样无须争论的还有，集体是否为自成一类的实体，是否有它的意志、计划、目的和行为，乃至有一独特的"灵魂"。这种争论是没有意义的。某个集体就是许多个人行为的一个特殊方面，也是影响事态发展的一个真实的存在。

集体的"形象"只存在于人的想象中，集体是不可能"被看见的"，它不是具象；对于集体的认识，总是要先了解某些行为人及其赋予其行为的意义才可能实现。我们能看见一大群人的集合，至于这一群人究竟只是单纯参加一个聚会，还是一群乌合之众（现代心理学所谓"没有个性的"），还是有组织的团体或其他种类的社会集合体，则只有在了解这群人身处其中的意义后才能找到答案。而这里所谓的意义，总是每个人自己认为的意义。要认识社会团体，靠的不是我们的感官，而是我们的了解，这是一个理性的认识过程。

那些主张要从集体着手研究人的行为的人，会碰到一个无法跨越的障碍，那就是，一个人——原始部落里的人除外——能同时属于而且实际上也确实分属于许多不同的集体。那些由许多社会团体同时并存或相互对立所引起的问题，只有个人主义方法论才能解决。[1]

我和我们

"自我"是指个别的行为者自身。"自我"无疑是给定的存在，是不可能被任何推论或狡辩改变或消除的。

---

[1] 关于集体主义的社会理论批判，见第八章第二节。

"我们"这个词指的永远都是把两个以上的"自我"加在一起而成的东西。如果某人说"我",那么无须追问便可确定它的意义;至于"你"的意义,同样无须追问;而只要能确切地指明代表何人,"他"的意义也同样无须追问。但是,如果某人说"我们",那就需要更多的信息才能确定包含在"我们"这个代名词里的"自我"究竟是哪些人了。"我们"总是包含一个一个的人,即便很多人齐声说"我们",它仍然包含一个一个的人。

"我们"无法做出某种行为,除非其中的每一个人都为自己而有所行为。"我们"中的每一个人,要么全体一致地有所行为,要么其中的某个人可以代表全体而有所行为。在某个人代表全体做出某种行为的情况下,代表人以外的那些人的合作源于他们达成了某种一致,从而使代表人的行为对他们来说也同样有效。某个官员代表全体公民而做出的行为,是仅仅就这个意义来说的,也就是说,该集体中的个别成员允许该代表人的行为也与他们相关。

现代心理学企图分解"自我",或想要将"自我"说成是幻觉,但这种努力是没意义的。行为学的"自我"是无可置疑的,不管一个人过去是什么样,也不管他将来可能变成什么样,他在选择做出某种行为的当下就是一个"自我"。

我们必须分辨光荣的大多数和逻辑的大多数以及纯礼仪的、庄严的大多数。[1]如果某个从未尝试过溜冰的加拿大人说,"我们是世界上最优秀的冰上曲棍球球员",或某个意大利莽汉骄傲

---

[1] 比如某个国王在以其正式身份讲话时所使用的"我们"一词,或一般报纸社论中所使用的"我们"一词,都是所谓庄严的大多数(pluralis majestaticus)。而逻辑的大多数(pluralis logicus)则是指使用"我们"一词代表特定的某些人。——译者注

地宣称"我们是世界上最杰出的画家",没人会相信。但是,当涉及政治和经济问题时,光荣的大多数往往演变成帝权的大多数[1],这一点不可忽视——它让某些影响国际经济政策的学说更容易让人接受。

第五节　方法论的单次主义原则

　　行为学的研究,是从个人的行为着手的。它不是含糊、笼统地论述一般人的一切行为,而是论述某个特定的人在某个特定的时间和某个特定的地点所完成的某个具体的行为。但是,行为学所关心的当然不是这个具体行为的那些偶然的因素或环境因素,也不是这个行为与所有其他行为有什么不同,它只关心在这个行为的发生过程中,有哪些必然的普遍含义。

　　自古以来,集体主义哲学一直阻碍人们掌握行为学问题,直到我们这一代,集体主义者还是完全不知道如何处理行为学的问题。全体主义、集体主义和概念实在论(conceptual realism)只看到整体性和普遍性的东西。它们思考论述的对象是人类、民族、国家、阶级,美德与恶行,对与错以及整个类别的欲望与商品。例如,它们会问为什么黄金的价值高于铁的价值?于是,它们永远找不到答案,只会碰到矛盾和悖论。最著名的例子是古典经济学家所谓的价值的悖论,它甚至阻碍了

---

[1]　比如1790—1945年,某位英国人说"我们统治印度"。这里的"我们"一词,即所谓帝权的大多数(pluralis imperialis)。这个英国人误以为他自己和英国政府是一体的。——译者注

古典经济学的进步。

行为学问的则是，行为当中究竟发生了些什么？说某个人那时在那里做出某种行为，或今天在这里做出某种行为，或无论何时在哪里做出某种行为，那个行为是什么意思？如果他选了某样东西而拒绝了其他的，后果会是什么？

选择的过程永远都是个人在可供他自由选择的几个机会中做出抉择。人，从来不是在善与恶之间做选择，而是在被某种观点称为善或恶的两个具体的行为模式之间做选择。人，从来不是在一般概念的黄金和一般概念的铁之间做选择，而是永远都在某一确定量的黄金和某一确定量的铁之间做选择。每个单一行为的直接后果都极为有限，如果我们想得到正确的结论，首先必须注意这些限制。

人生就是由不间断的一连串行为组成的。各个行为绝不是孤立的，每一个行为都是一连串行为中的一个环节；而一连串行为合起来又在某一较高层次上构成一个行为，追求更遥远的目标。每一个行为都有两个方面：一方面，个体行为存在于一个比较远大的行为框架里，它是该比较远大行为中的一部分行为，要完成所设定的较远大目标中的一部分目标；另一方面，相对于它自己的诸多组成部分所要达成的各个目标而言，它本身就是一个完整的行为。

至于这两个方面中是那个比较远大的行为还是那个针对直接目的的行为将被凸显出来，则要根据行为人当下所筹谋的计划范围大小而定。行为学无须处理格式塔心理学（完形心理学，gestalt-psychology）所提出的那一类问题。伟大事业的完成总是从完成一小部分工作开始的。没错，一座大教堂是比一堆石块叠在一起还要大的东西，然而，盖成一座大教堂不可或缺的程序却是把一块石头搭在另一块石头上。对建筑师来说，他的目标是一座教堂；对泥瓦匠来说，他的目标是一面墙；对石匠来说，他的目标是一块又一块石头。对行为学来说，要完成比较远大的工作，唯一的方法是从基础开始，要从一点一滴开始，一步一步地做。

第六节　人的行为的具体内容：个体特征与变化特征

　　人的行为的内容——人想要达到的某种目的以及为了达到该目的所采用的手段，取决于每个行为人的个体特征。人是漫长的物种演化的产物，在这个过程中形成了他的生理遗传特征。作为祖先的后裔和继承人，人的祖先所经历的一切都被沉淀和积聚成人的生物性遗产。当人出生时，他不是出生在一个一般意义的世界上，而是出生在某个具体的环境中。在人生旅途的每一刻，人先天的遗传性生物特质以及岁月在他的身上留下的一切痕迹决定了他是一个什么样的人，这些是他的命运与造化。就"自由"的一般意义而言，他的意志显然是"不自由"的。他的意志取决于他的人生背景，也就是取决于他本人和他的祖先所受到的一切影响。

　　遗传因素和环境塑造了个人的行为，向他暗示行为的目的和手段。他不仅仅以一般人的身份活着，他还有抽象的一面：他是他的家族之子、他的种族之子、他的民族之子以及他的时代之子，他是某个国家的公民、某个社会团体的成员和某种职业的从业者，他是某种宗教、某种形而上学、某种哲学和某种政治理念的追随者，他是许多争执和论战中某一方的成员。他的各种观念和价值标准不是他自己创造的，而是从别人那里承袭过来的。他的想法是环境灌输给他的，只有极少数天赋异禀的人才能想出原创性的观念，才能改变传统信仰和理论体系。

普通人不会去思考重大问题。对于重大问题，他依赖权威人士的意见。他就像羊群里的一头羊，他的行为"像每一个正派人士必定会做的"那样。正是这种心智上的惰性使一个人成为普通人。然而，普通人也会选择，他们要么选择传统的行为模式，要么选择别人的行为模式，因为他相信这么做最可能获得幸福。而且他也会随时改变想法，也会随时改变行为模式，只要他确信这样做符合自己的利益。

一个人的日常行为大多是单纯的习惯性动作，他不会特别注意要做什么动作。他会做许多事，可能是因为他从小就被训练要做那些事，也可能是因为别人同样在做那些事或他周围的人习惯于做那些事。他养成一些习惯，发展出一些自动反应，也沉湎于这些习惯和自动反应，他还会觉得它们的效果良好。不过，他一旦发现这些习惯和自动反应可能妨碍他想达成的一些更重要的目标，就会改变自己的心态。一个在水源干净的地方长大的人，养成了放心饮水、洗衣和泡澡的习惯；可是当他迁移到水源受到病菌污染的地方时，他会时时刻刻提醒自己，千万别再没头没脑地沉湎于过去的习惯和自动反应了，以免受到伤害。在正常情况下，即使某个行为是自动自发完成的，也绝不表示该行为不是出自清醒的意志和刻意的选择。沉湎于某种（可以改变的）习惯也是一种行为。

行为学所关注的不是不断变化的行为内容，而是行为的纯粹形式和根本性质。至于有关人的行为的偶然因素或者环境因素的研究，则是历史学的任务。

第七节　历史学的范畴和特定的研究方法

历史学的范畴是研究所有关于人的行为的经验资料。历史学家收集、批判、筛选所有可以获取的信息，并在此证据基础上着手进行真正的历史研究。

有人断言，历史学的任务是揭露过去的事件究竟是如何实际发生的，不容许添加任何默认的想法或价值判断（对所有价值判断皆保持中立）。历史学家的报告应该忠实记录过去，是对过去的真实写照，宛如一张照片，不偏不倚地完整呈现所有事实，为我们重现过去事件的全貌。

完全真实地重现过去，并不是人力可以做到的。历史学研究并不是对过去事件的临摹，而是一个浓缩的概念化描写。历史学家不会只让历史事件自说自话而不加以解释，他会根据某个普遍想法去介绍历史事件，以及根据这个想法背后的一些基本观念铺陈历史事件。他只介绍与他所采用的普遍想法有关的事实，而不是滴水不漏地介绍所有发生的事实。他不会在毫无预先设想的前提下就着手处理历史资料，相反，他必然会运用当代科学知识所提供的全套工具，即应用当代逻辑学、数学、行为学和自然科学给予他的一切指导。

不可否认，历史学家绝不能心存成见或受党派信条影响而有所偏颇。那些把历史事件当成武器进行党派斗争的论述者称不上历史学家，他们只不过是宣传员和辩护者罢了。这些人不在乎获得知识，而仅仅热衷于为自己所拥护的党纲辩护，他们是在为某个形而上学学说、某个宗教教义、某个民族主义、某个政治或社会学说的教条而奋斗。他们拿历史学当幌子，掩护他们的宣传目的，蒙骗轻信者。而历史学家必须以提高认知为首要目标，要求自己不偏不倚，然后在这个意义上对所有价值判断保持中立。

在逻辑学、数学和行为学等先验科学领域，以及在注重实验的自然科学领域，价值中立（wertfreiheit）的要求很容易得到满足。就这几门学科而言，要明确分辨什么是科学的和不偏不倚的论述，以及什么是受到迷信、先入之见和激情影响而扭曲的论述，在逻辑上并不困难。但就历史研究而言，要遵从价值中立的要求就比较困难了。因为历史的主题——受到偶然因素、环境因素影响的人的行为的具体内容，归根究底是各种价值判断以及这些价值判断对变化中的真实世界的行为投射。历史学家研究工作的每一步都和价值判断有关，历史事件中的那些行为主角的价值判断正是历史学家的研究基础。

有人断言，历史学家自己不可避免地要做出价值判断。绝没有哪个历史学家会把所有发生的事件都记录下来，即便是编年史作者和新闻记者也不会那么做。他必定会鉴别和选择一些他认为值得记录的事件，而将其余事件置之不理。这一选择本身就隐含某种价值判断，它必然受限于历史学家的世界观，因而不可能做到不偏不倚，反而可能成为一些先入之见的产物。历史学可能是对事实的歪曲，它不可能是真正的科学，不可能保持价值中立并只求发现真理。

毋庸置疑，历史学家有可能滥用他在选择事实时所掌握的自由裁量权。党派偏见会影响历史学家的选择，这种事情有可能发生，也的确发生过。然而，这方面涉及的一些问题比起上述那种流行的观点希望我们相信的，要复杂多了。若要解决这些问题，必须先对历史学的研究方法有比较彻底的了解。

在处理历史问题时，历史学家会应用逻辑学、数学、自然科学，特别是行为学所提供的所有知识。然而，这些非历史学科所提供的思考工具不足以让历史学家的任务得以完成。对他来说，那些都是不可或缺的辅助工具，然而光靠它们，不可能解决他要处理的所有问题。

历史的进程取决于许多个人的行为以及这些行为的结果，而这些行为则取决于行为人的价值判断，即取决于行为人渴望达到的目的，以及他们为了达成这些目的而采用的手段。手段的选择则取决于行为人所掌握的全部技术知识。在许多情况下，借由行为学或自然科学的观点可以看出，人使用哪些手段会达到哪些效果，但是很多事情仍然有待厘清，对此，非历史学科帮不上什么忙。

历史学的特殊任务就是研究那些不能用非历史学科所提供的知识来分析的价值判断和行为效果。为了完成这个任务，它会使用一种专门的方法。历史学家的真正问题就是解释事情究竟是如何发生的，但是只靠非历史学科所提供的定理并不能解决这个问题，因为在每一个需要解释的问题背后总还有一些东西是非历史学科的知识无法分析的。于是，历史学在处理每个事件中的一些个别的、独特的价值判断和行为效果时，就会运用它特定的"了解"（understanding）[1]这一方法进行研究。

就每一个历史事实来说，当逻辑学、数学、行为学和自然科学等非历史学科所提供的一切解释手段已经用尽时，还留在事实背后的那个独特的或个别的东西就是一个最终给定的因素或最终数据（ultimate datum）。自然科学对于该领域的最终数据，除了认定其是最终数据，没有什么别的解释；但是历史则不然，它能够尝试让最终数据变得可以理解。虽然最终数据不

---

[1] 谢宇林在此把 understanding 翻译为"了解"以及把 Verstehen 也翻译成"了解"，更适当的翻译应为"理解"。——编者注

可能还原成某些前因——如果能够这样还原，就不是最终数据了——但历史学家却能够了解它们，因为他自己便是一个人。在柏格森的哲学中，这种了解被称为"直觉"（intuition），也就是"一种同理心，是指一个人赖以代入某个对象的内心来鉴别它有哪些独特性，所以也是一种难以形容的东西"[1]。德国的认识论称此为"人文科学的特殊了解"（spezifische Verstehen der Geisteswissenschaften），或简称为"了解"（Verstehen）。这是所有历史学家和其他人，在评论人世间的陈年往事和预测未来时常用的一种方法。"了解"的发现和界定是现代认识论最重要的贡献之一。当然，这里不是在规划一门尚未存在但即将建立的新科学，也不是在为既有的哪门科学提供新的研究方法。

无论在何种条件下，也不可把"了解"与"赞同"相混淆。历史学家、民族学家和心理学家有时候会记录一些他们觉得丑恶的行为，但他们只是将其视为行为来"了解"，也就是确认该行为背后有哪些目的，行为人又采用了哪些技术和方法。他们"了解"某一行为，不等于"赞同"该行为或企图为它辩护。

也不可以把"了解"和对某一现象的审美享受相混淆，这是截然不同的两种心态。前者是从历史的角度了解一件艺术作品，以确定它在历史事件中的位置、意义及重要性；后者是从情感的角度品味、鉴赏它，这是两回事。一个人能以历史学家的眼光看待一座大教堂，也能以热情的崇拜者或冷漠的观光客的眼光来看待同一座教堂，也就是同一个人在看待同一个事物时可以展现两种不同的反应模式，人既能够投入情感地鉴赏，又能够合乎科学地"了解"。

---

[1] 亨利·柏格森，《文学与文学》（*La Pensée et le mouvant*）（第 4 版，巴黎，1934 年），第 205 页。

"了解"能够确立这样的事实：某个人或某一群人为了达成某些明确的目的，曾基于某一明确的价值判断和选择，而采用某些技术的、医疗的和行为学方面的由特定学理所推导出的某些明确的手段，做出某一明确的行为。"了解"还试图进一步评估这个行为，看它究竟产生了哪些后果以及该后果的影响力。它试图为每一个行为定位，也就是要评判这个行为在历史事件中究竟发生过哪些影响。

"了解"，是要掌握那些不能被逻辑学、数学、行为学和自然科学完全厘清的现象，而它的适用范围也仅限于这些非历史学科未能厘清的部分，它不可能触及这些非历史学科的所有理论。[1] 无数历史文献曾经记录，这个世界上有显现人形的魔鬼（那些文献在其他部分还是相当可靠的）。还有许多法庭遵循正当的法律程序，根据证人的证词和被告的供词确立了魔鬼和女巫交媾的事实。然而，如果有哪个历史学家试图坚持认为"魔鬼并非只是神经错乱者的幻觉，而是真实存在并且干预过人间事务"，那么，诉诸"了解"不可能证明该历史学家是对的。

对于这一点，当它涉及自然科学时会普遍得到承认，然而一旦涉及经济理论，有些历史学家却会采取另一种态度。他们试图诉诸一些据称还原了实际情况但违背经济学定理的历史文献与数据来反驳经济学的定理。他们没有意识到，复杂的现象既不能证明也不能否定任何定理，所以不能作为反对任何理论的证据。经济史之所以存在完全是因为有一个能够厘清经济行为的经济理论，如果没有经济理论，关于经济事实的报告将不过是一堆任何人都可以任意解释的不相关的数据。

---

[1] 参见朗格卢瓦（Ch. V. Langlois）和塞尼奥博斯（Ch. Seignobos）的《史学导论》(*Introduction to the Study of History*)（伦敦，1925年），第205—208页。

第八节 构想和了解

行为学的任务在于理解人的行为的意义和人的行为的相关性。为此，行为学应用两个不同的认知方法：构想（conception）和了解。构想是行为学的思维工具，了解是历史学的思维工具。

行为学的认知是概念上的认知。行为学所涉及的是人的行为必然隐含的性质，是关于人的行为的共性与必要条件的认知。

历史学的认知涉及每一个事件或每一类事件当中独特的、个别的部分。它首先会借助所有非历史学科所提供的思维工具分析每一个研究对象；在完成这个预备工作后，再面对自己的特殊问题：以了解为方法，厘清历史事件当中独特的、个别的部分。

前面提到过，有人说，历史学不可能是科学，因为了解依赖历史学家的主观价值判断。人们一般认为，了解不过是武断的含蓄说法。历史学家的著述总是片面的和有失偏颇的，它们报道的不是事实，而是被歪曲的事实。

没错，由持各种不同观点之人撰写而成的历史书籍随处可见。关于宗教改革，有以旧教观点写成的历史，也有以新教观点写成的历史。有"无产阶级"的历史和"资产阶级"的历史，有托利党的历史和辉格党的历史。每个国家、每个党派和每个语言族群，都有各自的历史学家和各自对历史的看法。

但是，历史解释出现差异不可与冒充历史学家的宣传员或辩护者故意歪曲事实的问题相混淆。对于那些根据原始资料就能准确无误确认的事实必须予以明确，以作为历史学家研究的预备工作。在这方面，了解的方法是不适用的，因为这是需要运用所有非历史学科所提供的工具来完成的工作。作为历史研究主题的相关事件是经过严谨检视所存在的记录后收集而来的，只要历史学家在检视记录数据时所依据的那些非历史学科理论是合理的、可靠的和确定的，那么对于相关事件本身的确定性，便不可能有什么意见分歧。在这方面，对于一个历史学家所宣称的历史究竟是正确的还是与事实不符，是得到既存文件佐证或伪证的还是因原始数据所提供的信息不够充分而含糊不清的，专家们可能会有不同的意见。但这都是他们对既存证据的合理性进行解释后产生的分歧，对这方面的讨论不至于出现任何武断的陈述。

问题在于，历史学家对非历史学科的指导常常看法不一。于是，在检视历史记录的过程中，对于应该基于这些记录得出什么结论，历史学家当然会产生分歧，乃至引发难以调和的冲突。但是，产生这种分歧和冲突的原因，不是历史学家对于具体的历史现象抱持什么样的主观看法，而是非历史学科尚有一些无法解决的争议。

中国古代的一个历史学家可能会说，某某皇帝因失德而导致干旱，而当该皇帝忏悔罪过后，上天就降下了甘霖。现代历史学家不会接受这样的说法，因为该说法违背了现代自然科学公认的基本知识（气象学说）。但是，对于神学的、生物学的和经济学的问题，人们没有类似的一致看法，于是，不同历史学家的见解便出现了分歧。

一个拥护日耳曼雅利安人种学说（Nordic-Aryanism）的人，对于任何有关"低等"种族的知识和道德成就的报道，肯定会觉得荒诞不经。他对待这种报道的态度，肯定会像现代历史学家对待上述那位中国历史学家那样。对于有关基督教历史中的任何现象，认为福音书是《圣经》的人与认为福音书是凡人所著的人，不可能有一致的看法。对于许多宗教事实，旧教和新教的历史学家看法相左，因为其所依据的神学观念彼此不同；还有重商主义或新重商主义者，必然与其他经济学家产生理论分歧；一篇1914年至1923年的德国货币史报告，肯定会受到作者所秉持的货币学说的制约；在君权神授论者的笔下，法国大革命期间的许多事实必然与持不同观念者的看法呈现完全不同的面貌。

历史学家的意见之所以会产生分歧，原因不在于他们身为历史学家，而在于他们针对研究主题所应用的非历史学科。他们的分歧，就像相信不可知论（agnostic）的医生与那些以收集与奇迹有关的证据为宗旨的医事委员会成员对卢尔德（Lourdes）的奇迹的看法不一致那样。只有相信历史事实会自己在白纸般的人心上写下故事的人，才会责怪历史学家之间产生的意见分歧吧！这些人未能意识到，历史学者在做研究时不可能没有先入之见；不同的历史学者各自的先入之见不同，即他们所引用的非历史学科理论不同，而这必然会影响历史事实的真实性。

这些先入之见也会影响历史学家面对历史事实取舍时的抉择。在探究一头母牛没有泌乳的原因时，一个现代的兽医肯定会无视所有关于"巫婆邪恶之眼"的报告，但若时间往前推三百年，兽医的看法很可能会不一样。同样，历史学家要研究某一事实，也会根据他所掌握的非历史学科知识，从发生在该事件之前的无数事件中选择采用那些对该事件的产生或延续有影响的事件，而忽略没有影响的事件。

因此，非历史学科所传授的知识若有变化，必然会导致历史的重写。每一个时代的人必定会重新处理前人曾经处理过的一些历史问题，因为这些历史问题在新时代的人看来和以往是不同的。旧时代的神学世界观导致当时的人们做出与现代自然科学不兼容的历史论述。依据主观主义的经济学产生的历史著作和依据重商主义学说写成的历史著作当然也大不相同。毫无疑问，历史学家的分歧，有一部分源于非历史学科之间观点相左。就这部分而言，分歧不是由历史研究中模糊不清和不确定性造成的；相反，分歧通常是由一些被称为确定且精准的非历史学科内部的争议导致的。

为了避免任何可能的误解，在此最好再多强调几个重点。上面提到的历史论述的分歧，不可以和下面几点混淆：

第一，出于某种目的而恶意歪曲事实。

第二，试图以法律或道德的观点为某种行为进行辩护或谴责某种行为。

第三，在陈述事件发展的过程中，只是插入一些带有价值判断的评语。一本细菌学专著不会丧失它的客观性，尽管其作者接受以人为本的观点，把保全人的生命当作最终目的，并根据这一价值标准，称有效的抗菌法为好方法，称无效的抗菌法为坏方法。若是由一个细菌来写这本书，它很可能会颠倒这些价值判断，但是，其实质内容与那本由细菌学家所写的书不会有所不同。同样，一个欧洲的历史学者在论述13世纪蒙古人入侵欧洲的历史时，可能会提到"有利的"事件和"不利的"事件，因为他站在保卫西方文明的欧洲人的立场上。但是，像这样赞同某一方的价值标准不一定会干扰研究的实质内容，即使是蒙古国的历史学家也可能完全赞同该欧洲学者的论述，除了写一些无心的评语，别无其他。

第四，在外交或军事对抗中表述某一方的行为。对立的群体之间的冲突可以从双方或一方的想法、动机和目的来研究：究竟是什么想法、动机和目的在影响双方或其中一方采取行动呢？要充分了解事情的经过，必须考察双方都做了些什么，因为局势的演变是双方互动的结果。但若要了解他们的行为，历史学家必须要做到从关键时刻采取行动的那个人的角度来看待事态的发展，而不能只是从后人的角度，以现有的知识观点来看待那些事情。美国南北战争爆发前夕林肯所采取的政策当然不是一部完整的历史，不过，也没有"完整的历史"这一说法。不管历史学家倾向于北方联邦主义者、南方邦联主义者，还是保持中立，他都能客观地研究林肯在1861年春季所采取的政策。若要回答像"南北战争怎么会爆发"这种较广泛的问题，上述研究是必不可少的预备工作。

解决了上述问题之后，现在终于可以着手处理真正的问题了：在历史学的了解中，是否有主观成分？如果真的有，那主观成分又是怎样影响历史研究的结果的呢？

历史学了解的任务如果是要确立人们受到什么价值判断的影响、使用什么手段等事实，那么在真正的历史学家之间，也就是在专心于了解往事的人们之间，是不可能出现意见不合的。中间也许会有一些不确定的因素存在，因为可用的原始数据所提供的信息不够充分，但这只涉及历史学家必须到的研究预备工作，和历史学的了解没什么关系。

不过，历史学的了解必须鉴定行为产生了哪些结果，进而估量那些结果的影响；或者说，它必须考证每一个动机和每一个行为的关联性。

现在我们面临的是物理和化学相对于行为学的一个主要差异。在物理和化学的研究领域中，某些数量关系是固定不变的（至少人们普遍这样认为），而且通过实验室的实验，我们能相当精准地发现这些固定不变的数量关系。而在人的行为领域，除了以物理和化学为基础的生产科技及医疗技术，这种固定不变的数量关系并不存在。有一段时间，经济学家相信，货币数量的变化对商品价格的影响中存在一个固定不变的数量关系。他们宣称，流通中货币数量的增减必然导致商品价格成比例地升降。现代经济学已经清楚且无可反驳地揭露了这种陈述的谬误[1]；那些企图以"计量经济学"取代"定性经济学"的经济学家是完全错误的。在经济学领域，没有固定不变的数量关系，因此，测量某种关系是不可能的。如果某位统计学者确定，在亚特兰蒂斯（Atlantis），某一段时间内马铃薯的供给量每增加10%，价格随后就下跌8%，他可没确定在另一个国家或另一个时期，马铃薯的供给量一旦变化，就会发生什么或可能发生什么。他并未"测量"到马铃薯的"需求弹性"，而只是确立了一个独特的个别历史事件罢了。聪明人绝不会怀疑，人的行为是会变的，不管是对于马铃薯还是其他商品。不同的人对于相同的东西会有不同的价值评价；而同一个人，当他所处的境况改变后，他对所有东西的价值评价也会跟着改变。[2]

在经济史之外，从来没有哪个人敢主张人类历史领域充斥着种种固定不变的数量关系。过去，欧洲人在和其他民族发生武装冲突时，一个欧洲士兵通常敌得过好几个土著勇士——这是事实。但是，从来没有哪个人会愚蠢到要去"测量"欧洲人的优秀值！

测量之所以不可行，不是因为技术上没有确定量值的方法，而是因为没有固定不变的量值关系可以测量。若这只是由技术不足造成的，那至少在某些情况下，近似的估计也应该是可行的，但事实就是并没有固定不变的量值关系。经济学不像无知的实证主义者一再重复的那样，因为不是"计量的"知识，所

---

[1] 参见第十七章第四节。
[2] 参见第十六章第五节。

以落后。经济学不是计量的知识,而且也不能计量,因为在经济学领域没有常数。经济事件中涉及的那些统计数字是历史资料,它告诉我们在某个不能重复的历史场合到底发生了什么事。对于物理现象,我们可以根据实验所确立的一些固定关系给予解释,但是历史事件不可能用这样的方式来解释。

历史学家能列举某一已知结果的诸多成因,也同样能反向列举所有与前述成因作用相反的可能延后该结果或减轻该结果的影响力的诸多因素。但是,除非运用了解的方法,否则历史学家无法以任何计量方式分解所有这些正反因素交错导致的最后结果,也就是说,除非运用了解的方法,否则历史学家无法为产生 P 结果的 n 个因素中的每一个因素分配专属的影响比例。在历史领域,可以说,了解的作用等同于计量分析和测量。

科技能告诉我们,一块钢板有多厚才不会被三百米以外的一支温彻斯特来复枪所射出的子弹打穿,因此,科技能回答这个问题:为什么某个人躲在一块钢板后面被一颗子弹射伤了或者没被射伤?历史学则无法同样有把握地解释,为什么牛奶的价格上涨 10%?为什么罗斯福在 1944 年大选中击败杜威州长成为总统?法国为什么在 1870—1940 年是共和政体?这些问题,除了运用了解的方法,不容许有别的处理方法。

了解试图给每一个历史因素分配专属于它的影响比例。在了解的操作过程中,没有武断和随意的余地。尽管历史学家竭尽全力想要提供一个满意的解释,但他的自由受到了限制。追求真相必然是他的指导方针,但是也必然会有某种主观成分渗入其中。历史学家的了解总是会沾染一些他的个性色彩,总是会映射出他的心灵。

先验的科学——逻辑学、数学和行为学,意在取得一种对所有具备理性思维的生物来说都无条件有效的知识。自然科学意在获得一种对所有不仅具备人的理性思维能力也同时具备人的感觉能力的生物来说都有效的认知。人的逻辑和感觉的一致性赋予了这几门科学知识普遍有效的性质。这至少是物理学家的研究方针。直到近几年，物理学家才开始意识到他们的努力有一定的局限性，进而放弃了前辈学者一些过分自负的豪言壮语，并且发现了"测不准原理"。他们现在终于意识到，尚有一些无法观察到的东西存在，这些东西的不可观察性是一个认识论层面的原则问题。[1]

历史学的了解不可能产生必须被所有人接受的结论。对于非历史学科的传授以及对于无须诉诸影响力大小的了解便能确立的那些事实，也许两个历史学家的意见不会出现不合；但对于那些事实的影响力大小，他们的了解很可能不一致。他们可能完全同意，因素a、b和c一起作用产生了结果P；然而，a、b和c各自的影响力大小为何，他们的了解可能就大不相同了。就了解旨在给每个因素分配专属于它的影响力大小而言，历史学家的主观判断很可能影响了解的结论。当然，这种判断不是价值判断——它不表示历史学家的偏好，而是对影响力大小的判断。[2]

历史学家可能因为不同的理由而产生分歧。例如，他们对非历史学科的理论可能有不一致的看法；他们对历史记录的掌握或多或少不完整，以至于推理的结果有所不同；他们对行为人的动机、目的和行为人所采用的手段可能有不同的了解。所

---

[1] 参见A.爱丁顿（A. Eddington）的《物理科学哲学》(*The Philosophy of Physical Science*)（纽约，1939年），第28—48页。
[2] 因为本书不是一部讨论一般认识论的专论，而只是一部讨论经济学专论中必不可少的认识论基础，而且生物学的认识论不属于我们的研究范围，所以这里没必要强调，在历史学家关于影响比例的了解和临床诊断的医师必须完成的工作之间有些什么类似之处。

有这些分歧都能通过"客观的"推理予以解决，对于因为这些理由而产生的分歧，还是有可能达成全体一致的看法的。但是，就历史学者在影响比例方面的判断分歧而言，要找到一个让所有心智健全的人都必须接受的解决方案，那是不可能的。

科学家运用的逻辑推理方法和普通人在日常生活中进行推理时所运用的方法，在本质上并无不同。科学家使用的那些思维工具，普通人也同样在使用，只不过科学家会更有技巧、更审慎地使用它们。了解不是历史学家的特权，而是每个人要做的事情。每个人在观察自己所处的环境时，都是历史学家，在处理未来事件时，也都会使用了解。因此，每个人其实都时常使用了解，因为他必须一再调整自己的行为，以适应未来的情况。而对决定未来情况的各种因素的影响力大小进行了解，是投机者独特的推理方式。尽管我们的研究才开始不久，但让我们在此强调这一点：行为必然总是针对未来的情况，也就是不确定的情况，因此行为总是投机的。可以说，行为人就是以历史学家的那双眼睛看未来的。

自然的历史和人类的历史

宇宙进化论、地质学和生物演化史是与历史有关的学科，因为它们论述了过去的一些独特事件。然而，如果只运用自然科学的认知方法则无须用到了解。这些与历史有关的学科有时候必须对某些量值进行近似的估计，这些估计虽然不如"精确的"测量那样完美，却是一种对数量关系加以确定的方法，而不是关于影响力大小的判断。我们不可以把上述事实和人的行为领域中的情况混为一谈，因为人的行为特征没有固定不变的数量关系。

本书所谓历史，指的只是人的行为的历史，这种历史研究专用的思维工具就是了解。

一般认为，现代自然科学的一切成就完全归功于实验方法，这个看法有时候会遭到抨击。批评者说，天文学便是一个反证。然而现代天文学基本上是把地球上的实验所发现的物理学定律应用在诸多天体研究上。早期的天文学主要是建立在"天体的运动路线不会改变"这个假设上的，哥白尼和开普勒只是试图猜测，地球绕着太阳运动的路线是什么样子的。当时由于圆形被认为是"最完美的"曲线，哥白尼的理论便选中了它。后来，基于类似的猜测，开普勒用椭圆形取代圆形。直到牛顿的发现被世人知晓，天文学才成为一门真正的自然科学。

第九节　论理念类型

历史学涉及不能重复的独特事件，也就是不可逆转的人类行为。叙述一个历史事件，不可能不涉及某些人以及它发生在何时何地。如果叙述某件事可以不用提到这些人物、时间、地点，那就不是一个历史事件了，就成了自然科学的一个事实。"X教授于1945年2月20日在他的实验室完成了某个实验"，这样的报道是在叙述一个历史事件。物理学家相信，在物理实验中抽离做实验的那个人和实验的时间与地点，是一个正确的做法。物理学家只叙述那些在他看来与实验结果有关联的情境。物理学家认为，只要重复这些情境，便可产生相同的实验结果。物理学家把历史事件改造成自然科学实验，他不理会那个积极参与的实验者，而是试图把那个实验者设想为一个中立的观察者和纯粹叙述事实的人。不过，如何处理这种认识论问题，并不是行为学的任务。

每一个历史事件虽然是不能重复的独特事件，但所有历史事件却拥有一个共同特征——都是人的行为。历史学把它们当作人的行为来理解，运用行为学的认知工具[1]想象它们的意义，并通过审视它们的个别性和独有的特征来了解它们的意义。对历史来说，重要的始终是相关人等各自赋予某个事件的意义——行为人（历史人物）认为他们想要改变的那个事件对他们自己的意义、他们所采取的行为对他们自己的意义以及行为所产生的结果对他们自己的意义。

历史学家根据事件发生的意义对无限多样的事件进行安排、分类。历史学家用来使其对象——人、观念、惯例、制度、社会团体和人造器物等——系统化的唯一原则是意义的类同（meaning affinity）。历史学家根据意义的类同，把真实现象中的诸多要素加以排列，使其变成若干理念类型（ideal types）。

理念类型是一种特别的概念，专门用于历史研究和表述研究成果，它们属于了解的范畴。因此，理念类型完全不同于行为学中的一般行为的性质和概念，也不同于自然科学的概念。理念类型不是类概念，因为对于一个理念类型的描述并不是指某个事件若拥有哪些特征，那该事件就毫无疑问地属于该理念类型。一个理念类型是不可能加以定义的。要描述一个理念类型，就必须列举一些特征，这些特征若出现了，那么我们便可以大致确定，我们在某个具体场合面对的某个事件是否属于该理念类型。理念类型的特殊之处就在于并非所有描述某一理念类型的特征都必

---

[1] 即行为学所提供的概念结构。——译者注

须出现在该理念类型的任何一个事件中。某些特征的缺失是否会使某个具体事件不能纳入该理念类型取决于历史学家的了解是否依据影响力的大小做判断。理念类型本身是历史学家对行为人的动机、想法和目的以及他们所采用的手段进行了解之后判定的结果。

一个理念类型和统计学中的"中位数"或"平均数"毫无关系。理念类型的大部分特征不能用数值来测算,更不可能计算平均值。统计学中的平均数表示的是某一类成员在某些方面的特征,而最初这些特征在根据其他特征来界定时,并没有被提到。统计学家必须先知道该种类涵盖哪些成员,然后才能开始调查各个成员在某些特征上的表现,从而利用调查结果确立某一平均数。我们可以确定美国联邦参议员的平均年龄,也可以计算某个年龄层的人对某个特殊问题的相似表现,但是,要以某个平均数来判断某一类下的成员是否具备某种资格,这在逻辑上是说不通的。

研究历史问题不可能不借助理念类型,历史学家即使只研究一个人或一个独特事件,也不可避免地要提到理念类型。如果他说到拿破仑,他就会提到一些像"指挥官""独裁者"和"革命领袖"这样的理念类型;而如果他要研究法国大革命,他就会提到一些像"革命""旧政权解体"和"无政府状态"这样的理念类型。也许历史学家提到某个理念类型只是因为要指出这一理念类型不适用于他手上正在处理的问题,但所有历史事件都是使用理念类型来描述和解释的。普通人在处理过去的或未来的事件时,也必定要用到理念类型,而且总是不知不觉地用到。

对某个特定理念类型的使用是否恰当或是否有利于确切掌握某一现象,只能用了解来判断。并不是理念类型决定了解的模式,而是了解的模式要求建构和使用相应的理念类型。

理念类型的建构必须利用所有非历史学科发展出的观念和概念。历史学的每一个认知当然受制于其他科学的发现，历史学依赖这些发现，不能违背这些发现。但是，历史学的主题和研究方法有别于其他科学，而每一门非历史学科根本不需要用到"了解"这一方法，因此，不能把理念类型与非历史学科的概念相混淆。对行为的一般性质和行为学的概念而言，这一原则也同样有效。没错，对于历史研究来说，行为的一般性质和行为学的概念是必不可少的思维工具，然而，那些性质和概念并不涉及对独特的个别事件的了解，也就是说不涉及对所有历史主题的了解。所以说，一个理念类型不可能只是简单地采用了某个行为学的概念而已。

在许多情况下，行为学用于表述某个行为学概念的名词，历史学家会用来表示某一理念类型。所以说，同一个词表示的可能是两个不同的东西，这个词有时候表示的是行为学的意义，但更多时候表示的是某一理念类型。在表示理念类型时，历史学家会赋予该词一个不同于行为学上的意义，即他虽然用的是同一个词，却把它转移到了不同的研究领域，从而改变了它的意义。同一个名词意味着不同的东西，可以说是同字异义词。经济学名词"企业家"所属的层面，不同于经济史和叙事性经济学里的理念类型"企业家"所属的层面（而法律名词"企业家"则属于第三个层面）。经济学名词"企业家"是一个被精确定义的理论概念，在市场经济理论架构里，它表示的是融合在个人身上的某个明确的市场操作功能（an integrated function），或者说，它是该功能的化身。[1]历史学的理念类型"企业家"

---

[1] 参见第十四章第七节。

所涵盖的成员和经济学的企业家功能化身所指陈的不同。在使用历史学的企业家理念类型时，没有人会想到擦皮鞋的、出租车司机（同时也是车主）、小商贩和农民——尽管这些种类的人身上都融合了企业家功能。经济学所确立的关于企业家的理论对属于该层面的所有成员——不管其所处的时代背景和行业是什么，都严格有效。而经济史就企业家理念类型所确立的命题，则可能因时代、国家、行业和许多其他条件的具体情况差异而有所不同。一般化的企业家理念类型对历史来说也没什么用处，历史比较在意的是下列这些企业家类型：杰斐逊时代的美国企业家、威廉二世时代的德国重工业企业家、第一次世界大战前数十年间新英格兰纺织业的企业家、信奉新教的巴黎大银行家、白手起家的企业家……

某个特定的理念类型是否值得被使用完全要看了解的模式是什么。当下普遍使用的两个理念类型是：左翼政党（改革进步论者）和右翼政党（法西斯主义者），前者包含西方的民主政体、某些拉丁美洲的独裁政体和俄国的布尔什维克政体，后者则包含意大利的法西斯政体和德国的纳粹政体。这样的类型化是采用某一特定了解模式的结果。另一个了解模式也许是拿民主政体和独裁政体对照的结果，因此俄国的布尔什维克政体、意大利的法西斯政体和德国的纳粹政体属于独裁政府的理念类型，而西方的政治体系则属于民主政府的理念类型。

德国历史学派以及美国制度学派所犯的根本错误在于，它们把经济学解读成"经济人"（homo oeconomicus）这个理念类型。按照这样的解读，传统经济学（正统经济学）不是在研究真正活着的人的行为，而是在研究某个虚构的或假想的人的行为。这种解读认为，经济学想象是某种完全由"经济"动机驱动的生命体，而这种生命体只想为自己谋取最大的物质或金钱利益。然而现实中是不会有也未曾有与这种假想相对应的实体的，它只是空想哲学所杜撰的幻影。不会有人只想要财富而不顾其他，事实上，许多人甚至完全不受这种欲望的影响。因此，在研究人的生活和历史时，参考这样一种虚幻的"怪物"是没用的。

即使这样的解读真是古典经济学的意思，"经济人"无疑也不是一个理想的理念类型。理念类型不是人的各种目的和某种欲望的化身。理念类型始终是真实的复杂现象，是通过"了解"在我们心里形成的概念印象（representation）——也许是关于人，也许是关于制度，也许是关于意识形态。

古典经济学家想要解释价格的形成，他们充分意识到，价格不是某一特殊群体活动的产物，而是市场上所有成员互动的结果。这就是他们说的"需求和供给决定价格形成"的意思。然而，古典经济学家却未能提出一个令人满意的价值理论，他们对于明显的价值悖论不知所措。他们对以下这个悖论大感困惑："黄金"比"铁"更有价值，尽管后者比前者更"有用"。于是，他们没能建构一个一般的价值理论，也没能把市场交换和生产现象背后的原因追溯到最初的源头——消费者行为。这个缺陷迫使他们放弃了一个远大的计划，即发展一般性的人的行为理论。他们只满足于那些解释商人活动的理论，却没能把这些活动背后的原因追溯到"每个人的选择"这个最终的给定因素。他们只研究那些热衷于在最便宜的市场买进和在最昂贵的市场卖出的商人行为，却完全将消费者排除在他们的理论范围外。后来，古典经济学的追随者为这样的缺陷进行辩解，说这样做是特意安排的，而且也是方法上的必要程序。这些追随者说，虽然古典经济学家意识到，真正的人也受许多"非经济"动机的驱动，但他们故意把研究范围限制在只研究人在某一方面的努力上，即只研究人在"经济"方面的努力，只使用"只受经济动机驱策的人"（简称"经济人"）这样一个虚构的形象，故意忽略别的动机。有一群追随者主张，处理这些"别的动机"不是经济学的任务，而是别的知识领域的任务；而另一群追随者虽承认处理这些"非经济"动机以及价格形成所受到的影响也是经济学的任务，但他们认为，这项任务必须留给未来的时代去完成。在稍后的论述中，我们将证明，在人的行为动机中，区分"经济的"和"非经济的"是站不住脚的。[1]在这里，要认识到，上述人的"经济方面"行为的诠释完全歪曲了古典经济学家的学说。其实，古典经济学家并没有做上述理论所要求他们做的事，他们想要理解真实的价格形成机制，而不是虚构的价格。如果人们不是在实际情况下行动，而是在某些虚构的情况下行动，那么虚构的价格是怎样形成的？他们试图解释而且也实实在在解释了的那些价格是真实的市场价格，尽管他们没将价格形成的原因一直追溯到消费者的选择上。他们所说的需求和供给是所有鼓动人们参与买卖的动机所形成的真实因素。古典经济学家的理论的错误在于，他们没把需求追溯到消费者的选择上，也就是欠缺一个令人满意的需求理论。但是，在古典经济学家的专题论文中，当他们提到"需求"这个概念时，他们认为需求完全是由那些"经济"动机决定的，而不是由"非经济"动机决定的。由于他们把理论限定在商人的行为上，也就未能处理最终消费者的动机问题。尽管如此，他们的价格理论其实是想要解释真实价格，而没有考虑消费者购买的动机或想法是什么。

---

[1] 参见第十四章第一节和第三节。

现代主观主义经济学是从解决价值悖论开始的，它既没有把论述限定为仅对商人的行为有效，也没有分析那些虚构的"经济人"行为。它处理的是每一个人的行为当中无法改变的那些性质。经济学关于商品价格、工资率和利率的理论对所有这些现象都是有效的——无论促使人们去买（卖）或不去买（卖）的动机是什么。时至今日，但愿不会有人再以诉诸"经济人"这种幻想，重复为古典经济学家的缺陷辩解的失败尝试。

第十节 经济学的程序

行为学的范畴是对人的行为的解释。要推演出行为学的所有定理的唯一条件就是了解人的行为的本质。这种知识正是关于我们自己的知识，因为我们是人。人类的任何一个成员，除非遭受病魔侵犯，变成植物人般的存在，否则便不会欠缺这种知识。要认识行为学的定理，不需要特别的经验；但要让某人理解什么是人的行为，那么这个人就必须要有先验的知识，否则他也不可能理解。认识这些定理的唯一途径，就是对"人的行为"这个一般概念的既有认识进行逻辑分析。我们必须从自身出发，仔细反省"人的行为"这个一般概念的性质或条件。就像逻辑学和数学一样，行为学的知识是人类本来就拥有的，而不必向外求索。

行为学的所有概念和定理都隐含在"人的行为"这个一般概念中。行为学研究的首要任务就是提取和推演这些概念和定理，详细说明它们的含义，并精确解释、演绎行为本身的一般条件。在说明了所有行为所需要的那些条件之后，就必须精确解释——当然还是在一般的、形式意义上的——一些特别的行为模式所需要的那些比较不一般的条件。完成这个任务的一个可行方式是罗列出所有可以想象得到的条件，然后从这些条件推演出逻辑上允许的一切推论。这样一个包罗万象的行为理论体系不仅涉及人在真实世界里的行为，也同样涉及人在某些假想世界里的行为，即这样的行为理论体系不仅论述人在实际生活中的所有行为，也同样论述人在某些纯属虚构且实际上绝没有可能实现的情况下的行为，只要这些行为在逻辑上是可行的。

但是，科学的目的是追寻真相，它可不是单纯的头脑体操或逻辑游戏。所以，行为学会对探索范围加以限制，它只在真实世界给定的那些条件和前提下研究人的行为。对于未实现的和不可能实现的情况下的行为，它从两个观点出发进行研究。其一，它研究某些虽然从未出现过但将来可能会出现的事态；其二，如果必须通过这样的研究才能掌握目前的实际状况的话，它也会研究某些假想情况，以及这些假想情况不可能实现的原因。

然而，这种参考经验对行为学和经济学的先验性不会有任何损害。经验只是把我们的好奇心导向某些问题或把我们的焦点从一些别的问题上移开，它只是提示我们该探索什么，并没有告诉我们该怎样探索。再者，不是经验而是思考告诉我们，若要理解真实世界，在哪些情况下必须研究一些不可能实现的假想情况。

比如劳动的负效用不是劳动的一个一般的先验性质。我们能想象在某个世界里，劳动不是一件辛苦的事，而且我们也能描述这样的世界是什么样的。[1]但是，在我们这个真实的世界

---

[1] 参见第七章第三节。

中，事情的发展受制于劳动的负效用，即劳动是辛苦的。只有根据"劳动是辛苦的"这样的假设所推演出来的定理，才适用于理解我们这个世界所发生的事情。

经验让我们认识到，劳动有负效用，但是，经验没直接告诉我们这个事实——没有哪个现象会自带标签表明自己是劳动的负效用。我们只能根据先验的知识对资料予以解释，并据此推断人们认为——在其他情况不变的前提下——闲暇，即不劳动，是一件比付出劳动更惬意的事。我们看到人们放弃了以更多的工作换取利益的做法，即他们为了获得闲暇而做出其他方面的牺牲。我们根据这个事实推论，闲暇被当作一种好处且受到珍视，而劳动则被视为一种负担。如果没有先验的知识（前人的真知灼见），我们不可能得出这个结论。

间接交换理论以及据此建构起来的所有相关理论，如循环信用理论，只适用于解释实行间接交换的世界中的事件。在以物易物的世界中，间接交换理论将只是一个智力游戏；在那样的世界中，就算经济科学真能出现，经济学家也不太可能为间接交换、货币和所有其他相关问题花费任何心思。然而，在现在这个世界中，它却是经济理论的一个组成部分。

行为学将眼光聚焦于理解真实的世界，并竭尽全力研究那些有助于达成这个目的的问题。这个事实没有改变行为学理论的先验性质，不过，它对经济学——行为学当中迄今唯一被详尽阐述的部分——用来表述研究成果的方式却有特别的影响。

经济学没有遵循逻辑学和数学的程序，没有呈现出一整套完全不指涉真实世界的纯粹的先验的逻辑推理。经济学在为了推理而引进一些假设时，一定会先弄清楚将那些假设纳入其中是否有助于理解真实的世界。在经济学的相关著述中，没有将纯科学理论论述的部分和应用科学理论来解决一些具体的历史和政治问题的部分加以严格区分。也就是说，在组织、表述研究成果时，经济学采用了一种特别的形式，它让先验的理论说明和对历史现象的解释交错呈现。

经济学之所以采取这样的论述程序，显然是基于其主题和本质的要求。关于这个程序的便利性，它已给出了事实证明。然而，我们不能忽视如下事实：操作这个逻辑上有点奇怪的特殊程序，需要我们有特别谨慎和微妙的分辨能力，而那些没有鉴别能力和对此一知半解的人，会一次又一次因为搞混了这个程序所隐含的两种不同的认知方法而误入歧途。

经济学的历史方法或制度经济学这种学科根本不存在。我们有经济学，也有经济史，二者不可混淆。经济学的每一个定理在所有前提和假设都给定的情况下是必然有效的；反之，在前提和假设不确定的情况下，那些定理没有实际意义。那些指涉间接交换的定理不适用于没有间接交换的情况，但是，这无损它们的有效性。[1]

这一点因为某些政府和强大权力团体竭力损毁经济学和污蔑经济学家而没有被认识到。君主政体和民主政体的多数政党因掌握大权而心醉神迷。他们不得不承认自己受制于自然法则，却拒绝接受经济法则。他们难道不是最高的立法者？难道他们没有权力击溃每一个反对者？没有哪个军阀会承认自己受到了限制，除非有更强大的武装力量迫使他接受，而卑躬屈膝的三流学者随时都会论述一些迎合其主子的学说，这更助长了掌权者自负的气焰。这些学者把那些胡编乱造的学说叫作"历史的经济学"。事实上，经济史是一长串政府政策失败的记录，而这

---

[1] 参见 F.H. 奈特（F. H. Knight），《竞争伦理与其他论文》（*The Ethics of Competition and Other Essays*）（纽约，1935年），第139页。

些政策之所以失败，全是因为政策设计者胆大包天地忽视了经济法则！

一个人如果没有注意到"经济学本身对掌权者的自负是一个挑战"这个事实，那他就不可能了解经济思想史。经济学家不可能是独裁者和政客的宠儿。对掌权者和政客来说，经济学家是麻烦的制造者，他们越认识到经济学家提出的异议有道理，就越心烦，就越讨厌经济学家。

面对所有类似疯狂的躁动，适当的应对办法是确立如下事实：所有行为学和经济学推理的出发点——"人的行为"这个一般概念是经得起任何批评者和反对者检验的。不管出于历史的还是经验的考虑，人们都不可能从如下命题中挑出什么毛病：人类会有意识地想要达到某种他所选择的目标。关于"不理性""人的灵魂高深莫测""生命现象的自发性""各种无自主意识的自动机说（automatism）""反射动作"和各种"向性运动说"等的长篇大论，都不能证明如下这句话有错误：人利用理性谋求各种愿望的实现。从人的行为这个不可动摇的基础出发，行为学和经济学凭借逻辑推理一步步前进，它不仅通过精确定义假设和条件而构建出一套概念体系，还通过逻辑上无可挑剔的演绎程序得出了所有隐含的推论。反对者面对这样的结果，只有两种心态：要么设法揭露这些结论在推演程序中的某个环节出现了逻辑错误，要么必须承认它们是正确且有效的。

说生命和现实不合乎逻辑是没有意义的。生命和现实本身既不是合乎逻辑的，也不是不合乎逻辑的，它们根本就是给定的事实。但逻辑却是唯一可供人们用来理解生命和现实的工具。说生命和历史是神秘莫测、不可描述的，说人的理性思维不可能洞悉生命和历史的内部核心，都是没有意义的。这些批评者自相矛盾，一边说不可描述，一边又论述一些高深莫测的理论——当然都是一些谬理伪论。有许多东西或许不是人心所能探索的，但是，就人能够探索的所有知识来说，他只有一条探索途径，那就是借由理性思维打开的那条途径！

有些人试图在历史的了解和经济学的定理之间制造矛盾，这同样是不切实际的。历史的了解专门用来说明那些非历史学科不能完全说明的问题。历史的了解不能违背非历史学科发展出来的理论，也不能做什么别的事情。它唯一能做的是一方面确立一个事实，即人会被某些想法推动而想要达到某些目的，而为了达到这些目的，他又会使用某些手段；另一方面则说明各个历史因素的相关性，这是非历史学科无法完成的任务。了解并不允许现代历史学家宣称，驱邪曾经是一个治疗乳牛疾病的有效方法；也不会允许他们主张，在古罗马或印加帝国，某个经济法则是无效的。

人不可能不犯错。人探索真相，即人会在心灵和理性思维允许他理解真相的范围内面对真相，从而寻求最恰当的理解。但是，人不可能无所不知，不可能绝对确定他的探索没被误导或他所谓的真理其实是一个错误。人所能做的就是一次又一次地把所有的理论摆出来，反复接受最严格的审查。对经济学家来说，这表示我们要把所有定理追溯到不容置疑且确定无误的最终基础——"人的行为"这个一般概念，并且从这个基础开始，直到该定理的每个论证步骤，经济学家要对其中所涉及的一切假设和推论进行最细致的审查检验。我们不能说，这个程序保证不会犯错，但这无疑是避免犯错的最有效方法。

行为学是推演而来的一套理论系统，经济学也是，行为学和经济学的理论说服力来自理论推演的出发点——"人的行为"

这个一般概念。经济学的任何定理，如果没被一条无可辩驳的推理锁链紧扣在这个基础上，那就不能被认为是可靠的。任何论述如果缺少这种联系，都是主观的、武断的，都是空中楼阁。如果经济学的任何环节没能被纳入一个完整的行为理论体系，那么它是不可能被论述和应用的。

每一门实证科学，都是从一个独特的事件开始的，再经过独特且个性化的论述，从而进入比较一般化的论述。那样的论述取决于他们的专门化程度，他们在论述某些环节时，可以无须注意整个领域或全局。但是，经济学家不可能是某个环节的专家，他在处理任何问题时，必须自始至终着眼于整个体系。

历史学家时常在这一方面犯错。他们会随时准备发明一些特别的定理，他们有时候不会意识到从对复杂现象的研究中是不可能抽象出什么因果关系的。他们也主张直接研究事实，且不会涉及任何被他们贬抑为先入之见的概念或定理，但是这样的主张其实是他们一厢情愿的想法，是毫无益处的。事实上，他们不知不觉中早已应用了一些被揭露为荒谬或自相矛盾的学说。

第十一节　行为学概念的局限性

行为学的范畴和概念是为理解人的行为而构想出来的。如果有人尝试用它来处理一些和不属于人的行为的情况，当然就会变得自相矛盾和荒谬绝伦。哲学家既然无法接受原始宗教那种幼稚的拟人说（anthropomorphism），却又试图利用行为学的概念去定义某个完全不考虑人的缺陷和弱点的绝对存在，那岂不是和幼稚的拟人说一样值得怀疑吗？

　　欧洲中世纪的哲学家和神学家，乃至理性时代（The Age of Reason）的有神论者和自然神论者都一样，他们想象出一个绝对完美而且永恒不变、无所不能、无所不知的存在，可是，这个绝对完美的存在也会涉及计划和行为，还想要达成某些目的，还要使用某些手段来达到这些目的。问题是，行为只有某个不满足的人才有，而不断发生的行为则只有某个没有能力消除不适或不满的人才能做出。也就是说，一个能做出某种行为的人是不满足的，不是无所不能的。因为如果他觉得满足，就不会做出某种行为了；而如果他无所不能，那么他就必定早已彻底消除了不满。对一个无所不能的存在来说，他不会有在各种不满足状态之间做选择的压力，无须两害相权取其轻。无所不能的意思就是，他有能力达成一切意愿，有能力享受完全的满足，且不受任何条件的限制，这和"行为"这一概念本身根本就不相容。对一个无所不能的存在来说，绝不会有"目的"和"手段"这两个范畴，因为他超越人的一切想象、概念和理解。对无所不能的存在来说，每个手段都可以提供无限服务，他能应用每个手段达成任何目的，他甚至无须使用任何手段就能达成每个目的。凭借人的思想能力，人根本无法接受"无所不能"这个概念的逻辑结果，这是一个无解的悖论。无所不能的存在可否有能力做成某一件不被他干涉的事情呢？如果他有这个能力，那么他的能力就是有限的，就不再是无所不能的；如果他欠缺这个能力，那么仅凭这个事实，他便不是无所不能的。

　　还有，无所不能和无所不知是相容的吗？无所不知的前提是，未来所有要发生的事情都已经确定而且不可改变了。如果真有无所不知，无所不能便更加不可思议了。对任何动因（agent）来说，如果人预先知道事情不能被改变，那就限制了人的能力。

行为是有限的潜能和控制力的展示。行为对应的是某个受约束的人。有限的思维能力约束了人，身体的生理特性约束了人，环境的变化无常约束了人，而他赖以享受幸福的外在要素的稀缺也约束了人。如果有人想要描述某个绝对完美的事物，那么他的描述只要一涉及人生的这些不完美之处和弱点就一无是处了。"绝对完美"这个观念在各个方面都是自相矛盾的。绝对完美的状态必须被设想为已经最后完成了的和不会再有任何改变的状态，因为改变会损害它的完美，把它转变成一个不完美的状态。仅仅是"可能发生改变"，便与"绝对完美"的概念不相容了。但是，没有改变，即完美的永恒不变、坚定不移和固定不变，就等于没有生命。生命和完美是不兼容的，而死亡和完美也同样不兼容。

生活是不完美的，因为它经常改变；死掉的东西也是不完美的，因为它没有活着。

对活着而有所行动的人来说，他们在言语中可以运用各种比较级和最高级的词语。但是，绝对性并不是一种程度上的表述，它是一种极限的观念。绝对的东西是不能确定的、无法想象的和不可言喻的，它是一个梦幻的概念。世间不存在完美的幸福、完美的人、永恒的极乐……任何想描述世外桃源或天使之乡的尝试，都会导致悖论。凡是有各种情况发生的地方，就会有各种限制和不完美；凡是有各种想要克服障碍的努力，就会有挫折和不满。

在哲学家已经抛弃了对绝对事物的探求之后，空想家开始接手这个已被抛弃的工作。他们编织各种关于完美国家的梦想，他们根本没有意识到，国家这个有强制性和镇压性的社会机器，是用来对付人的缺陷的一个存在，它的核心功能是惩罚少数人，以保障多数人免于某些行为的伤害。如果人都是完美的，那就不需要任何强制与镇压了。但是，空想家却不理会人的天性和人的生活中一些无法改变的情况。戈德温认为，在废除了私有财产制之后，人就会永垂不朽。[1] 傅立叶则喋喋不休地说着那个容纳柠檬汽水而不是咸水的海洋。[2] 计划经济理论忽视了物质生产要素稀缺的事实。托洛茨基则宣称在无产阶级的天堂里，"人的素质将提高到亚里士多德、歌德那样的高度，而且，在这个高度之上，将有新的高峰出现。"[3]

如今，最流行的妄想是"经济稳定"和"经济安全"，稍后我们再来检验这两个流行口号。

---

[1] 威廉·戈德温（William Godwin），《关于政治公正及其对普遍美德和幸福的影响的调查》（*An Enquiry Concerning Political Justice and Its Influence on General Virtue and Happiness*）（都柏林，1793年），第二卷，第393—403页。

[2] 查尔斯·傅立叶（Charles Fourier），《运动四重奏》（*Théorie des quatre mouvements*）（巴黎，1846年），第二卷，第43页。

[3] 莱昂·托洛茨基（Leon Trotsky），《文学与革命》（*Literature and Revolution*）（伦敦，1925年），第256页。

第三章　经济学和对理智的反叛

第一节　对理智的反叛

确实有些哲学家倾向于高估人的理智。他们相信，人凭借逻辑推理可以发现宇宙万物的终极原因，可以发现原动者（prime mover）在创造宇宙和决定宇宙的演化进程当中有什么内在目的。这些哲学家在阐述"绝对的"东西时就像对他们口袋里的怀表一样熟悉。他们毫不犹豫地对外宣扬永恒的绝对价值，并在确立那些绝对约束全人类的道德戒律时勇往直前。

然后，一大群乌托邦作家出现了。他们起草了进入人间天堂的各种计划，让纯粹的理智独领风骚并统治一切。他们根本没有意识到，所谓绝对的理智和不证自明的真理只是他们自己的幻想。他们标榜自己绝对不会犯错，并且宣称自己不容置疑，同时主张以暴力镇压所有反对者和异端。他们志在为自己和为他们的计划实施者建立独裁地位。在他们看来，要拯救苦难的人类别无他法。

比如黑格尔就是其中一位。他是知识渊博的思想家，他著述颇丰，字里行间充满了激发思想的观念，但他却身陷妄想的泥淖，妄称自己的言语是"绝对精神"（Geist）的化身，宇宙中简直没有黑格尔不知道的事。可惜，他的言语中充满了模棱两可的东西，我们能对其做出多种不同的解释。右翼的黑格尔信徒说，黑格尔支持普鲁士的专制政体与普鲁士教会的教条；左翼的黑格尔信徒则说，黑格尔支持无神论、毫不妥协的革命激进主义以及无政府主义。

还有孔德，他恰好知道什么样的未来正等待着人类去面对，他还想当然地认为自己是最高立法者。例如，他认为天文学的一些研究毫无用处，所以要禁止这方面的研究；他曾计划以某个新宗教取代基督教，还挑选了某位女士，说她是命中注定要在新的教派中取代圣母玛利亚的人。孔德是可以被原谅的，毕竟他是个疯子——就病理学意义来说——但是，他的众多追随者可以被原谅吗？

这样的例子还有很多，不过，它们可不是什么反对理智、理性和理性主义的有效论据。这些因为高估人的理性而导致的妄想与下面这个问题没有丝毫关系：人在自己的知识范围内，求取尽可能丰富的知识时，理智是不是他能使用的唯一工具呢？诚实而又负责任的真理追求者从来不会妄称理智和科学研究能回答所有问题，因为他们知道，人的理智有其先天限制。他们不可能因海克尔（Ernst Haeckel）哲学的各种粗疏以及各个唯物主义学派的过分简化而蒙受无妄之灾或横遭指责。

理性主义的哲学家始终致力于表明一个观念：不管是先验

的理论还是实证的研究，都有着不可逾越的界限。[1]英国政治经济学的首要代表——休谟，以及其他功利主义者和美国的实用主义者肯定都没犯过夸大人类获得真理能力的过失。就两百余年的哲学发展来说，与其责怪它过分相信人的理性能达成什么目标，还不如指责它过分强调不可知论和怀疑论。

对理智的反叛之所以成为这个时代哲学家特有的心态，并不是因为他们不谦虚、不谨慎，也不是因为他们不能自我反省，更不是因为现代自然科学在演进过程中遭遇了什么挫折。科技与医术的惊人进步所传递的对理智的肯定是任何人都不能忽视的。不管是从直观主义的角度、神秘主义的角度，还是从别的什么角度，要攻击现代科学是不可能的。对理智的反叛，瞄准的不是自然科学，而是另一个目标——经济学。攻击自然科学只是攻击经济学在逻辑上的必然结果。说自己只反对某个知识领域的理智，而不反对其他知识领域的理智，这在逻辑上是讲不通的。

社会思潮的大变革脱胎于19世纪中叶的历史背景。当时，经济学家已经完全驳倒了空想家所提出的各种匪夷所思的妄想。虽然古典经济学的一些缺陷对于经济学家理解为什么那些空想家的每一个计划必定无法实现有所阻碍，但是，人们知道的已经够多了，那些理论也足以证明空想家们之前提出来的所有想法都是无法实现的，乌托邦的理想走向了穷途末路。这些人对于他们所受到的毁灭性批评根本无法反驳，也没有任何论据支持他们的计划。当时，乌托邦主义看似要彻底完蛋了。

这些空想家脱离这个绝境的唯一办法就是攻击逻辑和理智，

---

[1] 可参见路易斯·鲁吉耶（Louis Rougier）的《理性主义的悖论》（*Les Paralogismes du rationalism*）（巴黎，1920年）。

并用神秘的直觉取代逻辑推理，他们的历史任务就是提出这个脱困之道。通过援引黑格尔的神秘辩证主义，他标榜自己有预测未来的能力。黑格尔妄称"绝对精神"在创造宇宙的时候就是要实现腓特烈·威廉三世（Frederick William III）在普鲁士的专制统治。不过，对于"绝对精神"计划的提出，计划者比黑格尔更清楚。德国的一些哲学家认为历史演化的目的就是建立计划经济体制，计划经济体制肯定会"像自然法则那样毫无疑问地"来临。按照黑格尔的说法，每一个后来的历史阶段都是一个较高且较好的阶段，所以毫无疑问，人类演化的终极阶段——计划经济社会在各方面将会是完美的。因此，计划经济社会如何运作的细节用不着讨论，历史在适当的时机，将会把每件事物安排得尽善尽美，不需要普通人给什么意见。

这些哲学家还需要克服一个主要障碍，那就是经济学家的批评。他想出了一个方便的解决办法：他宣称，人的理智生来就不适合探寻真理，不同的社会阶级有不同的心灵逻辑结构，也就是不同的思维模式；世上没有"普遍有效的逻辑"这种东西；除了"意识形态"，人的心灵不可能产生其他东西。在计划者的术语里，"意识形态"专指一套用来掩饰思想者所属的社会阶级的私利的想法。因此，经济学家的"资产阶级"心灵除了产生为资本主义辩解的论述，绝对不可能产生别的想法。"资产阶级"科学所传授的想法是"资产阶级"逻辑的衍生物，它对无产阶级是无效的。无产阶级是一个正在兴起的阶级，注定要消灭所有阶级，并且把地球改造成伊甸园。

但是，无产阶级的逻辑不仅仅是一个阶级逻辑。"无产阶级的逻辑思想不是党派偏颇的想法，而是单纯从逻辑推演而来的。"[1]另外，由于特权的存在，某些被选中的资产阶级分子倒没有沾染到所谓的资产阶级的原罪。一个富有的律师之子，娶了一个普鲁士乡绅的女儿和他的拍档——一个富有的纺织品制造业者）从未怀疑过自己，尽管他们都有资产阶级的背景，但他们不仅不受他们所宣称的定律的约束，而且还天生就具有发现绝对真理的能力。

描述该学说流行的历史背景，乃是历史的任务。经济学还有另外一项任务，那就是不仅必须分析多元逻辑说，还必须分析以它为样本复制出来的其他派别的多元逻辑说，进而揭露所有多元逻辑说的谬误和矛盾。

第二节　多元逻辑说的逻辑面

多元逻辑说宣称，不同的社会阶级有不同的心灵逻辑结构。种族主义的多元逻辑说和多元逻辑说只有一点不同：种族主义的多元逻辑说认为，每一个种族都有其特定的心灵逻辑结构，并且不管种族成员的阶级属性为何，他们都天生具有这种特定的心灵逻辑结构。

这里无须讨论，这些学说所使用的社会阶级和种族概念有什么问题。也没必要追问，一个成功晋升资产阶级行列的无产阶级者，到底在何时以及如何从无产阶级心灵变成资产阶级心

---

[1]　参见约瑟夫·狄慈根（Eugen Dietzgen）的《关于逻辑的信件，特别是关于民主无产阶级逻辑的信件》(*Briefe über Logik, speziell demokratisch-proletarische Logik*)（斯图加特，1903年，第2版），第112页。

灵。同样，要求种族主义者解释那些混血的人会有什么特别的心灵逻辑结构也是多余的。因为下面将提出更严厉的反对理由。

无论是种族主义者，还是其他任何派别的多元逻辑说的支持者，他们除了宣称心灵的逻辑结构因阶级、种族和国家不同而有所不同，从未有任何进一步的说明。他们从来不敢准确地说明，无产阶级的逻辑和资产阶级的逻辑以及雅利安人的逻辑和非雅利安人的逻辑究竟有何不同，以及德国人的逻辑和法国人或英国人的逻辑又有怎样的不同。出生于犹太家庭的英国经济学家李嘉图提出了比较成本理论。这一理论曾分别遭到与李嘉图不同阶级、种族和国别的人的质疑甚至反对。然而，全盘驳斥一种理论，光靠揭露其提出者的背景是不够的，还必须做到：首先，要详细阐释一套不同于批评对象所用的论述逻辑；其次，必须一点一点地检视有争议的那个理论，指出它的推理程序中哪个环节以及哪些推论——虽然从原论述者的逻辑观点来看是正确的——从无产阶级的或雅利安的或德国人的逻辑观点来是无效的；最后解释清楚，以批评者自己的逻辑取代原论述者不妥的推论，会推导出什么样的结论。众所周知，从来没有而且也不可能有什么人会尝试这么做。

还有一个事实是，属于同一阶级、种族或国家的人，对于一些基本问题也会意见不合。纳粹党员会说，很不幸，有一些德国人没按照德国人的正确方式思考。但是，如果有些德国人不能总是按照他应该遵循的逻辑来思考，而是按照某个非德国人的逻辑那样思考，那么，该由谁来决定哪个德国人的想法是德国的，哪个德国人的想法是非德国的呢？已故的弗兰茨·奥本海默教授（Franz Oppenheimer）说："个人在顾及自己的利益时会时常犯错，若换成一个阶级，长期而言是绝不会犯错的"。[1]这句话似乎暗示了多数决是绝对不会出错的。然而，纳粹党员拒绝多数决，实际上也不是百分之百地坚持多数决的民主原则[2]。

如果支持多元逻辑说的人能言行一致，那么他们将不得不同意某些想法是正确的，因为那些想法是对的阶级、对的国家或对的种族的某个成员想出来的。但是，言行一致可不是他们的一种美德。希特勒曾说，唯一可供他用来辨认谁是真正的德国人、谁是杂种人或外国人的办法就是，说出一个纯正德国人的计划，然后看谁会立刻支持它。[3]一个黑头发的人，其体型一点也不符合金头发的雅利安"优等种族"的标准，他却可以宣称自己天赋异禀，说自己能发现唯一适合德国人心灵的学说，同时要把所有不接受这个学说的人驱逐出德国人的行列（不管他们的身体有什么特征）。要证明整个纳粹学说的虚伪，仅仅讲述这一点就够了。

第三节　多元逻辑说的行为面

意识形态学说按照无产阶级的正确逻辑观点来看是错误的，但却有利于把它发展起来的那个阶级的利益。意识形态学说从

---

[1] 参见弗朗茨·奥本海默）的《社会学体系》(*System der Soziologie*)（耶拿，1926年），第二卷，第559页。

[2] 必须强调，主张民主的理由，不是基于假设多数永远是对的，更不用说是基于他们是绝无过错的。见第八章第二节。

[3] 希特勒于1933年9月3日在纳粹党代表大会上的演讲词，参见《法兰克福汇报》(*Frankfurter Zeitung*)，1933年9月4日，第2页。

客观上来说是错误的,不过,正因为它是错误的,所以它能使其论述者所属阶级获得更多的利益。许多人认为,人们渴求知识不只是为了知识本身——只需要强调这一点——便已证明他们对于意识形态的原则性看法是正确的。科学家的目的是为成功的行动铺路,各种理论总是着眼于实际应用,世界上不存在纯粹的科学以及对真理的无私探求。

为了方便讨论,我们可以承认,所有探求真理的努力都是为了实际利用真理以达到某个目的。但这并未回答下面这个问题:一个"意识形态的东西",即一个错误的理论,为什么会比一个正确的理论能提供更好的服务呢?如果在实际应用某个理论后,出现了该理论所预测的结果,那么这样的事实会被普遍视为对该理论正确性的确认。按照上述逻辑,如果就此断言邪恶的理论从任何角度看都比正确的理论有用,是自相矛盾的。

枪炮发明以后,为了改进这些武器,人们发展出被称作"弹道学"的学科。但是,正因为他们热衷于打猎和自相残杀,所以他们热切地想要发展一门正确的弹道学。而一门"意识形态的弹道学"肯定不会有什么用处。

在有些人看来,"科学家只为知识而努力"的说法,只不过是科学家"自大的借口"。于是,他们声称,麦克斯韦在无线电报生意兴隆的欲望引导下,终于发明了电磁波理论。[1] 然而,不管他们所言是否属实,这都与意识形态无关。真正的问题是,19 世纪的工业主义思潮认为,无线电报是"点金石和青春不老泉"[2]。那么,这个所谓事实是促使麦克斯韦构想出一个正确的

---

[1] 参见兰斯洛特·霍格本(Lancelot Hogben)的《公民科学》(*Science for the Citizen*)(纽约,1938 年),第 726—728 页。
[2] 见前引著作 726 页。

理论，还是仅仅促使其构想出只代表资产阶级私利的意识形态的上层建筑呢？毫无疑问，人们之所以致力于细菌学的研究，不仅仅因为人们想要防治传染病，还因为葡萄酒和奶酪生产者想要改善他们的生产方法。不过，他们的研究成果肯定不是有些人所说的"意识形态的东西"。

有些人之所以发明他的意识形态学说，是因为他无力驳斥经济学家对各种乌托邦计划所提出的那些反对意见，所以他试图以此从根本上提出对经济学的质疑。事实上，他深深地着迷于英国古典经济学的理论体系，乃至坚持认为该理论体系无懈可击。对于古典价值理论在一些审慎学者心里所引起的那些疑虑，他可能从来没听人说过，或者即使他听人说过，也不了解它们的重要性。他自己的经济学观念仅仅是李嘉图学说断章取义后的版本。

在发展意识形态学说时，有些人专门针对的是经济学和功利主义的社会哲学。他的唯一意图是摧毁经济理论的信誉，因为他无法靠逻辑和推理驳倒它。他之所以为自己的学说套上普遍法则的形式，声称自己的学说完全适用于凡是有社会阶级存在的历史阶段，是因为如果一种学说只适用于个别的历史事件，那么它根本就不配被称为"法则"。基于相同的理由，他也没把自己学说的有效性限制在经济思想中，而是涵盖了所有的知识领域。

在有些人看来，资产阶级的经济学为资产阶级提供了双重服务：它首先帮助资产阶级对抗古老的封建主义和君主专制，然后又帮助资产阶级对抗新兴的无产阶级。经济学使资本家的剥削行为变得既合理又符合道德标准，也就是说经济学让资本家的一些主张"合理化"了[1]据说资本家在潜意识里会为自己行为背后的那种卑鄙贪婪的动机而感到深深的羞耻，他们急于避开社会的指责，于是他们鼓励他们的谄媚者——经济学家发表一些恭维资本家的学说，以重建他们在公众眼里的形象。

现在，关于哪些诱因会激励某个人（或某一群人）去构想某个定理或某套理论，我们有了"合理化"这个概念，我们因此可以对该个人或一群人的心理状态进行描述。不过，要判断他或他们所提出的定理或理论是否有效，合理化的概念是没用的。如果该定理或理论被证明站不住脚，那么，"合理化"的结果便可以让我们知道哪些心理因素使相关研究者这么容易犯下这个错误。但是，如果我们在相关人士所提出来的理论中挑不出任何毛病，那么不管我们怎样使用"合理化"的概念，都不可能驳倒该理论的有效性。即使经济学家在潜意识里真的没有别的想法，一心只想袒护资本家的一些自私的主张，他们的理论也可能是完全正确的。要揭露某个错误的理论，除了以逻辑推理驳倒它，并用比较高明的理论取代它，没有别的办法。在研究勾股定理或比较成本理论时，我们对于哪些心理因素促使毕达哥拉斯和李嘉图建构这些定理不感兴趣。虽然对历史学家和传记作者来说，这些因素可能很重要，但对科学家来说，唯一重要的问题是，这些定理或理论是否禁得起理性的考验，至于论述者的社会背景或种族背景，则无关紧要。

人们在追逐私利时，确实会或多或少地利用一些公众普

---

[1] 虽然"合理化"一词是新出现的，但人们其实很早以前就认识到了它所指的事物本身。例如，富兰克林曾说："人作为一种理性动物是多么方便啊！因为理性让我们能为我们想做的每一件事找到或制造出一个理由。"（《富兰克林自传》，纽约，1944年，第41页。）

遍接受的学说，也很想创立和传播一些新的学说，一些他们在追求更多的利益时可能用得上的学说。但这解释不了为什么有些数据显示，对少数人有利而对多数人不利的学说会获得公众的赞同。不管这些"意识形态的学说"是不是某个"虚假意识"的产物——促使个人不知不觉按照一种对他所属阶级的利益有利的方式思考，也不管这种学说是不是故意扭曲真理的产物，它们都必定会和其他阶级的意识形态狭路相逢，而且必定要把对方排挤掉。于是，彼此冲突的意识形态之间必定出现对抗。有些人将这种冲突的胜败解释为历史旨意介入的结果。据说，"绝对精神"这个神秘的原动者就是按照某一确定的方案运作的，它必定会引领人类经过各个不同的预备阶段，最终抵达极乐世界。每一个历史阶段在本质上是某种生产技术发展的产物，其余一切特征都是各生产技术必然附带产生的意识形态上层建筑。"绝对精神"引领人们在适当的时机发展出那些和他们所处历史阶段相配的技术理念，并运用这些理念。其余的则都是这些技术发展下的附属品，就像手磨机产生了封建社会，蒸汽机产生了资本主义社会一样。在历史变迁中，人的意志和理性只扮演了一个辅助性的角色。不容改变的历史发展定律迫使人们——不管他们有些什么意志——按照与他们所处时代的物质基础相配的模式去思考和行动。人们如果相信自己可以在不同的想法之间或在真理和错误之间自由选择，那就是在愚弄自己。不是他们本身在主动思考，而是历史旨意在他们的思想中自动显现。

这纯粹是一种神秘学说，支持它的唯一证据就是黑格尔的辩证法。资本主义的私有财产制是对个人私有财产制的第一次否定，就像自然法则不容改变那样，这种否定必然也会导致对它本身的否定，即最终导致生产资料的共同所有制。然而，一个以直觉为基础的神秘学说不会因为参照另一个同样神秘的学说而减少本身的神秘性。这种解答完全没有回答这个问题：为什么一个思想家一定要发展一种符合其阶级利益的意识形态？为了方便讨论，我们可以承认，人的思想必须产生某些可以使其获得更多利益的学说。但是，一个人的利益必然会和他所属阶级的全体人员的利益完全相同吗？一个无可争辩的事实是，在那些按工会的工资率雇佣的工人和那些因为工会工资率的存在而阻止了劳动力供需双方找到彼此满意的适当价格，以至仍然失业的工人之间，有一种不可调和的利益冲突。同样无可争辩的是，就移民障碍来说，人口相对较多国家的工人利益和人口相对稀少国家的工人利益之间也存在某种利益冲突。

关于英国外贸政策的变迁，根据西斯蒙弟（Sismondi）、李斯特和德国历史学派的说法，有一种解释是，18世纪下半叶和19世纪大部分时间，英国资产阶级基于阶级利益要求自由贸易政策。所以，英国的政治经济学详细论述了自由贸易的学说，再配合英国制造业者所组织的全民运动，终于成功废除了保护性关税。然而，后来的情况变了，英国的资产阶级再也没有能力与外国制造业进行竞争，因而亟须关税保护。因此，经济学家转而以保护理论取代陈旧过时的自由贸易意识形态，英国也因而重新拥抱贸易保护主义。

这种解释的第一个错误是把"资产阶级"当成一个同质阶级，也就是误以为所有阶级成员的利益都是相同的。商人总是不得不调整经营方式，以遵循他所处国家的制度。长期而言，无论有没有关税保护，他的企业家和资本家的身份都不会让他受惠或受害，他一定会转向生产那些在给定的制度下最能获利的商品。只有制度的变动才可能损害或增加他的短期利益。但这种变动对不同产业、不同企业的影响方式和影响程度不可能相同。一项对某一产业或企业有利的制度，可能对其他产业或企业有害。对生意人来说，重要的只是有限的几项关税。而就这些关税项目来说，不同产业和企业之间的利害关系大多是相互冲突的。

有人说，在自由贸易思想占据优势的时期，英国所有制造业部门的利益是相同的，而且抛弃贸易保护主义能使它们共同受惠。这个说法并非事实。即使当时英国工厂的生产技术远比世界其他国家的先进，这个事实也不意味着与外国进行竞争对英国的工厂来说是有益的。现今美国的工厂也享有类似的优势地位，然而，有很大一部分美国制造业者认为自己亟须贸易保护，以对抗其他国家技术落后产业的竞争。

每一个产业或企业确实能从政府授予它的各种特权中获得好处。但是，如果政府将这些特权也授予其他产业和企业，那么每个生意人——不仅以消费者的身份，而且也以原料、半成品、机器和其他设备购买者的身份——在某一方面损失的利益将和他在其他方面获得的利益一样多，甚至更多。自私的集体利益也许能促使某个人为他自己的产业或企业要求贸易保护，但是，这种利益不可能促使他为所有产业或企业要求普遍的贸易保护，除非他确定自己将比别的产业或企业获得更多保护。

而且从当时英国制造业者的阶级利害观点来看，对于《粮食法》的废除，他们也不比其他英国公民更感兴趣。当时英国的地主确实反对废除《粮食法》，因为农产品价格下跌会降低土地租金。而如果硬要说当时《粮食法》维护了英国的制造业者的特殊的阶级利益，那也只可能是某些人根据早已被抛弃的工资铁律，以及所谓"利润是剥削工人"的结果这个同样站不住脚的学说判读出来的。

在以分工为基础组织起来的世界里，每个改变都会以种种方式影响许多群体的短期利益。所以，要揭露每一个赞成改变现状的学说总是很容易，因为它们是掩盖某一特殊群体私利的一种"意识形态的伪装"。当今许多作家的主要工作就是揭露这种伪装。这种做法出现在18世纪的一些作家身上，他们试图把宗教信仰解释为神职人员对世人的一种欺骗，是在为神职人员和他们的盟友——封建剥削阶级——赢得权力和财富。有些人赞同这种看法，他们说，宗教是"群众的鸦片"。支持这种说法的人从来没想过，凡是有人因私利而赞成某件事情，必然也会有人因私利而反对它。"一件事情只可能有利于某一特殊阶级"绝不是一个令人满意的解释。真正需要回答的问题是，因它而利益受损的那些人，当初为什么没成功战胜那些因它而获利的人？

　　短期而言，企业或产业的利益都在于增加自己产品的销量，然而，长期而言，不同产业的回报率有倾向于平均的趋势。如果对某一产业的产品需求增加，并因而提高了该产业的利润，就会有更多资本涌入该产业，于是新企业的竞争会降低产业内各个企业的利润。出售那些危害社会的商品所获得的利润绝不会高于销售有益于社会的商品。如果某一产业被宣布为不合法，那么从事该产业者必定会冒受到法律追诉、受惩罚和坐牢的风险，那么该行业的毛利必须高到足以补偿所有的风险才可以。不过，这不会影响净报酬的高低。

　　富人，即营运中的工厂的老板们在维护自由竞争时并没有特别的阶级利益。他们反对自己的财富被征用和没收，不过，他们会因为既得利益而赞成一些保护措施，因为这样可以阻止新进来的企业挑战他们既有的地位。那些为自由企业和自由竞争而奋斗的人不是在保护今日富人的利益，他们希望那些默默无闻却具有独创性，能让未来的生活变得更惬意的人可以不受约束，因为这些人将成为明日的企业家。市场自由竞争的守护者希望改善经济的道路保持畅通，他们是进步的代言人。

19世纪自由贸易思想的成功是古典经济学的一些理论造就的。这些理论的威信是如此之高，以致私利受到伤害的那些阶级无法阻挡舆论对这些理论的支持与赞同，也无法阻挡这些理论通过立法得到贯彻执行。这就是思想塑造历史，而非历史塑造思想。

和神秘主义者或幻想家争论是没用的，因为他们是以直觉为基础建立他们的学说的，而且也不准备把那些学说交付给理性审查。有些人认为，他们心里的声音所宣告的是历史的自我显现。如果别人听不到这声音，那只能证明历史没挑选这些人。那些仍在黑暗中摸索的人纯粹是出于傲慢才敢反驳那些已受到启迪的人。那些仍在黑暗中摸索的人如果还想要体面，就应该乖乖地躲在某个角落保持沉默。

即使科学不可能成功说服那些不承认理性至上的人，科学也不可能放弃思考。科学必须强调，诉诸直觉不可能解决几个彼此冲突的学说之间谁对谁错的问题。有些人宣称，应用别的学说肯定会伤害许多人的利益，但是，支持别的学说的人也会以一模一样的话语回敬这些人。

当然，有人认为，如果某个学说的论述者不属于无产阶级，那么这个学说就是错的。但谁是无产阶级呢？有些俄国上层社会的人，肯定都不是无产阶级背景出身的；而希特勒和墨索里尼倒是纯正的无产阶级，而且在贫穷中度过了他们的青春期。布尔什维克党和孟什维克党之间或斯大林和托洛茨基之间的冲突是不能被当成不同阶级之间的冲突的，它们是不同教派的狂热分子之间的冲突，他们互相指责对方是叛徒。

某些哲学理论是这样的：我们是对的，因为我们是正在兴起的无产阶级的代言人；逻辑推理不能证明我们的说法错误，因为我们的说法是来自决定人类命运的那个至高权力的启示；我们的对手是错的，因为他们欠缺引导我们的那个直觉，由于他们的阶级属性，他们不具备纯正的无产阶级逻辑，以至于遭到各种意识形态的蒙蔽；当然，这不是他们的过错，高深莫测的历史裁定已经挑选了我们，并且注定了他们的败亡，未来是属于我们的。

第四节 种族主义的多元逻辑说

多元逻辑说为各种乌托邦主义学说提供了支持，由于试图以直觉取代理性思辨，它求助于一些通俗的迷信。正是这种心态促使多元逻辑说和它的分支——所谓"知识社会学"站在了科学与理性的对立面。

这和种族主义多元逻辑说的情况不同，种族主义的多元逻辑说符合当今的实证主义哲学所隐含的一些虽有错误但却时髦的思想倾向。人类分成好几个不同的种族，这是一个已确立的事实，不同种族有不同的体型特征。唯物主义哲学家声称，思想是大脑的一种分泌物，就像胆汁是胆囊的分泌物那样。对这些哲学家来说，预先抛弃"不同种族的大脑分泌物的性质不同"的假说是不符合他们一贯坚持的实证主义的立场的。虽然解剖学迄今尚未发现不同种族的大脑细胞有什么解剖学方面的差异，但尚未发现并不能否定"不同种族有不同的心灵逻辑结构"这个假说，不能排除未来的研究可能会发现不同种族的大脑细胞有解剖学方面的差异。

某些民族学者说，谈论不同文明的高低以及谈论异族所谓落后的文明是一个错误。许多种族的文明确实不同于白种人的西方文明，但也不能说它们是次等文明。每个种族都有它特有的心态，把源自一个种族文明的标准应用在其他种族的文明发展上是不对的。西方人称中国的文明为一种发展受阻的文明（arrested civilization），称新几内亚岛上居民的文明为原始的野蛮状态。但是，中国人和新几内亚人鄙视西方人的文明，不亚于西方人鄙视他们的文明。这种关于文明的评价是价值判断，因此是武断的；别的种族有不同于西方人的心灵结构，他们的文明合乎他们的心灵，就像西方人的文明合乎西方人的心灵。西方人不可能理解那些他们认为落后的事物为什么在别的种族看来不是落后的。从其他种族的逻辑观点来看，他们随遇而安的生活方式比西方人的进步主义文明更好。

这些民族学者的意见，如果旨在强调"表达价值判断不是历史学家的任务，而民族学者也是历史学家"，那他们就是对的。但如果他们的意思是说，引导别的种族进行各种活动的那些动机不同于激励白种人活动的那些动机，那他们就完全错了。在渴望成功、争取生存并竭力将理性作为争取生存的最主要工具方面，亚洲人和非洲人并不输于欧洲人。他们也曾努力避免猛兽、疾病和饥荒的侵扰，并努力提高劳动生产力。毫无疑问，和白种人相比，过去他们在追求这些目标方面的成就并不是那么突出，证据就是他们现在渴望从西方文明的成就中受惠。如果蒙古人或非洲人在受到病痛折磨时，拒绝某位欧洲医生的帮助——因为他们的心态或他们的世界观让他们相信，忍受痛苦比解除痛苦更幸福——那么那些民族学者的观点将是对的。但是，圣雄甘地进入某家现代化医院治疗盲肠炎这一行为就意味着他否认了自己的全部哲学。

北美的印第安人缺乏创意，未能发明轮子；阿尔卑斯山上的居民不够敏锐，未能建造可以使他们的艰苦生活变得更惬意的雪橇。这些缺点可不是由于他们的心态不同于早已使用轮子和雪橇的那些种族，而是因为他们的能力不足。即使是从印第安人和阿尔卑斯山民的观点来判断，结论也是这样的。

然而，前面那些分析只涉及决定具体行为背后的动机，并不涉及下面这个唯一真正要紧的问题：就心灵的逻辑结构而言，不同种族之间是否有什么差异呢？而这正是种族主义者所主张的。[1]

关于心灵的逻辑结构和一般思想与行为的范畴，读者可以先参考我在前面几章对这些基本问题所做出的讨论，同时再添加几点观察心得，应该就可以结束关于种族主义和其他派别的多元逻辑说的讨论了。

人的一般思想和行为的范畴既不是理论家的发明，也不是理论家的惯例。它们不是宇宙和宇宙事态发展之外的事物，而是生物界的事实，它们在生命和现实中有其特定的功能。它们是人争取生存的工具，人在努力调整自己适应宇宙的真实状态时，会用到它们；在能力范围内消除让他感到不适的事物时，也会用到它们。所以，人的一般思想和行为的范畴适合外在世界的结构，也反映了这个世界的性质。它们发挥了作用，就这个意义而言，它们是真实而有效的。

因此，那种认为先验的领悟和纯粹的推理不会传达任何关于现实和宇宙结构的信息的观点是不正确的。根本的逻辑关系和一般思想与行为的那些范畴是人的一切知识的基础，它们是适合外在现实结构的，并向人心显示这个结构——就这个意义

---

[1] 参见 L.G. 蒂劳洛（L.G.Tirala），《种族、精神与灵魂》（*Rasse, Geist und Seele*）（慕尼黑，1935 年），第 190 页。

而言，它们对人来说是基本的本体论事实。[1]我们不知道一个超人会想些什么或知道些什么。对人来说，每一种认知都是以他自己的心灵逻辑结构为前提条件的，都是隐含在这个结构中的。各种实证科学的优秀成果和它们的实际应用恰恰可以证实我们在这里强调的真理。在人的行为能达到自己所选择目的的范围内，没有不可知论（agnosticism）存在的空间。

如果曾经有些种族发展出某个不同于我们所认识的心灵逻辑结构，那么在利用理智辅助他们争取生存的历史过程中，想必他们已经失败了。唯一可能保护他们免于灭绝的生存工具就是他们的本能反应。由于大自然的选择，这些种族当中那些试图利用他们的理性指导行动的个体已经被淘汰，而只有那些完全依靠本能行动的个体才能存活下来。这意味着只有那些还没有上升到动物智能水平之上的个体，才有存活的机会。

关于中国和印度的高等文明，以及关于亚洲、美洲、澳洲和非洲的原始文明，西方的学者已经积累了大量的资料。可以肯定地说，关于这些种族，所有应该知道的我们都已经知道了。但是，从来没有哪个支持种族多元逻辑说的人曾尝试利用这些数据描述这些种族和文明有不同的心灵逻辑。

第五节 多元逻辑说和了解

有一些支持种族主义的人以一种奇特的方式阐述他们的同

---

[1] 参见 Morris R. Cohen, *Reason and Nature* (New York, 1931), pp. 202-205; *A Preface to Logic* (New York, 1944), pp. 42-44, 54-56, 92, 180-187。

道在认识论方面的看法。他们倾向于承认,无论他们属于哪个种族、国家和阶级,人的心灵逻辑结构都是一样的。他们声称,种族主义从来无意否认上面这个不可否认的事实,他们真正想说的是,每个人对历史的了解以及他的审美品位和价值判断,都受到个人生活背景的制约。显然,在提倡多元逻辑说的那些作者笔下,不可能找到任何可以佐证这个奇特解释的论述,然而,我们还是必须把它当作一个独立的学说加以分析。

我们无须再强调,一个人的价值判断和他的目的抉择反映了他天生的身体特征,以及他人生中的一切酸甜苦辣和悲欢离合。[1] 但是,承认这个事实绝不等于相信种族遗传或阶级属性最终会决定价值判断和目的抉择。基本的世界观与行为模式方面的差异和种族、国籍或阶级属性的差异没有对应关系。

在价值判断方面,最大的分歧莫过于禁欲主义者和那些一心渴望无忧无虑生活的享乐主义者之间的分歧。在虔诚的修士、修女和其他人之间有一道不可逾越的鸿沟。但是,在所有种族、国家、阶级和种姓当中,都曾有过一些献身于修士理想的人。在这些人当中,有的是国王或贵族,有的则是乞丐。圣方济各、圣克拉拉和他们的热情追随者是意大利人,而当地的其他居民(非追随者)却不能被描述为厌倦世俗享乐。信奉清教主义的是盎格鲁-撒克逊人,但是,在都铎王朝、斯图亚特王室和汉诺威王室统治时期崇尚声色淫荡的也是盎格鲁-撒克逊人。19世纪最杰出的禁欲主义提倡者托尔斯泰伯爵,是以挥霍和放荡闻名的俄国贵族中的一个富有成员。托尔斯泰认为,他自己所攻击的那个哲学的精华体现在贝多芬的《克鲁采奏鸣曲》中,而这首名曲却是极

---

[1] 参见第二章第六节。

端贫穷的父母所生的儿子的传世之作。

在审美品位方面也是一样。自古以来，所有种族和国家既有古典艺术，也有浪漫艺术。那些所谓的无产阶级的作家、画家和音乐家，既未创造出新的风格，也未确立新的审美品位。他们的品位只有一个特征：倾向于把所有他们不喜欢的事物称为"资产阶级的"，而把所有他们喜欢的事物称为"无产阶级的"。

无论是历史学家还是一般行为人，对历史的了解总是反映了他们的性格。[1]但是，如果历史学家和政治家对真理满怀渴望，只要他们是能干且称职的，他们就绝不会容许自己被党派偏见所蒙蔽。对一个历史学家或一个政治家来说，他认为某一干扰因素是有益的还是有害的都无关紧要，因为对于某一个起作用的因素来说，低估或高估它的影响，都不可能给他本人带来任何好处。只有笨拙的假历史学家相信，他们能以扭曲事实为手段来壮大他们的志业。19世纪争议最大的历史人物莫过于拿破仑一世和三世、俾斯麦、格莱斯顿（Gladstone）和迪斯雷利（Disraeli）。在价值判断方面，他们的一些传记有很大的争议，但在了解这些人物所扮演的角色方面，那些传记几乎没什么争议。

政治家的了解也是如此。一个新教教义的提倡者怎么能从误解天主教教义的巨大权力与威信中得到好处？或者，一个自由主义者又怎能从误解计划经济思想的影响中得到好处？一个政治家若想成功，就必须就事论事地看待万事万物，不管是谁，只要他沉溺于一厢情愿的想法，他肯定就会失败。对影响力大小的判断和价值判断的不同之处在于，前者意在评估某个不以

---

[1] 参见第二章第八节末。

评估者的意志为转移的事态发展。但是，这种评估肯定会沾染评估者的个性色彩，不可能获得所有人的一致同意。这里我们必须再次提出这个问题：一个种族或一个阶级究竟能从一个遭到"意识形态"扭曲的了解中获得什么好处？

正如前面已经指出的，在诸多历史研究之间，真正严重的分歧源自历史学家们对于一些非历史学科所传授的东西意见不合，而非专业学者所采用的历史的了解模式各不相同。

现在，许多历史学家和作家满脑子都是计划经济体制的教条，他们认为各种计划的目的都是至善的，这些计划终会实现，而且劳工运动被赋予了"以暴力革命推翻资本主义，实现计划经济"的历史使命。基于这个教条，他们把以下主张视为理所当然的：那些被历史挑选的"左派"政党在追求政策落实时，应该诉诸暴力和谋杀。革命不能以和平的方法来完成，人们不应该为诸如屠杀末代沙皇的四个女儿、托洛茨基或数以万计的俄国资产阶级者等琐事浪费心思。"没把鸡蛋打碎，就做不出蛋卷。"为什么要明确提到那些碎鸡蛋呢？但是，要是某个遭到攻击的人胆敢保卫自己或做出反击的话，那情况当然就不同了。罢工的工人所做出的蓄意破坏和暴力等行为，只有极少数历史学家和作家提及，而对于铁路公司试图保护财产、员工以及乘客免于这种攻击，所有历史学家和作家都会大书特书。

这样的差别对待既不是因为价值判断，也不是因为了解的分歧，它们是不同的经济和历史演化理论相互敌对的结果。如果某主义的来临是不可避免的，而且只能借由革命的方法来达成，那么，"进步分子"所犯下的谋杀罪行便只是无关宏旨的小插曲。至于"反动分子"的自我防卫和反击，则可能推迟某主义的最后胜利，由于这事关重大，因而是值得注意的事，而革命的破坏与屠杀行为只是例行的日常琐事。

第六节　坚持理智的理由

审慎的理性主义者不会认为人的理智能使人无所不知。他们充分认识到，不管知识如何增加，总还会有一些事物是最终给定的，而不需要进一步解释。但他们也认为，人在认知的范围内必须倚仗理智，而最终的给定是非理性的事物。可知的事物，就其可知程度而言，必然是理性的。世间既不会有非理性的认知模式，也不会有非理性的科学。

人们对于未解决的问题可以提出各种不同的假说——只要它们不违背逻辑和无可争议的经验数据。但是，这些毕竟只是假说罢了。

我们不知道使人的能力天生就有差异的原因是什么。科学根本无从解释，为什么牛顿和莫扎特这么富有创作才华，为什么大多数人没有这种才华。但是，科学知道，把一个天才的伟大归因于他的祖先或他的种族绝不是一个令人满意的答案。真正的问题是，为什么这个人和他的兄弟不同，也和同种族的其他成员不同？

把白种人的伟大成就归因于种族的优越性，或许不那么离谱，然而这只不过是一个含糊的假说，而且也与现代文明的基石是由其他种族的人所奠定的史实不符。我们不知道，将来是否会有别的种族文明取代西方文明。

然而，对于这样一个假说，我们还是必须就它本身的优缺点给予评价。虽然种族主义者以该假说为基础理所当然地认定，不同种族之间有不可调和的冲突，"优等种族"必须征服和奴役"劣等种族"，但我们绝不能因此就提前判定该假说是错的。种族主义者的错误解读和演绎早已遭到李嘉图"联合律"的驳斥和抛弃。[1]只有愚蠢的人才会通过否认明显的事实——人的能力不均等——来对抗白种人优越的假说。否认这个事实是徒劳的：迄今为止，某些种族对于文明的发展的确毫无贡献或者贡献极少，因此，就此一意义而言，它们是劣等的。

嫉妒是一个普遍的人性缺点，许多知识分子肯定会嫉妒成功的生意人的高收入，而这种情绪肯定会驱使他们倾向于计划经济。这些知识分子认为，计划经济国家当局开给他们的薪水将比他们在资本主义制度下赚得多。但是，即使能证实嫉妒情绪确实存在，也解除不了科学应以最慎重的态度审视各种计划经济学说的责任。在处理每一个学说时，科学家必须假定：该学说的支持者除了渴求知识，别无居心。但是，各种派别的多元逻辑说在处理一些与其观点相对立的学说时，常会以揭露那些学说的提出者的背景和动机来取代对纯理论的审视。这样的论辩程序与推理思考的基本原则是不相容的。

在处理一种理论时，如果只能指出它的历史背景、时代精神及其发源国家的物质条件或者其撰述者的个性特征，那么这就只是一个没有什么用处的权宜之计。任何理论都不得不接受理性的审判，用来审判的标准永远都是理性这个标准。一种理论有可能是正确的也有可能是不正确的，有时候，我们现有的知识不足以让我们对某一理论的正确与否做出判定。但是，如果一种理论对无产阶级者或俄国人是无效的，那它对资产阶级或美国人也是无效的。

如果有些人和种族主义者是对的，那就无法解释，为什么掌权者会急于镇压与他们的观点不同的理论，并迫害那些持不

---

[1] 参见第八章第四节。

同理论的人。确实有一些政府和政党不容异己，这个事实本身就证明了理智的卓越性。一种学说的反对者让警察、刽子手和暴民去对抗它，这虽然不能证明该学说的正确性，但却可以证明另一个事实：那些靠暴力镇压不同学说的人，他们在潜意识里其实深信他们自己的学说是站不住脚的。

在证明逻辑和行为学那些先验基础的有效性的过程中，我们不可能不参照这些基础本身。理智是一个最终的给定，不能再用理智加以分析或质疑。人的理智存在本身就是非理性的事实。关于理智，唯一可以表述的是：它是区别人类和其他动物的标志，而且已经造就了一切专属于人的事物。

有些人宣称，如果人放弃理智而试着让自己只接受直觉和本能的指引，那么人将会比较快乐。对此，除了对人类社会的成就进行分析，没有别的答案。在描述社会合作的起源与运作方面，经济学可以为理智和非理智之间的最终抉择提供所有必要的信息。如果人要重新考虑将自己从理智的桎梏中解放出来，就必须得知道自己不得不放弃些什么。

第四章 对行为范畴的初步分析

第一节 目的和手段

　　行为追求的结果被称为行为的"目的"或"目标"。一般人在日常言语中也使用这两个词表示中间的目的或目标；行为人想要达到这些中间点，只因为他相信通过它们可以达到最终目的或目标。严格来说，任何行为的目的或目标总是要减少或消除某种不自在的感觉或不适感。

　　手段是指有助于达到任何目的或目标的事物。严格来说，在这个给定的宇宙里，不存在手段，只有事物。如果某人打算理性地利用某个事物达到某一目的，而他基于这个打算也真的利用了它，那么这个事物将变成一种手段。运用理性思考的人首先看出了一些事物的功能，知道它们能帮助他达到目的，而他后来的行为则使这些事物变成手段。在这里，最重要的是我们必须认识到，只有通过人的思维及其运作——人的行为，外在世界的一部分才会变成手段。外在事物本身只是自然界的现象和各种自然科学研究的主题，把外在事物转变成手段的是人的意图和行为。行为学不研究外在世界，只研究人的行为。对行为学来说，现实不是物质世界，而是人对给定的世界状态的有意图的反应。经济学不是关于外在事物或什么具体的物质实物，而是关于人，是关于人的意图和行为。货物、商品和财富以及其他行为概念不是自然界的要素，而是人的意图与行为的要素。想要研究它们的人绝不能看向外在世界，而必须在行为人的意图中寻找它们。

人的意图和行为作为行为学的研究主题，其前提是：不是所有人都受到某一绝对有效的哲学启发并且都具备完美的技术知识。在一个以会犯错的人为其研究主题的科学框架里，"绝对有效""无所不知"这样的概念是不存在的。凡是人意在达成的事物都是目的，凡是行为人所认知的事物都是手段。

科学技术和医学的任务是在它们各自的领域里去伪存真，经济学的任务则是在社会行为领域揭露错误的学说。但是，如果人们不遵循科学的忠告而执着于错误成见，那么，这些错误便是真实的存在，必须被当作真实的存在来处理。比如经济学家认为，对于那些想借助某种管制达成其目的的人来说，外汇管制是不合理的。然而，如果公众坚持这类谬见，而政府也因此采取这种管制，那么事态的发展便由这个不合理的做法所决定。现代医学认为，曼陀罗有医疗效果的说法是无稽之谈，但是，只要人们把这个无稽之谈视为真理，曼陀罗便仍旧可以成为一种商品，要获得它，人们还是得付出代价。在研究价格问题时，经济学只关心这个事物在那些想要获得该事物的人看来有什么意义，而不问某一事物在其他人看来有什么意义。因为，经济学研究的是真实的价格，是实际交换中支付和收取的价格，而不是假设如果人们不这样想或不做出这样的行为的话，会出现怎样的价格。

手段总是有限的，也就是说，就人们所期待的该手段的服务而言，数量总是稀缺的。如果某一事物能提供的服务数量是无限的，就不会有任何关于它的行为，换言之，它就不是一个手段。在不受可供使用的事物的数量限制时，人无须采取任何行动。

有些人习惯称目的为"最终的好处"（the ultimate good），而称手段为"财货"（goods）。使用这种术语的经济学家主要是因为他们习惯了像技术专家而不是像行为学家那样思考。这类经济学家区分"自由财"（free goods）和"经济财"（economic goods）。他们称那些供应数量富余而无须节约使用的事物为"自由财"。然而，这种财货根本不是任何行为的对象，它们是人类幸福的一般条件，是人所在自然环境的一部分，只有经济财才是承载行为的基础。经济学只处理经济财，而不处理自由财。

有些经济财本身适合直接满足人的需要，并且它们的功能的发挥也无须依靠其他经济财的合作，这种经济财被称为"消费财"或"第一顺位的财货"。有些手段只能间接满足人的需要，而且还需其他财货互补配合，这些手段被称为"生产财""生产要素"或"高顺位的财货"。一个生产财能带来的服务在于，当它和与之互补的生产财结合时，就会生产出某一产品。这种产品可能是消费财，也可能是生产财，当它再和别的生产财结合时，最终会带来某一消费财。我们想象一下，把各种生产财按照它们离所结合生产的消费财的远近排成一个序列，距离消费财的生产最近的生产财排在第二顺位，而用来生产第二顺位财货的生产财则被排在第三顺位，以此类推。

将各种财货如此排序的用意是要为价值和生产要素价格理论提供一个基础。下面将说明，那些较高顺位的财货的估值和价格怎样依赖那些它们生产出来的较低顺位的财货的估值和价格。外在事物最先和最终的价值评估都仅涉及消费财。所有其他事物都按照它们在消费财的生产过程中所发挥的作用获得价值评估。

所以，实际上，我们无须为各种生产财排序，同样，我们也不需要为某一具体财货究竟该被称为最低顺位的财货还是较高顺位的财货而进行无聊的讨论。究竟是生的咖啡豆，还是烘焙过的咖啡豆，还是研磨过的咖啡粉，还是已经泡好的咖啡饮料，还是泡好且加入了奶油和糖的咖啡饮料该被称为可供立即消费的消费财？这个问题无关紧要。无论采用哪个排序方式都无关宏旨。因为，关于价值评估的问题，如果我们也把较高顺位财货视为（与其他财货结合后生产的）产品的话，我们针对某一消费财所说的一切也适用于较高顺位财货（除了最高顺位财货）。

经济财不一定是有形的物质，非物质的经济财被称为"服务"。

第二节　价值排序

行为人会在各种可供选择的机会中做出选择，他可能偏好其中一个机会，而舍弃其他机会。

有些人习惯说，当行为人在做出某种行为时，心里会对价值或需要排序。在此基础上，他要实现一个较高的价值，或者说满足最迫切的需要，放弃实现较低的价值，或者说放弃满足较不迫切的需要。对于这种陈述事实的方式，没有什么好反对的。然而，我们切不可忘记，按照价值或需要排序只在真实的行为中才能显现出来。这种排序不是存在于个人实际行为之外的东西。我们所知的关于这种排序的唯一方法是观察某个人的行为。每一个行为总是符合某一价值或需要排序，因为这种排序只不过是一个概念工具，它可以专门用来解读某个人的行为。

道德或伦理学说致力于建立一种价值排序，这种价值排序是人的行为应该遵循但不必然总是遵循的。道德学家或伦理学家声称，他们的使命是分辨是非对错和告诉世人应该追求什么样的至善目的。这些学说属于规范性学科，旨在使人们认识到什么东西是应该存在的。对于事实，这些学说无法做到价值中立，它们以任意选定的标准为观点判断这些事实。

以上不是行为学和经济学的态度。行为学和经济学充分认识到，人的行为的最终目的是不接受任何绝对标准的检验的。最终目的是最终的给定，是纯主观且因人而异的，而且同一个人在人生的不同阶段，其行为的最终目的也是不同的。行为学和经济学不研究目的，只研究和目的相关的手段，即只研究行为人用来达成目的的各种手段。对于骄奢淫逸是否比禁欲苦修更有价值这样的问题，行为学和经济学不发表任何意见。对于各种手段，行为学和经济学只适用一个评判标准：那些手段是否适合达成行为人所要达到的目的。

所以，在经济学里，像"反常"和"变态"这样的概念无处容身。经济学不会因为某个人喜欢的是令人不愉快的、痛苦的和有害的东西而说这个人是反常的。经济学只会说他不同于别人，他喜欢别人讨厌的东西；他认为有用的东西别人不想要；他以忍受痛苦为乐，别人则避之唯恐不及。在人类学意义上,"正常"和"变态"这两个极端的概念,可以用来区分像众人那样行动的常人以及与众不同或非典型的怪人;在生物学意义上,它们可以用来区分习惯于保持生命力的人和习惯于自我伤害的人;在伦理学意义上,它们可以用来区分举止端正的人和行为不当的人。然而,在人的行为这门理论性科学的框架里,这种区分并无容身之地。事实证明,任何对行为的最终目的的检验都是纯主观的,所以都是任意的、武断的。

价值是指行为人对行为的最终目的的重视程度,只有行为的最终目的才是首要的和原始的价值。各种手段的价值则是根据它们对最终目的的达成有多少贡献而推演出来的。某一手段的价值评估是从该手段适合用来达成的那些目的的价值评估中引申出来的。对人来说,各种手段的重要性完全取决于它们在让人达成一些目的的过程中所发挥的作用。

价值不是固有的,不是事物的内在性质。价值存在于人的心中,是人对环境做出反应的方式。

同样,价值既不是挂在嘴上,也不是藏在学说里,而是反映在人的行为上。值得注意的不是某个人或某一群人关于价值说了些什么,而是他们做出了什么行为。道德家夸夸其谈的演说和各个政党自吹自擂的党纲确实值得被关注,但它们对人类社会的影响仅限于它们是否真正能决定的人的行为。

第三节 生理需要的排序

尽管不断有人提出相反的说法,绝大多数人最在意的还是改善他们的物质生活状况。他们想要更多美味的食物,更舒适的住房和更得体的衣服,以及各种各样令人愉快的事物。他们追求富裕和健康。应用生理学以这些目标为前提,试图确定什么手段能为人提供最大限度的满足。根据这个观点,应用生理学对什么是人"真正的"需要,而什么又是想象的虚假欲望进行了区分。它教导人们应该做出怎样的行为,告诉人们应该使用什么手段。

这种学说的重要性是显而易见的。从生理学的观点来看,生理学家是对的,他确实应该区分什么是理智的行为,什么是违背目的的行为;他确实应该区别理智地和不理智地摄取营养的方法;他可以谴责某些行为模式是荒谬的,是违背人的"真正的"需要的。然而,对研究人的行为的科学来说,这种判断却离题万里。对行为学和经济学来说,要紧的不是人应该做什么,而是人确实做了什么。卫生学称酒精和尼古丁为毒物,这也许是对的,也许是错的。但经济学必须解释的是香烟和烈酒在现实中的价格,而不是它们在假设条件下会是什么价格。

在经济学领域,没有与实际行为所反映的需求价值排序不同的排序。经济学研究真实的人、软弱且容易犯错的人,不研究像神那样无所不知和完美无缺的理想存在。

第四节 行为即交换

行为是意图以一种比较满意的状态取代一种比较不满意的状态。我们把这种故意诱导的改变称为"交换"。如把不太理想的情况变成比较理想的情况,为了得到某个让人满意的事物而舍弃让人不满意的事物。那个被舍弃掉的事物被称为"代价"——为达到所追求的目的而付出的代价,这个代价的价值被称为"成本"。成本等于一个人为了达到所追求的目的而必须舍弃的那个事物（在他眼里）的价值。

所需付出的那个代价的价值（实际的成本）和所达到的那个目标的价值之间的差距被称为收益、利润或净收益。这个最原始意义的利润概念是纯主观的，是行为人幸福感的增加——一种既不能测量也不能权衡的心理现象。在消除不适感时，人会有或多或少的感觉。但是，一种满足感超过另一种满足感的多少，只能被感觉到，而不可能以某种客观的方式加以确认或测算。价值判断不能测量，而是按重要程度排列，它是分级的。价值判断表示的是某种偏好和顺序，但不表示长短和轻重。表示价值判断的是序数，而不是基数。

人们谈论价值计算是没用的，只有基数才能计算。评估两种状态的价值之间的差距完全是心理的和主观的。谁也无法将该价值差投射到外在世界。价值只能被个人感觉到，而不可能传达或传授给其他人。价值是一种强弱自知的感觉。

生理学和心理学已经发展出各种各样的办法，据称它们可以作为原则上不可行的强度测量的替代方法。经济学无须研究这些相当可疑的办法。这些办法的支持者自己也意识到它们不适用于价值判断。然而，即使它们适用于价值判断，也与经济学的问题没有任何关系。因为经济学研究行为本身，而不研究行为背后的生理或心理问题。

行为达不到所预期的目的是常有的事。有时候，结果虽然比预期目的更差，但与先前的状态相比仍算是有所改善。在这种情况下，虽然结果少于预期的利润，但还是有利润的。但有时候，行为做出之后的状况比行为做出之前更糟糕。这时，行为的结果的估值和行为所花成本的估值之间的差距被称为"损失"。

第五章 时　间

第一节　行为学的时间因素

"改变"这个概念蕴含着时间顺序。一个僵化的、永恒不变的宇宙将会脱离时间，也必然会消亡。"改变"和"时间"是联结在一起的两个不可分割的概念。行为意在改变，所以行为发生在时间顺序之中。超脱时间的存在和超脱时间的行为是超出人的理性思考范围的。

行为人能够对行为前的时间、行为过程中的时间以及行为结束后的时间进行区分。他对时间的流逝不可能无动于衷，不可能没有价值判断。

逻辑和数学处理的是一种理想的思想体系，这个体系中的各种关系和含义是同时存在并互相依存的。我们可以说它们是同步的或者是脱离时间的。一个完美的心灵在一念之间便可掌握一切，但是，人没有这种完美的能力，所以思考本身就是一种行为。人一步一步地从不满意、认知不足的状态，前进到比较满意、有洞察力的状态。但是，获得知识的时间顺序与先验演绎的思想体系里各个部分的逻辑同时性不可混淆。在这个体系里，"原因"和"结果"的概念只有比喻意义。这个体系本身既没有隐含时间概念，也没有隐含因果概念。在这个体系中，只有元素之间的函数对应，但是在这种对应中既没有原因也没有结果。

从认识论的观点来看，行为学体系有别于逻辑体系之处就在于它隐含了时间概念和因果概念。行为学体系也是先验和演绎的，如果把它当成一个体系，那么这个体系是脱离时间的。但是，改变是它的一个要素；"早一点"和"晚一点"，以及"原因"和"结果"这样的概念也是它的要素。"原因"和"结果"是行为学推理的基本概念，事态发展的不可逆性也是。在行为学体系的框架里，任何关于函数相对应的论述，都如同在逻辑体系的框架里对前因和后果的论述，具有隐喻性和误导性。[1]

第二节　过去、现在和未来

正是行为让人有了时间概念，让人意识到时间的流逝。时间观念是行为学的一个范畴。

行为总是针对未来的。从本质上来说，行为（计划和行动）

---

[1] 在一本经济学的专论里，无须详细讨论有些人尝试把力学建构成一个公理演绎体系，其中，因果的概念被函数的概念取代。下面将会说明，公理演绎的力学体系不能作为处理经济理论体系的典范。见第十六章第五节。

必然总是为了一个更好的未来。行为的目标总是要使未来的情况变得比没有行为干预时将出现的情况更令人满意。一个人之所以会采取行动，是因为他对未来的预期让他产生一种不适，他对未来可能会发生的一些情况感到不满意，因而他要设法改变现状。无论如何，行为只能影响未来，不可能影响一刹那就会消逝成为过去的现在。当行为人计划把不满意的现在状态转变成比较满意的未来状态时，他就意识到了时间的存在。

对冥想者来说，时间纯粹是一段持续的时间，"纯粹的一段持续的时间，其中的流动是连续的，一个人不知不觉地从一个状态过渡到另一个状态：真实生活的连续"[1]。"此刻"被不断地挪到过去，然后只保留在记忆中。哲学家说，人在回想过去时才开始意识到时间。[2]然而，把"改变"和"时间"的概念传达给人的并不是回忆而是想要改善生活状况的意志。

我们用各种机械装置测量的那个时间总是过去的时间，而哲学家谈到"时间"这个概念时，他们所指的时间可能是过去的时间，也可能是未来的时间。从这个角度来看，"现在"只不过是分隔"过去"和"未来"的一条理想中的界线。但是，从行为学的角度来看，在"过去"和"未来"之间有一个真实延伸的"现在"。行为本身位于真实的现在当中，因为行为发生在

---

[1]　1.亨利·伯格森，《物质与记忆》（*Matière et mémoire*）（巴黎，1911年）第7版，第205页。
[2]　参见埃德蒙·胡塞尔（Edmund Husserl）的文章《内在时间意识现象学讲义》（"*Vorlesungen zur Phänomenologie des inneren Zeitbewusstseins*"），选自《哲学与现象学研究年鉴》（*Jahrbuch für Philosophie und Phänomenologie Forschung*），第九卷，第391页。

当下这一刻，从而体现了这一刻的现实。[1]当后来人们回顾和反思过去的那一刻时，首先会认出那一刻的行为和那一刻的行为发生的条件。那些因时机已逝而不能再去做的事或享用的事物，使"过去"和"现在"形成对比。那些因条件未具备或时机未到来而不能去做的事或享用的事物，使"将来"和"过去"形成对比。而"现在"则给行为提供一些在此之前嫌太早、在此之后又嫌太晚的机会和任务。

"现在"被视为一种连续，是提供给行为的那些条件和机会的延续。每一个行为都会受制于一些特别的外在条件，为了达到所追求的目标，行为必须得到调整以适应这些条件。所以，在不同的行为领域中，"现在"的概念也不尽相同。"现在"这个概念和各种以空间移动来测量时间流逝的方法没有丝毫关系。从行为学的角度来看，现在可以包括已经过去的时间，如果前者和后者一样都是同一行为的延续的话，它也可以包括实际存在的此刻。"现在"依不同的行为而定，对应的可能是中古世纪、19世纪、去年、上个月或昨天，也可能是刚过去的那一小时、一分钟或一秒钟。某人说："现在人们不再崇拜宙斯了。"他所说的那个"现在"和汽车驾驶员所说的"现在转弯还太早"的那个"现在"，是不相同的。

由于未来是不确定的，所以，我们能把多久的未来视为"此刻"和"现在"，总是未定的与含糊的。如果某人在1913年曾说"现在（此刻），在欧洲，思想自由是毋庸置疑的"，那么，他当时并没有预见到，这个"现在"很快将成为过去。

---

[1]"这是一场灾难，这是一种即将到来的复仇态度，也是一种即将采取的行动。"参见亨利·伯格森，《物质与记忆》，第152页。

第三节　节约时间

人，躲不过时间的流逝，他诞生、成长、变老，然后逝去。他的时间是稀缺的，他必须节约时间，就像必须节约其他稀缺的生产要素一样。

由于时间（顺序）的唯一性和不可逆，节约时间有其独特性，这些事实的重要性体现在行为学理论的每一个环节。

这里只需强调一个事实：节约时间是独立于对财货的节约的。即使在万物丰裕的世外桃源，人也将不得不节约时间，因为他不会长生不老、青春永驻和永远健硕。身处世外桃源，虽然他的一切欲望都能立即得到满足，无须任何劳动付出，但还是不得不安排自己的时间表，因为有一些满足状态彼此不兼容，是不能同时完成的。对某个人来说，时间是稀缺的，他早晚都会受到影响。

第四节　行为在时间上的关系

一个人的两个行为不可能同时发生，它们在时间上的关系是一个早一点，一个晚一点。不同个体的行为只能根据一些测量时间的物理方法视作同时发生。在行为学上，只有在涉及个体之间齐心协力的合作时，才能说"同时发生"或"同步进行"。[1]

一个人的各种行为是相互影响的，不可能发生在同一时刻，它们只能或快或慢地一个接着一个发生。有一些行为确实可以

---

[1] 为了避免误会，特在此强调，这个说法和爱因斯坦关于在同一时空距离遥远的一些事件之间的时间关系毫无关系。

"一举数得"，同时达到好几个目的，然而，把这些行为当成是并存的不同行为来论述，那就混淆事实了。

有些人从来没意识到"价值排序"一词的真正意义，对于不能假定"一个人的诸多行为同时发生"的问题，也从来不予理会。他们把一个人的诸多行为解读为某一独立于并且先于这些行为的价值排序的结果，而且还把这些行为解读为某一事先制订好的计划的结果，因为他们认为这些行为就是为了实现那些计划的。价值排序和计划——通常被认为涵盖了一段连续的时间，并且在该时间段内保持不变——于是被实体化为诸多行为的共同原因和动机。于是，"同时并存"这个绝不能解释诸多行为的概念就这么轻易地出现在价值排序和计划中。但是，这样的解读忽略了一个事实：价值排序只不过是我们建构的思想工具。价值排序只在实际行为中显现出来，只能通过实际行为来观察。所以，拿价值排序和实际行为进行对比或拿价值排序作为标准来评判实际行为，是不允许的。

同样，将实际行为与先前所拟定的计划或方案进行比较，并据此区分理性的行为和非理性的行为也是不允许的。有趣的是，昨天的目标是为今天的某些行为而设定的，并非今天实际的目标。但是，昨天的计划并不能提供任何比其他观念或标准更客观和更不武断的观念或标准来评价今天的实际行为。

有人试图通过如下推理导出非理性行为的概念：如果一个人对 a 的偏好甚于对 b 的偏好，对 b 的偏好甚于对 c 的偏好，那么，就逻辑而言，他对 a 的偏好应该甚于对 c 的偏好。但是，如果实际上他对 c 的偏好甚于对 a 的偏好，那么，我们面对的就是一个不具有一致性但仍是理性的行为模式。[1] 这类推理没考虑到

---

[1] 费利克斯·考夫曼，《关于经济科学的主题》（选自《经济学》，第十三卷，第 390 页）。

一个人的两个行为不可能同时并存的事实。如果在某一行为中，一个人对 a 的偏好甚于对 b 的偏好，而在另一行为中，他对 b 的偏好甚于对 c 的偏好，那么，不管这两个行为间隔多长时间，都是不允许建构一个统一的价值排序的，即 a 排在 b 之前，而 b 则排在 c 之前。同样，把第三个行为（后来发生的）视为与先前的两个行为同时发生的，也是不允许的。前述例子所证明的就是，价值判断并非不会改变，所以，从一个人的各种必然不会同时存在的不同行为中抽象出来的价值排序很可能是自相矛盾的。[1]

我们不可混淆逻辑学意义上的一致性（没有矛盾）和行为学意义上的一致性（坚定不移或始终如一地坚持同一原则）。逻辑的一致性只属于思想领域，而坚定不移只属于行为领域。

坚定不移和理性是完全不同的概念。如果某人的价值判断已经变了，只是纯粹为了显示坚定不移，还始终如一地忠于曾经拥护的行为原则，那就不是理性，而是顽固。行为只有在某方面才会坚定不移：永远偏好有价值的甚于没价值的。如果价值判断变了，行为也必定会改变。在变化的环境中还忠于旧计划是愚蠢的。一个逻辑体系必须是一致的和没有任何矛盾的，因为它隐含着一切因素和定理。行为发生的时间有先后顺序，没有任何逻辑一致性的问题。行为必须符合行为人的意图，而行为人的意图则要求人自己调整行为以适应不断变化的情况。

沉着冷静被视为人的一种美德。如果一个人有思考能力且行动迅捷，能在最短的时间内迅速调整行动，应对新情况的发

---

[1] 威克斯特德博士（Ph. Wicksteed），《政治经济学常识》(*The Common sense of Political Economy*)（伦敦，1933 年），第 1 期，第 32 页。L. 罗宾斯（L. Robbins），《关于经济科学的性质和意义的论文》(*An Essay on the Nature and Significance of Economic Science*)（伦敦，1935 年），第 2 版，第 91 页。

生，我们就说这个人是沉着冷静的。如果坚定不移被解释为完全不顾环境的变化，坚持忠于某个计划，那么，沉着冷静和行动迅捷就恰好是坚定不移的反面。

当某个投机者走进股票交易所时，他也许已经为即将进行的操作拟好了一份明确的计划。不管他是否坚持这份计划，他的一切行为都是理性的，即使是按照热衷于分辨理性的人与非理性的人所赋予"理性"一词的意思来说也是一样的。这个投机者在这一天也许做了一些交易，而在不考虑市场变化情况的旁观者看来，那些交易不能被解读为坚定不移的行为的结果。但是，这个投机者想要赚取利润和避免损失的心意却是坚定不移的。因此，他必须根据市场情况的变化和他自己对于未来价格发展的判断调整操作行为。[1]

除非将"非理性"建立在某个主观任意的价值判断上，否则任何人不管怎样绞尽脑汁，都不可能构想出什么"非理性"的行为概念。且让我们假设某个人选择颠三倒四的行为，他不为别的，只为反驳行为学说"没有非理性行为"的主张。这种情况就是，某个人想要达到某一特殊目的，也就是反驳行为学的一个定理，他的行为表现和他在其他情况下不一样。为了反驳行为学，他选择了一个不恰当的手段，如此而已。

---

[1] 当然，某些计划也可能是自相矛盾的。它们的内部矛盾有时候也许是判断错误所导致的结果。但是，有时候，这种矛盾是故意制造的，有助于实现特定目的。比如，某个政府或政党大肆宣传一个计划，对生产者允诺高价格，但同时对消费者允诺低价格，这样支持不兼容的目标的用意也许在于蛊惑人心。那么，这一方案——这个被大肆宣传的计划是自相矛盾的，其制定者正打算以支持这些不兼容的目标和大肆宣扬这些目标来达到某一特定目的，因此就他的意思而言，是没有任何内部矛盾的。

第六章 不确定性

第一节 不确定性和行为

未来的不确定性已隐含在行为的概念里了。人的行为和未来的不确定性并不是两件不相干的事。它们是确立同一事实的两种不同方式，可以说是一体两面。

我们假设，一切事件及其变化的结果都是由一套支配整个宇宙生成和发展的永恒不变的法则所决定的。我们可以把所有现象间的必然联系和相互依存，即所有现象的因果联系视为根本的最终事实。我们可以抛弃"不确定的机遇"这个概念。但事实上，对行为人来说，哪怕是对无所不知的人来说，未来永远是个谜。如果人可以知道未来，他将不用做出选择，也不用采取行动，他将会变成一个没有自主意识而只会对外来刺激做出反应的机器。

某些哲学家随时准备驳斥"人的意志"这个概念，他们说，那不过是幻觉和自欺，因为人的行为必然会不知不觉地遵循不可避免的因果律。从原动者或原因本身的观点来看，他们可能是对的，也可能是错的。然而，从人的观点来看，行为是终极给定的事实。我们并没有说，在选择和行动上，人是"自由的"，我们只是确立了人的选择和行动的事实。但是，我们不知道如何使用自然科学的方法解答人为什么选择做出这种行为而不做出那种行为。

自然科学并不能预测未来，但可以预测人的行为将产生什么结果。但是，它也留下了无法预测的两个领域：未被充分认识的自然现象领域以及人的行为抉择领域。人在这两个领域的无知，使得人的一切行为带有不确定性，确定性只有在先验理论的演绎体系范畴内才有。对真实世界的认识，自然科学顶多只能做到或然性的判断，即得到"可能为真"的判断。

是否允许把实证自然科学中的某些定理视为确定的——这种研究不是行为学的任务。从行为学的角度来看，这个问题也没有什么实际意义。无论如何，物理和化学中的定理的或然性程度非常高，以至于就任何实际意义而言，我们可以把它们视为确定的。对于根据科学技术所建造起来的一部机器会怎样运转，我们是能准确预测的。但是，假使我们的目的是为消费者提供机器产品，那么该机器的建造便只是一个较广泛计划中的一部分而已。这个计划是否合适，取决于未来的发展情况，在计划执行过程中，这是不可能准确预测的。因此，对于机器的建造将会产生什么技术性结果，不管我们事先多么确定，都不可能消除整个计划的不确定性。人们未来的需要和价值判断、人们对于情况变化的反应、未来的科技发展、未来的意识形态和政策是无法预知的，顶多只能预测某种情况有多少或然性——毕竟每一个行为都指向一个未知的未来。就这个意义来说，每一个行为都是必然带有几分风险的投机行为。

真理和确定性是一般认识论关心的议题，或然性的问题则是行为学的一个主要议题。

第二节　或然性的意义

或然性问题的处理被数学家弄混了，关于或然性的演算，一开始就是模糊不清的。当默勒（Chevalier de Mere）向帕斯卡（Pascal）请教骰子掷点游戏的问题时，这位伟大的数学家本该坦率地告诉他的朋友实情，即在一个纯粹凭机遇定输赢的赌局里，数学对赌徒没有任何用处，没想到他反而把答案包裹在具有象征性的数学语言里。原本用几句通俗的言语就能解释清楚的道理，居然被他用一种绝大多数人都不熟悉的术语表述出来，因此，人们对此心存敬畏。人们猜想，那些令人费解的公式或许含有某些不为外行人所知的重要启示，进而误以为世上存在一种"科学的赌博方法"，而赌赢的秘诀就在深奥的数学教学中。庄严而神秘的帕斯卡就这样不经意地成为赌博业的守护神。而众多关于或然性演算的教科书则一直免费为赌场做宣传，原因正是那些教科书对外行人来说，简直就是神秘的天书。

在科学研究领域中，或然性演算的模棱两可所产生的破坏同样不小。每一个知识领域的历史都有不少关于误用或然性演算的记录，以至于穆勒评论道："（或然性演算是）数学的真正耻辱。"[1] 而最糟糕的错误已经发生在当代有关物理学研究方法

---

[1]　约翰·斯图尔特·穆勒，《逻辑推理和归纳系统》（*A System of Logic Ratiocinative and Inductive*）（伦敦，1936年），第353页。

的解释上。

或然性推理比构成或然性演算领域的那些问题还要广泛得多。只因为人们过分关注或然性的数学处理方法才会产生"或然性总是表示次数频率"这样的偏见。

还有一个错误是，有人把或然性的推论问题和自然科学应用的那种归纳推理问题搞混了。尝试以一个通用的或然性理论取代因果观是一种失败的哲学思维模式，但这种思维模式在几年前还很流行。

对于一则陈述的内涵，我们可能无法确知，因为我们的知识有所欠缺。我们并非无所不知，也难以确定该陈述是真是假。但是，关于该陈述，我们确实知道一些东西，也就是我们并不是完全不清楚或不知道，我们对此还是有发言权的。

或然性有两种不同的情况：一种可以被称为类的或然性（频率）；另一种可以被称为个案的或然性（对人的行为科学的具体了解）。前者的应用领域是完全由因果观支配的自然科学领域，后者的应用领域是完全由目的论支配的人的行为科学领域。

第三节　类的或然性

类的或然性的意思是，就牵涉的问题而言，我们知道或假定知道关于某一类事件或现象的所有情况，但是，关于那些一个一个出现的实际事件或现象，我们除了知道它们属于这一类的事件或现象，别无所知。

比如我们知道，某一彩票箱里有 90 张彩票，其中的 5 张将被抽出来，所以说，我们知道彩票的整体情况。但是，关于那些将被抽出来的彩票，我们除了知道它们是所有彩票中的几张，其他的什么也不知道。

又比如，假设我们有一张完整的表格，记录了某一段时期某一地区的人口死亡率。我们假定死亡率不会发生任何变化，便可以说，我们知道所有关于该地区全体人口的死亡情况。但是，对于某一个个体而言，我们除了知道他是该地区的居民，对其他情况一无所知。

对于这种有所欠缺的知识，或然性演算以数学符号来表示。或然性的演算既不会扩大，也不会加深，更不会补足我们的知识。它只会把那些有所欠缺的知识转译成数学语言，其中的演算只是以代数公式重复我们事先就知道的东西罢了。那些演算不会带给我们任何与实际有关的个别事件的信息，并且对我们掌握的知识也不会有任何增益。因为在我们一开始考虑有关问题时，这些知识便已经是完美无缺的，或被假定是完美无缺的。

一般人相信，或然性的演算能给赌徒提供信息，以消除或降低赌博的风险，这是一个严重的误解。事实和一般人的误解刚好相反，或然性的演算和其他逻辑或数学推理模式一样，对赌徒完全没有用。赌博行为的特征就是赌徒要面对未知的事物，面对纯粹的机遇。赌徒赌赢的希望并非以什么实质的考量为基础。不迷信的赌徒是这样想的："只要有一点点机会，我就可能赢（换句话说就是，'并非不可能'）。我已经准备好把赌注都押上了，我很清楚，在押上赌注时，我表现得就像一个傻瓜，但最傻的傻瓜却运气最好。管他呢！"

冷静的推理必定可以让赌徒明白：在一个抽奖总额小于彩票销售总额的赌局中，他买两张彩票并不比买一张彩票更能增加赢的概率。如果他买了全部彩票，他肯定会输掉一部分赌资。然而，每一个买彩票的顾客都深信买得越多越好。流连在赌场和老虎机旁的那些赌客,永远也停不下来。他们忽略了一个事实:因为胜算属于庄家而不属于玩家,所以玩家赌得越久,时间越长,赌输的结果就会变得越确定。赌博的诱惑就在于赌博的不可预测性和赌博过程中的运气变化。

且让我们假设:有10张彩票,我们在上面分别写上10个不同的名字,再把它们放进一个箱子里。每抽出一张彩票时,名字在该张彩票上的人就必须支付100元。这时,一个保险人允诺,如果他把保险合约按每份保费10元卖给10个人的话,那么被抽中的人将获得全额赔偿。保险人会收到100元,他会把这100元付给这10人当中的某一个人。但是,倘若他按照或然性演算只承保这10人当中的某一个人,那么,他将不是在从事保险生意,而是在赌博,他是在拿自己代替那个被保险人。他将收到10元,同时也将面临这样的状况:保有这10元,或输掉这10元外加90元。

如果某个人允诺,在另一个人死亡时支付一笔金额,为实践此一允诺,他会收取一笔由或然性演算所决定的预期寿命的保费,那么,他便不是一个保险人,而是一个赌徒。保险,不管是按照赢利原则,还是按照互助原则,都要求投保整个类别的保险或可以合理地视为整个类别的保险。它的基本概念是风险的集中和分散,不是或然性的演算,它所需要的数学演算是加减乘除这四则基础的算数演算,或然性的演算则纯粹是一种小把戏。

这个论断清楚地证明了:无须求助于任何概率精算的方法,仅凭集中和分散原则,便可以消除有害风险。每个人在日常生活中都会这么做,每个生意人都会把营业过程中经常发生的一些损失所需的补偿算进他的一般成本中。"经常"在这里的意思是:就损失的整体而言,损失的金额是已知的,或假定是已知的。比如水果商知道，在一堆苹果中，每50个就会有1个将腐烂，但是，他不知道哪一个苹果会腐烂。他处理这种损失的方式，与他处理其他项目成本一样。

上面就类的或然性的本质所给的定义是唯一合乎逻辑的定义，它避免了所有涉及等概率事件所隐含的低级循环的弊病。如果我们承认，尽管对一类事件的整体情况是完全已知的，但是关于具体的个别事件，我们除了知道它们是某一类的事件，别无所知，那么上面提到的那个恶性循环就被清除掉了。再者，我们也无须再为所给的定义画蛇添足，附加一个"个别事件的发生顺序没有任何规则可言"的条件。

保险的特征就在于它处理的是同一类事件的整体。因为我们自认为知道同一类事件的整体情况，所以经营保险事业似乎没涉及什么特别的风险。

同样的道理，经营赌场生意或彩票生意也都没有特别的风险。从彩票企业的观点来看，只要所有的彩票都能卖出去，那么结果就是可预测的。如果还留下一些彩票没卖出去，那么，就彩票企业的老板而言，他所处的地位就和每张彩票的买主之于他买入的那些彩票的地位是完全一样的。

第四节 个案的或然性

个案的或然性的意思是：关于某一特定事件，我们知道一些决定其结果的因素，但是，除此之外，我们对另外一些影响因素一无所知。

除了人的知识的不完整性，个案的或然性和类的或然性没有什么共同点。

当然，在许多场合，人们会根据某一类事件的所有知识，尝试预测某一特定的未来事件。比如，如果某位医生知道患某种疾病的人当中有 70% 的人会康复，他就会对他的病人康复的可能性做出判断。如果他做出了正确的判断，他会说，康复的或然性是 70%，也就是说 10 个病人当中平均 3 个会死亡。所有关于外在或自然科学领域的事件的预测都是这种性质。它们其实不是关于个案将会发生什么情况的预测，而是关于各种可能发生的情况出现的次数或频率。这种陈述要么是根据统计资料，要么是根据非统计经验推演出来的粗略估计。

就这种类型的或然性陈述而言，我们面对的不是个案的或然性。事实上，尽管我们知道或自以为知道整体将发生哪些情况，但是对于个案，我们除了知道它是某一类的个案，一无所知。

比如，一个外科医生告诉一个正在考虑是否接受手术的病人，每 100 个接受该项手术的病人中会有 30 个人死亡。如果病人问，"这个死亡数目是否已经达到了"，他便误解了这位外科医生的陈述。他已经陷入了"赌徒之谬误"的错误。他搞混了个案的或然性和类的或然性。就像玩轮盘的赌徒一样，在连续出现 10 次红色后，他便认定下一次出现黑色的或然性比之前更大。

所有的医学预测，在只涉及生理学知识时，都只涉及类的或然性。当一个医生听闻一个陌生人染上某种疾病时，根据他的行医经验，他会说，该病人康复与死亡的可能性之比是 7∶3。但如果这个病人是这位医生的患者，他也许会有不同的意见。如果这个病人年轻且充满活力，在染上这种疾病之前一直很健康，这个医生也许会认为这个病人死亡的概率要更低一些，那么这个病人康复与死亡的可能性之比就不是7∶3，而是9∶1。这个判断也许不是以统计数据为基础的，而只是医生根据自己处理过的病例的经验总结出来的，但是前后两个判断的推理模式仍然是相同的。这个医生所知道的始终只是某一类病例的整体情况。在这个案例中，这一类病例整体上是年轻而充满活力却被疾病困扰的一群人。

个案的或然性是人的行为领域的一个特殊概念。在行为学的范畴中，任何涉及频率的概念都是不恰当的。因为行为学的一切陈述始终针对某些独特的事件，这些独特的事件是"真的独特"，就行为学要讨论的问题而言，它不是哪一类事件中的个别的事件。我们也能想象"美国总统选举"这一类事件。为了进行某些种类的推理，比如从宪法的角度论述美国总统选举问题，如果我们是在讨论1994年的美国总统选举，或者在选举前讨论未来的选举结果，或在选举后分析和讨论哪些因素决定了选举结果，那么我们就是在处理一个个别的、独特的和不可重复的个案。这个个案的特征就在于它的独特性，它自成一类。无论你将它归入哪一类事件，对我们要讨论的问题都没有丝毫影响。

假设有两支足球队——蓝队和黄队，明天要比赛。过去，蓝队总是击败黄队。这个历史事实并不是关于某一类事件整体的知识。如果我们把该历史事实当成关于某一类事件整体的知识，那我们将不得不推论说蓝队总会胜利，而黄队总会被击败，也就是我们确知蓝队将会再度获胜。然而，对于明天的比赛结果，我们的预测只是或然性的。这种认知心态表明，我们并不是根据类的或然性去思考和判断的。

然而，我们相信，对于明天的比赛结果来说，蓝队过去胜利的事实并非无足轻重。我们认为，蓝队过去胜利的事实让我们偏向于预测蓝队将再次获胜。如果我们按照适合于类的或然性的推理方式进行推测，就不会认为该事实对于预测明天的比赛结果有什么重要性可言。相反，如果我们认同了"赌徒之谬误"那种错误推论，我们就会推测明天的比赛黄队会获胜。

如果我们拿出一笔钱做赌注，赌某队获胜，律师会把这种行为称为"打赌"（betting），而如果涉及的是类的或然性，他们会称它为"赌博"（gambling）。

在类的或然性领域之外，"或然性"一词所隐含的一切意思通常指的是处理历史事件的独特性或个别性时所涉及的那个特定的推理模式——历史学的特殊了解。

了解，总是建立在不完整的知识基础之上的。我们也许知道行为人的一些动机，知道他们想要达到的目的以及为了达到目的所计划使用的手段。对于这些因素会产生的结果，我们有一定的看法。但是，知识是有缺陷的，在评估这些因素的影响方面，我们可能会犯错，我们也许未能把某些因素适当地纳入考虑范围，因为我们无法预料是否会被这些未纳入考虑范围的因素所干扰，或者因为我们所预料的干扰因素与实际干扰因素不符合。

赌博、工程设计和投机是面对未来的三种不同方式。

赌徒对于决定其输赢的事件一无所知。他只知道在一系列类似事件当中，他想要的那一种事件发生的次数或频率，而这种知识对他毫无用处。赌徒依赖运气，那是他唯一的计划。

生命本身就暴露在许多风险中，任何时候，人都有遭遇意外的危险。对这些意外，人无法控制，至少不能充分控制。每个人都依赖运气，希望自己不被雷击，不被毒蛇咬。人生中难免蕴含赌博的成分。通过购买保险，人们可以弥补灾难和意外造成的一些钱财损失。买了保险后，人们又会把希望寄托在相反的运气上。对被保险人而言，保险是赌博。如果灾难或意外没有发生，他的保费就白交了。[1] 相对于不可控制的自然事件，人总是处于赌徒的位置上。

与之相对，工程师会从技术上寻找解决问题的满意方法，即对于如何建造一台令人满意的机器，他知道一切必须知道的知识。在他的能力控制范围内，只要还遗留一些不确定的边边角角，他便会尝试以安全系数较高的设计把它们排除掉。工程师只知道可以解决的问题，以及在目前的知识水平下不能解决的问题。有时候，他也许能从不顺利的经验中发现，原来他的知识不是自己曾认为的那样完整；或者他过去未能意识到，他自以为能控制的一些问题其实还存在着模棱两可的地方。于是，他将努力使他的知识变得更完整。当然，他不可能完全排除人生中蕴含的赌博成分，但是，他的原则就是只在确定的范围内操作，他的目的是完全控制他的行为中的所有要素。

如今，大家习惯讲"社会工程"。像"经济计划"那样，"社会工程"是"独裁"和"集权专制"的同义词。独裁者的理念是要像工程师在建造桥梁、道路和机器时使用材料的方式来对待众人。社会工程师的意志将取代被他视为材料，即被他计划用来建构其乌托邦的那些同胞的意志。在这种情况下，人可以分成两种：一种人是全能的独裁者；另一种人是他的下属和走卒，这些人被降格为只是独裁者计划中的棋子和独裁机器里的小齿轮。如果这种理念行得通，那么社会工程师就不必费心去了解同胞的行为，他可以随意处置他们，就像在工程技术中处理木材和钢筋那样。

---

[1] 在人寿保险的例子中，被保险人白白花掉的"赌注"仅限于他取回的保险金和他通过单纯的储蓄积攒的资金之间的差额。

而在真实的世界中，行为人面对的是这样的事实：周围都是与他一样的同胞，各自在为私人利益而行动着。于是他不得不调整自己的行为以适应他人的行为，这使得他成为一个投机者。对他来说，成功或失败主要取决于他对未来的了解。每一项投资都是某种方式的投机。在人类的演化进程中没有什么是稳定的，因而也就没有什么安全可言。

第五节　个案的或然性数值评估

个案的或然性不容许任何数字计算。那些被认为是数字计算的个案在经过更仔细的审视后，会呈现出一种不同的性质。

在1994年美国总统选举前夕，人们可能会说：

1. "我以3∶1的概率赌罗斯福会胜出。"
2. "在全体选民中，我猜将有4500万人参加投票，其中有2500万人会投给罗斯福。"
3. "我估计罗斯福胜出的可能性是9∶1。"
4. "我确定罗斯福将胜出。"

第四种说法显然是不精确的。如果这个陈述者站在证人席上宣誓后被问到，他是否像确定冰块在150℃的高温下会融化那样确定罗斯福将当选，这位仁兄肯定回答"不"，也肯定会修正他的陈述："我个人完全相信罗斯福将当选，那是我的意见，但当然是不确定的，只是我个人对这次选举情况的一个了解。"

第一种说法也是类似的情形。这位仁兄相信，他打这个赌，风险很小。关于3∶1的断言，只是他认为罗斯福将当选和他喜欢赌博这两个因素交互作用的结果。

第二种说法是对即将发生的事件结果的预测。那些数字所指的不是或然性的程度和大小，而是预期的投票结果。这种说法也许是基于像盖洛普民意调查那样的系统性调查，也许只是基于粗略的估计。

第三种说法的情形不一样，这是一个以算数语言表述的关于预期结果的命题。它的意思肯定不是指在10个同类个案中，有9个是有利于罗斯福的，有1个是不利的。它不可能指类的或然性，那它指的是别的意思吗？

其实它是一种隐喻性质的表述。日常谈话中所使用的隐喻大多是把一个抽象的事物在想象中比作另一个能用感官直接捕捉到的事物。然而，这并非隐喻性语言必然会具备的一个特征，而仅仅是一个事实的结果，比起抽象事物，我们通常对具体的事物更熟悉。隐喻的目的无非是借助某个大家比较熟悉的事物去解释另一个大家不太熟悉的事物。所以，隐喻的方式多半是把抽象的事物等同于某个大家比较熟悉的具体事物。在这个例子里，隐喻的特别之处在于借助高等数学的一个分支——或然性的演算，来解释某个复杂的事态。这门数学学科的性质凑巧比对认识论性质的分析更为大家所熟悉。

以逻辑标准来批判隐喻性语言是没有意义的。类比和隐喻总是有缺陷的，在逻辑上总是难以令人满意。一般的做法是寻找潜在的比较基础来代替逻辑批判。但是，对于此刻正在讨论的这个隐喻来说，连这个做法也是不允许的。因为这个隐喻的根据是一个本身在或然性演算的框架里也是错误的概念，即赌徒谬误。断言罗斯福胜出的可能性是9：1，意思是在即将到来的选举中，罗斯福当选就如同中了头奖，其所处的地位就宛如一个拥有彩票箱里90%彩票所有权的人所处的地位。这也意味着，9∶1的比率就我们所关注的那个独特个案的结果提供了一些实质性的信息。无须赘言，这是一个错误的想法。

在自然科学领域中，同样也不容许借助或然性的演算来处理各种假说。各种假说都是自然科学家有意识地根据逻辑上不够充分的论据所提出的试验性质的解释。对于任何假说，我们充其量只能讨论它是否与逻辑原则或者与被实验验证过其真实性的事实相反。任何假说如果与逻辑不一致，它就站不住脚；但如果某个假说与实验验证的事实相反，那么该假说在目前的实验知识状态下还不至于立即被判定站不住脚（个人的信念强度是纯主观的）。不管是频率、或然性，还是历史的了解，都涉及这个问题。

"假说"这个术语，如果用来称呼了解历史事件的特定模式，那就是用词不当。假设有某位历史学家断言，在罗曼诺夫王朝崩溃的事件中，这个王室有德国背景的事实因素产生了一定的影响，那么这并不是他提出的假说，因为他的了解所依据的那些事实是没有争议的。当时的俄罗斯人确实普遍憎恨德国人，而罗曼诺夫家族中继承王位的这一脉一直只和德裔贵族的子孙通婚。因此，许多俄罗斯人乃至那些认为保罗沙皇不是彼得三世之子的人，将罗曼诺夫家族视为已经德国化的家族。但问题是，前述事实在罗曼诺夫王朝被推翻的一连串事件中，究竟产生了多大的影响呢？面对这种问题，除了历史的了解所提供的那些说明，不可能有其他说明。

第六节　打赌、赌博和竞技比赛

打赌是某人冒着输掉钱财或其他东西的风险，在判断某一事件的预期结果上和另一人对抗，而对于该事件会有什么结果，打赌的双方都是基于各自了解到的知识做出的判断。于是，人们可以对某个即将揭晓的选举结果或网球比赛的结果打赌。或者，他们也可以打赌谁的意见是对的，谁的意见是错的。

赌博在某种程度上和打赌是相同的，它也指某人冒着输掉钱财或其他东西的风险，在判断某一事件的结果上和另一人对抗。但是，赌博和打赌的区别是它们所依据的知识不同。在赌博中，赌徒只知道同一类事件整体的结果，而对其他一无所知。

有时候，打赌和赌博是结合在一起的。赛马的结果既取决于人的行为因素，即马的主人、驯马师和骑师等，也取决于非人为因素，即马的品质。那些在赛马场里投注的人大多是赌徒。但是，有些行家自认为，通过了解相关人员的行为，他们在某种程度上可以知道赛马结果。就这些影响其决定的因素而言，他们是在打赌。此外，他们自认为很懂赛马，于是先把不同的赛马分成几类，然后根据他们对同一类赛马整体的知识来预测某一匹马的表现。就此而言，他们都是赌徒。

本书后面几章会论述商人在处理未来的不确定性问题时所使用的方法，而这里还需再做一次观察。

从事竞技比赛（playing games）可能是一个目的，也可能是一个手段。有些人会渴望通过比赛过程中的运气变化获得刺激和兴奋；有些人虚荣心强，可以在比赛中展现个人技巧与精明，从而获得满足感；对这些人来说，比赛是目的。但是，对想要赢得比赛奖金的职业选手来说，比赛只是手段。

所以，参加比赛可以被称作一种行为，但是，这句话不能颠倒过来，不能把每一个行为称作一次比赛，或者像对待比赛那样对待所有行为。参加比赛的直接目的是按照比赛规则击败对手，这是一种特别的行为方式。大多数行为不是以打败什么人为目的，而是旨在改善某种状况。有时候，行为的结果（某种状况的改善）可能牺牲了其他人的一些利益。但是，行为的结果肯定并不总是如此。平心而论，在以分工为基础的社会体系里，正规的经营行为肯定不会损人利己。

竞技比赛和市场中的企业经营之间没有任何可比性。扑克牌玩家凭借的是智取对手而赢钱，商人凭借的是供应顾客想要获得的财货来赚钱。扑克牌玩家的策略和虚张声势者的策略之间也许有相似之处，但我们无须研究这个问题。有些人把企业经营手法解读为诡计哄骗，这就走上了一条错误的思想之路。

竞技比赛的特征是两个或两个以上的选手或队伍之间的对抗。[1]在社会中，即在一个以分工为基础的行为秩序中，企业经营的特征在于社会成员之间众多努力的和谐一致，一旦他们开始相互对抗，社会便会出现解体的趋势。

在市场经济的框架里，竞争不涉及对抗——如果对抗意指不相容的利益之间的敌对冲突。没错，在竞争者心里，市场竞争有时候会引起强烈的怨恨与深深的恶意，这些情绪通常伴随着伤害他人的邪恶意图，所以，心理学家往往会把斗争和市场竞争搞混。因此，行为学必须警惕这种人为的带有误导性的混

---

[1] 单人纸牌游戏（Patience 或 Solitaire）不是一种单人赛局，而是一种避免无聊的消遣手段。正如约翰·冯·诺依曼（John von Neumann）和奥斯卡·摩根斯顿（Oscar Morgenstern）在《博弈与经济行为理论》（*Theory of Games and Economic Behavior*）（普林斯顿，1944 年）第 86 页中所断言的那样，它当然不能代表全面计划经济社会正在发生的事情。

消。从行为学的观点来看，市场竞争和斗争之间存在根本性的差异。竞争者希望在一个互相合作的体系里取得卓越的成就。竞争的作用是让社会体系中的每一个成员都能被分配到一个既适合他又能帮助社会整体和所有成员的位置上。这是为社会体系挑选最能干的人去完成任务的方法。凡是有社会分工合作的地方，就必须使用某种挑选方法。如果只凭独裁者的决定，把什么人分派到什么工作岗位，而相关人等从来也没想到要努力通过自身的美德和能力去寻找或创造最有利于自己的时机，并帮助独裁者做出决定，那么就没有竞争。

有关竞争的作用，将在稍后进一步论述。[1] 这里再强调一点，把互相毁灭的术语应用于社会中相互合作的问题是具有误导性的。军事术语绝不适合用来描述企业运营，例如"征服某个市场"就是一个不恰当的比喻。市场上，某一企业提供比其他竞争者更好或更便宜的产品，这种事实哪有征服的意味？说企业在经营上有什么"策略"，除了哗众取宠，没有别的意义。

第七节　行为学的预测

行为学的知识能够让我们准确预测各种行为模式产生的结果，但是，这种必然确定的预测当然不可能隐含什么和数量有关的信息。在人的行为领域，和数量有关的那些问题只有通过了解才能阐明。

---

[1] 参见第十五章第五节。

正如我们稍后将阐明的,在其他条件不变的情况下,我们能预测 a 产品的需求下降将导致 a 产品的价格下跌。但是,我们不能预测下跌的程度,只能说了解下跌的程度。

尝试以计量分析心态处理经济问题所隐含的根本缺陷就在于它忽视了以下事实:在各种经济属性之间不存在固定不变的关系。各种商品之间的价值估算和交换率的形成既不具有稳定性,也没有连续性。每当新的给定因素出现时,它都将导致整个价格结构的全盘调整。了解就是借由掌握相关人等心里究竟想些什么来解决"如何预测未来情况"的问题。我们可以抱怨,了解的方法不能令人满意,实证主义者也可以傲慢地鄙视它;但是,实证主义者这种任意的判断,不应该,也不能掩盖如下事实:了解是处理未来情况不确定性问题的唯一适当的方法。

第七章　在这个世界里的行为

第一节　边际效用法则

行为也有分类和等级。起初，行为只有序数概念，没有基数概念，但是，行为人据以调整行为的外在世界却是一个有确定数量关系的世界。在这个世界里，因果之间一直存在着数量关系；否则，如果某种东西可以提供无限数量的服务，那这种东西便不是稀缺的，行为人便不可能把它当作手段来考虑。

行为人重视某些事物，是因为这些事物可以作为消除他的不适感的手段。从自然科学的观点来看，能满足行为人需要的各种不同事物看起来非常不一般。然而，在行为人看来，这些事物都差不多。在考虑各种满足状态和达到满足状态的手段对他本人的重要性时，行为人把所有的事物都排成一个序列。他只看到这些事物对改善他本人的满足状态有多大的影响。在行为人的判断中，得自享用食物的满足和得自欣赏艺术品的满足，只有迫切和不迫切的区别。价值判断和行为把所有的需要排成一个序列，把迫切的需求排在前面，把不迫切的需求排在后面。对行为人来说，这世上只存在与其幸福感有不同程度相关性和迫切性的事物，对于其他事物，他视若无睹。

数量和质量是外部世界的范畴，对行为而言，它们仅仅具有间接的重要性和意义。因为每一件事物只能产生有限的效果，所以某些事物才被认为是稀缺的，也才被当作手段。因为不同的事物产生的效果不同，所以行为人才会对不同的事物进行区分。因为相同数量和质量的手段总是倾向于产生相同数量和质量的某种效果，所以行为人在同一种手段的各个部分之间不做区分。但是，这不表示行为人认为，同一种手段当中，各个部分（portion）的价值或重要性是一样的。因为一种手段的每一个部分都分别得到了一个价值判断。在价值排序中，一种手段的每一个部分都有它自己被指定的排序位置。但是，同一种手段的不同部分在价值排序中的位置可以任意互换。

行为人如果不得不在两种或两种以上的不同手段之间做选择，他会将每一个手段看作一个部分，然后将所有部分（所有手段）进行价值排序。这时，他不必为同一种手段的不同部分进行价值排序。

价值判断作为各种手段排序的依据，只反映在行为中，并通过行为完成。某一个排序分配的部分究竟有多少，取决于每一个行为人的独特条件和所处的独特环境。行为不是按某个抽象理论对自然的或超自然的计量单位进行价值判断的，它总是面临选择，总是需要在各个手段及其部分之间做出选择。我们可以把这种选项的最小数量称为一个单位。但是，人们必须提防陷入误解，即误以为这些单位总的价值就是各个单位价值的衍生，或误以为这些单位总的价值是所有单位价值的总和。

假设某人拥有 5 单位商品 a 和 3 单位商品 b。他认为 a 商品各单位的排序是 1、2、4、7 和 8，而 b 商品各单位的排序则是 3、5 和 6。也就是说，如果他必须在 2 单位 a 和 2 单位 b 之间做选择，他将舍去 2 单位 a 而不是 2 单位 b。但是，如果他必须在 3 单位 a 和 2 单位 b 之间做选择，他将舍去 2 单位 b 而不是 3 单位 a。在判断数个单位合起来的价值时，重要且唯一的是，所有单位全体的效用，即利用这一堆东西可增加的幸福，或者舍去这些东西将减损的幸福。这里不涉及算术运算，既不涉及加法运算，也不涉及乘法运算，这里涉及的只是判断，效用的价值取决于它拥有的各个部分、组合或供应。

"效用"在这里的意思是，手段对消除不适有一定的效果。行为人认为，某个事物的作用倾向于增加他的幸福，该作用被称为该事物的效用。对行为学来说，"效用"一词等于一个事物——人们相信该事物能消除不适——被赋予的重要性。我们必须明确区分效用的行为学意义（以早期奥地利经济学派的术语来说，就是主观的使用价值）和效用的技术性意义（以同一学派的术语来说，就是客观的使用价值）。客观意义上的使用价值，是一个事物与其所产生的效果之间的关系。人们提到煤炭时所使用的"热值"或"热力"等术语指的就是客观的使用价值。而主观的使用价值并非总是建立在真实的客观的使用价值之上。有些事物被赋予主观的使用价值，是因为人们误以为该事物能产生某些他们想要的效果；而有些事物能产生人们想要的效果，却未被赋予主观的使用价值，因为人们不知道客观的事实。

让我们回顾一下，在门格尔、杰文斯和瓦尔拉斯精心创立现代价值理论的前夕，主流经济思想究竟如何。任何学者想要建构一个基本的价值和价格理论，都会首先想到效用。的确，假定各种事物的价值都取决于其效用再合理不过了。但是，老一辈经济学家面临一个悬而未决的难题。他们注意到，有些事物的"效用"比较大，可是它的价值却低于"效用"比较小的事物，例如，铁的价值低于黄金。这个事实似乎否定了以效用和使用价值为基础的价值和价格理论。为此，老一辈经济学家不得不抛弃以效用为基础的理论，而试图以其他理论解释价值和市场交换现象。

直到很久之后，经济学家才发现，这个表面上的悖论源于对价值问题的错误表述。决定所有市场交换比率的价值判断与选择不是类似于那种在铁和黄金之间的价值判断与选择。行为人并没有处于一定要在所有的黄金和所有的铁之间做出选择的位置。行为人是在某个特定时间、地点和条件下，在一定量的黄金和一定量的铁之间做选择。他在选择100盎司黄金或100吨铁时所做的决定，与他在一种极端环境下对所有的黄金和所有的铁做选择时的决定毫无关系。对行为人的实际选择有影响的是，他自己觉得100盎司黄金所能直接或间接给他的满足，大于（或小于）100吨铁所能直接或间接给他的满足。他不是在就黄金和铁的"绝对"价值表达某一学理的或哲理的判断，也不是在判断对人类而言，究竟是黄金比较重要还是铁比较重要。他并不像一个著书立说的撰述者那样在长篇阔论地探讨历史哲学或伦理原则，他只不过是在他本人不可兼得的两个都能满足自己的东西之间做出选择。

取和舍，以及取舍所导致的选择与决定并不是在对什么进行衡量。行为不衡量效用或价值，行为是在不可兼得的选项之间做抉择。"总效用"或"总价值"这一类抽象的问题是不存在的。[1]任何逻辑推演和运算程序都不可能根据某一特定数量（或

---

[1] 必须指出，这一章不讨论价格或市场价值的问题，只讨论主观的使用价值。价格是主观使用价值的一个衍生现象。见第十六章。

数目）的事物的价值推导出某一较大或较小数量（或数目）的同种类事物的价值。即使知道某个供应量的每一部分的价值，也没有办法计算出该供应量的总价值；即使知道全部供应量的价值，也没有办法确定该供应量中某一部分的价值。在价值和价值判断领域没有算数运算，也不存在价值计算这回事。两种事物总供应量的价值排序，可能不同于这两种供应量中个别部分的价值排序。一个独自生活的人拥有7头牛和7匹马，他可能认为一匹马的价值高于一头牛的价值，并且在面对必须选择放弃一头牛或放弃一匹马的局面时，宁可舍弃一头牛而不是舍弃一匹马。而同一个人，同一时间，在面对选择放弃所有的马和所有的牛的局面时，却可能选择保有全部的牛，而不是保有全部的马。因此，总效用和总价值的概念是毫无意义的，除非它们被应用在人们必须在几个总供应量之间做选择的场合。究竟是黄金还是铁比较有效用或比较有价值？只有在全人类或遗世独立的一部分人类必须在所有可供利用的黄金和所有可供利用的铁之间做取舍的场合，这个问题才是一个合理的问题。

价值判断指的是具体的选择行为所涉及的那个供应。供应从定义上讲总是由相同的部件组成，每一个部件都能够提供与其他部件相同的使用价值，并且可以被替代。因此，选择哪一部件作为行为对象是无关紧要的。当行为人必须选择是否放弃供应中的一个单位时，该供应中的所有单位都被认为一样有用，一样有价值。如果供应因失去一个单位而变少了，行为人就必须重新决定如何使用剩余的各个单位。显然，单位较少的供应不能提供单位较多的供应所能提供的使用价值。行为人在分配各个单位时，那个在新供应方案中不再出现的供应是他先前分配的单位较多的供应中需求最不迫切的一个单位。他通过使用这个单位的供应所得到的满足是原先单位较多的供应中各个单位给予他的各种满足当中最小的满足。如果行为人必须决定是否放弃全部供应中的一个单位,那么他只需考虑这个单位边际满足的价值。当行为人面对某一同质的供应中一个单位价值大小的问题时,他会根据全部供应的各个单位的使用价值中最不重要的那个来做决定,也就是根据边际效用做决定。

如果某人面临在放弃 1 单位 a 财货和 1 单位 b 财货之间进行抉择,他不会比较 a 的总价值和 b 的总价值,而会比较 a 和 b 的边际价值。他也许认为 a 的总价值高于 b 的总价值,但是,他也可能认为 b 的边际价值高于 a 的边际价值。

同样的推理也适用于行为人借由取得一定数量的额外的供应单位使商品的供应量增加的场合。

要描述这些事实,经济学无须使用心理学的术语;要证明这些事实,经济学也无须诉诸心理学的推理和论据。行为人的选择不是由某个事物整体的使用价值决定的,而是由一些具体需要的使用价值来决定的。不管这些具体的需要被归属于哪一类,事实上它们都没让我们的知识增加,也没把我们的知识追溯到更熟悉或更基础的知识。这种以"需要等级"的概念来讨论价值问题的方式,只有当我们回想起价值悖论在经济思想史上所扮演的角色时才可以理解。过去某些人反对主观价值理论,他们认为,通常面包比丝绸更有价值,因为"营养的需要"比"奢侈品的需要"更重要。门格尔和庞巴维克(Eugen Eohm-Bewerk)为了反驳这种论点,不得不使用"需要的种类"这个概念。[1] 今天看来,"需要等级"的概念完全是多余的。它对行

---

[1] 参见卡尔·门格尔的《经济学原理》(*Grundsätze der Volkswirtschaftslehre*,维也纳,1871 年),第 88 页。庞巴维克《资本和资本利息》(*Kapital und Kapitalzins*)(因斯布鲁克,1909 年,第 3 版),第 237 页。

为没有任何意义，所以，它对价值理论也没有任何意义，此外，它还很容易导致错误和混淆。概念和分类是思想工具，它们只在使用它们的那些理论的脉络中才有意义，才有存在的理由。[1]为了证明这样的分类对价值理论没有任何用处而按照"需要等级"对各种需要进行分类毫无意义。

边际效用法则与边际价值递减定律和戈森（Gossen）的需求定律（戈森定律）完全没有关系。在论述边际效用时，我们既没谈到感官享受，也没谈到欲望和享乐。在确立边际效用的定义时，我们没有超出行为学的推理范围。在某个人给某一供应量相同的各个单位分派的各种用途中，当供应量是 n 个单位时会有供应的用途，但当供应量是 n－1 个单位而其他情况不变时将没有供应的用途，我们称为"最不迫切的用途"或"边际用途"，而衍生自边际用途的效用，我们称为"边际效用"。要获得这个认知，我们不需要什么生理的或心理的经验、知识或推理。它是根据我们的假设必然会得出的结论，我们假设：一是人的行为（或选择）；二是某一同质的供应在第一个场合有 n 个单位，而在第二个场合只有 n－1 个单位。在这些条件下，不会有别的结果。我们的陈述是形式的和先验的，不是建立在任何经验上的。

不兼容的情况有两种。第一种情况是，在促使一个人采取行动的那种不适感和不采取任何行动的那种心理状态（不管这个人是因为已经达到完全满足的状态，还是对于进一步改善他的处境已经无能为力）之间，无法确定是否存在中间阶段。第二种情况是没有中间阶段，只有一个行为，一旦这个行为完成，

---

[1] 在这个世界里，没有种类。其实是我们的心灵把事物分类，以便组织我们的知识。某一将现象分类的模式是否有益于这个组织知识的目的？这个实际效益的问题和逻辑上是否容许该分类模式是的两回事。

便不可能再产生任何行为。这种没有中间阶段的情况与我们的假设显然不相容，因为一般来说，行为之后还有行为，而这种情况不再隐含一般行为概念所预设的那些必要条件。于是，只剩下有中间阶段的情况可以考虑了。但是，在这种情况下，在逐渐趋近不可能再有任何行为的那种状态的过程中，存在着许多不同程度的满足状态。因此，边际效用（递减）法则，就已经隐含在一般行为的概念里了。它只不过是下面这则陈述的另一面：能带来比较多满足的选项的偏好程度大于能带来比较少满足的选项。如果供应从 $n-1$ 个单位增加到 n 个单位，这个增加的单位只可能被用来满足一个比 $n-1$ 个单位可能满足的各种需要中那个最不迫切的需要还要不迫切的需要。

边际效用法则指的不是客观的使用价值，而是主观的使用价值。边际效用法则不涉及各种事物本身有什么物理的或化学的能量，以及一般能产生什么确切效果，它涉及在特定情况下，行为人主观上认为各种事物对他自己当下的幸福有什么影响。它基本上不涉及事物本身的价值，只涉及行为人预期通过各种事物得到的那些效用或满足的价值。

如果我们误以为边际效用法则是关于各种事物的客观使用价值的，那么我们将被迫假设随着可供使用的单位数量的递增，边际效用既可能递增，也可能递减。有时候可能会发生这样的情况：某一最低数量（n 个单位）的 a 财货所能提供的某种满足或服务被认为比 1 单位 b 财货提供的服务更有价值。但是，如果 a 的供应量少于 n，a 就只能用来提供另一种服务，而这种服务的价值被认为小于 1 单位 b 的服务。这时，a 的供应量从 $n-1$ 个单位增至 n 个单位，导致 1 单位的 a 被认为有较高的边际价值。假设盖一栋小木屋需要 100 根木材，这可以让木材的主人在刮风下雨时能够获得比一件雨衣更好的服务。但是，如果他的木材少于30根，就只能用它们搭一张床，使自己免于湿气的侵袭。拥有95根木材的主人，会同意放弃一件雨衣以换取5根木材。拥有10根木材的主人，即使能获得10根木材，也不会放弃雨衣。一个有100元存款的人未必愿意承担某一项工作以获得200元的报酬；但是，如果他已有2000元的储蓄，而且非常迫切想要获得一件价格不少于2100元的财货，那么，他肯定会同意为了100元而完成该工作。这里所举的例子，完全符合边际效用法则。根据该法则，价值取决于预期获得的服务的效用大小。边际效用递增是不存在的。[1]

边际效用法则不可与伯努利（Bernoulli）的风险测量理论混淆，也不可与韦伯－费希纳定律混淆。伯努利的贡献的基础是一些大家熟知且从未被质疑的事实，即人们渴望在满足比较不迫切的需要之前先满足比较迫切的需要，以及富人比穷人更能满足自身的需要。但是，伯努利根据这些自明之理推演出来的结论全都是错误的。他提出了一个数学理论，即满足的增量随着个人总财富的递增而递减。他说，对一个年收入5000个金币的人来说，一个金币的重要性通常不会大于0.5个金币之于一个年收入2500个金币的人的重要性。这种说法纯粹是幻想。不同行为人之间的价值判断其实是没有办法做比较的，任何比较都是武断的。姑且不提这一点，即使是同一个人，对其不同收入的价值判断而言，伯努利的处理方法也同样不恰当。他没有意识到，关于这个问题，我们只能说，随着收入的增加，每一新增收入都会被用来满足一

---

[1] 其实作者只需要说，边际效用法则仅涉及消费者对各种消费财（可直接满足消费需要的财货）的价值判断，不涉及生产财（必须和其他生产财配合，比如和劳动配合才能间接满足消费需要的财货）的价值判断。事实上，说边际效用法则不涉及事物的客观使用价值和译者在这里附注的意思是一样的，不过稍隐晦一些。——译者注

个比收入增加前所有已被满足的需要当中那个最不迫切的需要还要不迫切的需要。他没有意识到，价值判断、选择和行为都是不可测量的，它们之间也没有等价关系，有的只是分级，即取和舍。[1] 因此，不管是伯努利，还是采纳了他的推理模式的数学家和经济学家都不可能成功地解决所谓价值悖论的问题。

韦伯－费希纳的心理物理学定律以及主观价值理论所涉及的一些本质错误曾经被马克斯·韦伯抨击过。没错，马克斯·韦伯对经济学的确不够熟悉，而且他受历史相对论的影响过深，以至于没能正确领悟经济思想的一些基本观念。但是，敏锐的直觉给了他一个正确的提示。他断言，边际效用理论不是"建立在心理学的原理上，而是——如果用一个认识论的术语来说——建立在实用观点上（pragmatically）的，即它是运用目的和手段这些基本的行为学概念建立起来的。"[2]

如果一个人需要服用一定剂量的药物来治病，那么加倍服用药物并不会带来更好的结果。比起服用适当的剂量（最适量），服用过量的药物要么疗效不变，要么会产生不良效果。各种满足也是同样的道理，通常要使用充足的"药量"，才能达到最适当的满足，但是因剂量增加而产生不良结果的那个转折点通常很遥远。之所以如此是因为我们的世界存在因果关系，而且这个因果之间有确定的数量关系。一个人处在室温 2℃ 的房间里时，他会

---

[1] 参见丹尼尔·贝尔努利（Daniel Bernoulli）的《决定幸福的新理论的实验》(*Versuch einer neuen Theorie zur Bestimmung von Glücksfällen*)（莱比锡，1896 年），第 27 页。

[2] 参见马克斯·韦伯的《科学理论集体论文集》(*Gesammelte Aufsätze zur Wissenschaftslehre*)（图宾根，1922 年），第 372 页以及第 149 页。马克斯·韦伯使用 pragmatically 一词当然容易引起混淆。把它用在无关实用主义哲学的场合是不恰当的。如果韦伯事先知道 praxeology（行为学），他可能会以 praxeology 取代 pragmatically。

感到不舒服，这驱使他把房间的温度加热到20℃左右，以消除这种不舒服。他之所以没把房间加热到80℃或100℃，和韦伯－费希纳定律毫无关系，和心理学也没有任何关系。为了解释这件事，心理学唯一能做的就是建立一个终极假设，即人通常偏好于保持生命健康甚于死亡和生病。然而，对行为学来说，最重要的一个事实是，行为人可以在不可兼得的选项之间做抉择。人仿佛站在一个十字路口，必须也的确做了选择，原因（之一）是他活在一个有数量关系的世界里。这不是一个没有数量关系的世界，对人来说，没有数量关系的世界是无法想象的。

人们之所以会把边际效用和韦伯－费希纳定律相混淆，是因为他们只错误地关注了获得满足的手段，却没注意满足本身的问题。如果人们意识到满足本身的问题，那么"以'刺激的强度递增而感觉的强度递减'来解释人们对于温暖的渴望状态"这种荒谬的想法就不会有人采纳。一般人之所以不想把卧室里的温度调高到80℃，与他们对温暖的渴望程度没有任何关系。一个人可能为了省钱买一套衣服而不舍得把室温调到大家都觉得舒适的温度，也可能急于参加贝多芬交响曲的演奏会顾不上调整室温，至于他为什么不把室温调到跟别人不一样，或者为什么他每天调的室温都不一样，这是自然科学无法解释的。可以用自然科学方法予以处理的客观存在是客观的使用价值问题，而行为人对客观使用价值的判断，则是另外一回事。

第二节 报酬律

经济财和它所产生的效果有确定的数量关系。就第一顺位的财货（消费财）而言，这句话的意思是，在一定的期间内或在无穷尽的时间内，a 数量的 A 财货产生了 α 数量的效果。就较高顺位的财货（生产财）而言，这句话的意思是，b 数量的 B 财货产生了 β 数量的效果，前提是 c 数量的互补 C 财货贡献了 γ 数量的效果。只有 β 数量的效果和 γ 数量的效果协调一致才能产生 p 数量的第一顺位的 D 财货，在这种场合下，有三个数量：互补 B 财货产生的数量 b，互补 C 财货产生的数量 c，以及在它们协同作用下产生的 p 数量的 D 财货。

假设 b 保持不变，如果 c 值导致 p／c 取得最大值，那么我们称其为最优值，它也导致 p 的最大值。如果这两种互补财货按最优比例使用，它们的产出都能实现最大化，它们的生产能力和客观使用价值都能被充分利用，没有任何一部分被浪费掉。如果我们偏离这个最佳组合，比如增加 C 财货的数量 c，却没改变 B 财货的数量 b，报酬（指的是 p）通常会进一步增加，但是不会和财货 C 的数量（c）的增加成正比。如果只通过增加一种互补财货，比如只增加 c，即以 cx 取代 c，假设 x＞1，就有可能将报酬从 p 增加到 p_1 的话，那无论如何我们会得到：$p_1＞p$ 和 $p_1 c＜pcx$。如果能以 c 的相应增加来补偿 b 的减少，从而使 p 保持不变，那么，B 财货特有的物质生产能力便是无限的，而 B 财货也就不会被认为是稀缺的，也就不会被视为经济财。对行为人来说，B 财货的供应量是多是少，无关紧要。只要 C 财货的供应量足够大，即使极少量的 B 财货也足够生产任何数量的 D 财货。如果 C 财货的供应量没有增加，那么 B 财货供应量的增加也不可能增加 D 财货的产量。生产过程的全部报酬将归功于 C 财货，B 财货不可能成为一种经济财。生产过程中，这种可提供无限服务的事物就隐含着因果关系的知识。例如，烘制咖啡的配方一旦为我们所知晓，便可以提供无限的服务。不管它被使用了多少次，都无损于它特有的生产能力；它的生产能力是永远不会衰竭的，所以它不是一种经济财。行为人永远不会面临必须在一个已知配方的使用价值和其他有用的事物之间做出取舍的局面。

报酬律说的是在较高顺位的经济财（生产要素）组合中存在一个最优值。如果只增加一种生产要素的投入而偏离最优值，那么实际产出要么完全不增加，要么至少不与投入的要素成等比增加。如上所述，这个定律隐含在如下事实中：任何经济财和它所产生的效果之间都有确定的数量关系，这是经济财之所以为经济财的一个必要条件。

这个报酬律一般被称为"报酬递减律"，它告诉我们，生产中存在最适量的生产要素投入比例（最优值）。而报酬律完全不涉及别的问题，我们只能尝试以经验归纳的方式予以解答。

如果某一互补要素所产生的效果是不可分割的，则该要素的最适量投入便是那个能产生目标结果的要素投入的唯一组合。比如，若要将一匹羊毛布料染成某种颜色，就需要一定量的染料，染料数量过多或不足都达不到要求的目标。如果染料太多，就必须留下一部分染料；如果染料太少，就只能先染一部分的布料。在这个例子中，报酬递减律导致额外数量的生产要素完全无效，事实上，那部分额外数量不能使用，因为它会导致生产计划的失败。

在别的场合，若要产生最低程度的效果，至少需要一定量的要素投入。在最低的效果和最适量的效果之间，有一定数量的要素投入范围。在该范围内，要素量的投入增加，所得效果要么按比例增加，要么以更大的比例增加。比如，若要让一部机器运转起来，至少需要投入一定数量的润滑油。在超过最低数量的润滑油而增加润滑油的投入后，机器的性能究竟是按投入比例提高还是按更高比例提高则是一个只能由技术经验确定的问题。

报酬律回答不了下面这些问题：（1）最适量的生产要素投入是否就是唯一能产生目标效果的那个数量？（2）变动的生产要素投入是否存在某一固定的界线（超出该界线，任何增加都不会产生什么效果）？（3）越来越偏离最适量投入比例所引起的产出数量递减以及越来越接近最适量投入比例所引起的产出数量递增，是否会导致变动的生产要素每单位投入的产出数量成比例或不成比例地递减和递增？所有这些问题，都必须由经验来判断。但报酬律本身，即必然存在一个最适量的投入组合，却是先验有效的。

马尔萨斯的人口定律以及从该定律衍生出来的一些概念，比如"绝对的人口过剩""绝对的人口不足"和"最适人口"等都是报酬律在这类特殊问题上的应用。人口定律和相关概念是在其他生产要素维持不变的条件下，处理劳动力供应变动问题。有些人出于政治考虑想要拒绝马尔萨斯的人口定律，于是激情澎湃地以一些错误的论据抨击报酬律——顺便说一下，他们认为报酬律只与在土地上使用资本和劳动的报酬递减律有关。现在我们不必再理会这些无聊的评论。报酬律的适用范围并不仅限于在土地上使用互补生产要素。试图用历史的和实验的农业生产研究来驳斥或证明报酬律的有效性既毫无必要，也徒劳无功。凡是想要拒绝报酬律的人都不得不解释，人们为什么愿意花钱买土地。如果报酬律是无效的，那农夫绝不会考虑扩大农场面积，而会改以增加资本和劳动投入的方式，无限量地增加每一块土地的产出。

人们曾认为，虽然报酬递减律在农业生产领域说得通，但在加工工业领域盛行的却是报酬递增律。经过很长一段时间，他们才领悟到，报酬律同样适用于所有生产部门。说农业适用报酬律而加工工业不适用，是不对的。所谓报酬递增律——一个非常不恰当，甚至引人误解的术语——只不过是报酬递减律的反面，是报酬律的一个不恰当的表述方式。如果在其他要素投入量保持不变的情况下，以逐步增加某一要素投入量来趋近最适量，这时每单位变动要素投入的产出量也许会按同一比例增加，也许会以更大的比例增加。比如一部机器被2个工人操作时，产出是p；被3个工人操作时，产出是3p；被4个工人操作时，产出是6p；被5个工人操作时，产出是7p；而被6个工人操作时，产出也不超过7p。由上可知，在使用4个工人时每个工人可以获得最适量报酬，即6/4p，而在其他组合下，每个工人的产出分别是1/2p、p、7/5p和7/6p。如果使用3个或4个工人，则报酬的增加幅度相对而言大于工人数量的增加幅度。此时的报酬不是按2∶3∶4的比例增加，而是按1∶3∶6的比例增加，这时工人的人均收入不断增加。但这只不过是报酬递减律的反面罢了。

如果某家工厂或某家企业偏离最适量的要素投入组合，那么和稍微偏离最适量组合的工厂或企业相比，这家工厂或企业就是效率较低。不管是在农业领域，还是在工业领域，许多生产要素都不能完全分割。遇到这种情形，大多数管理者会扩大工厂或企业的规模，而不是缩小规模，因为这样比较容易达到最适量的组合，尤其是加工工业。如果某种或某几种生产要素的最小单位数量实在太大，不能在中小型工厂或企业里得到最合适的利用，那么，扩大整个工厂或企业的规模便成了唯一能达到最适量组合的方式。这些事实也造就了大规模生产的优势地位。这个问题的重要性，将在下面讨论成本会计时予以说明。

第三节　人的劳动是手段

人的生理功能与生命表征如果被当作手段使用，就被称为劳动。关于人体潜在能量与生命机能的展现，如果只是能量的自发释放与机能的单纯运转，或只是在人的维生系统中发挥生理作用，而没被人用作手段以达成某些外在目的，那么就不是劳动，而只是生命。人在工作时，把自己的各种力量与能力作为手段，消除他的不适感；也就是说，他是有目的地利用自己的生命力而不是自发地释放。劳动本身是一种手段，不是目的。

每一个人的精力是有限的，而每一个单位的劳动也只能产生有限的效果。如果不是这样，人的劳动供应将是充裕的，而不是稀缺的，也不会被视为消除不适感的手段，更不会被当作手段而节约利用。

假设有这样一个世界：在那里，劳动之所以作为一种手段被节约利用完全是因为可供使用的劳动数量不足以达成目标。而可供使用的劳动数量将等于所有人加起来能支配的全部劳动数量。在这样一个世界里，每一个人都迫不及待地工作，直到完全耗尽最后一点工作能量。在这个世界里，除了恢复被工作所耗费的能量所需的时间，人的所有时间都完全奉献给了工作。人的全部工作能量，凡是没用于工作的部分都将被视为损失。每个人借由更多的工作增加自己的幸福。如果可供利用的工作潜能有一部分没被利用，那么它将被看成幸福的净损，因为没有任何对应的幸福作为补偿。人们没有偷懒的念头，没有人会想"我还能用这段时间做这个，做那个""都不值得做""都不划算""我喜欢享受闲暇"。每个人都会把自己的全部工作能力看作生产要素的供给，而他又急于充分利用这些生产要素。除非当时的情况所涉及的劳动量不能换来足够的幸福，否则，哪怕只能增加一丝幸福，也会被认为是充分激励人们工作的理由。

然而，在实际世界里，情况却不一样。行为人认为付出劳动是一件痛苦的事，不工作是比工作更令人满意的状态。如果其他情况保持不变，比起辛勤工作，人们会更偏好闲暇。人们只有在觉得劳动报酬的价值高于减少闲暇所带来的满足感下降时，才会去工作，因为工作会产生负效用。

心理学和生理学试图解释，为什么工作会产生负效用。行为学无须追究其他学科对这个问题的研究能否成功。人们渴望享受闲暇，所以他们在看待自身可以产生某些效果的能量时所怀有的情感不同于看待其他物质类要素的生产能量时所怀有的情感。对行为学来说，这个事实是无须进一步分析的终极给定。每个人在考虑劳动付出时，不仅会研究有没有别的更值得追求的目标，也会研究不付出任何劳动是否更为有利。我们可以把这一事实表述为，人们可以把闲暇视为一个有意的行为目的，或者说闲暇是第一顺位的经济财（消费财），因而在使用"闲暇"这个有些微妙的术语时，我们必须从边际效用的角度将闲暇和其他消费财等量齐观。我们必须说，第一单位的闲暇满足了一个比第二单位的闲暇所满足的更为迫切的欲望，而第二单位的闲暇又满足了一个比第三单位闲暇更为迫切的欲望，以此类推。把这个命题反过来说就是，当付出的劳动量增加时，工作者会觉得劳动负效用以相对更高的比例增加。

然而，当付出的劳动量增加时，劳动的负效用是按同一比例增加还是按更高比例增加，行为学并不关心（对生理学和心理学来说，这个问题是否重要以及这类学科能否予以阐明，有待商榷）。当行为人不再认为继续工作的效用足以补偿额外劳动付出的负效用时，他就会停止工作。在形成这个判断时，如果不考虑疲乏所导致的产量递减的话，他就会把后续每单位工作时间的产出和先前每单位工作时间的产出进行比较。但是，随着付出的劳动和产品总量的递增，每单位产品的效用相应递减，即先前每单位工作时间生产的产品所满足的需要比后续工作所满足的需要更为重要。行为人认为，满足后面这些不再迫切的需要，不是继续做更多工作的充分诱因，尽管满足该需要仅需生产相同数量的实物产品。

所以，就行为学来说，劳动负效用的增加是否和劳动总量的增加成正比，或者劳动负效用增加的幅度是否大于工作时间增加的幅度，都是无关紧要的问题。无论如何，当其他情况相同，并且行为人已经发挥的工作潜能越来越多时，他再使用剩余潜能完成后续工作的意愿就会变得越来越低。工作意愿下降的速度是否递增或递减，始终是一个经济数据问题，而不涉及一般行为的原则问题。

劳动的负效用解释了为什么在人类历史中，随着科技进步和越来越丰富的资本供应，劳动生产力会逐渐提高，而工作时间却逐渐缩短。和尚未开化的祖先相比，现代文明下的人们享有更多福利，而这些福利中有一项就是闲暇。就这个意义而言，我们也能回答哲学家和慈善家常常提出的一个问题：经济进步是否能让人们更幸福？与现在资本主义世界里的劳动生产力相比，过去的劳动生产力较低，人们要么被迫工作更长的时间，要么放弃更多的福利。在明确这个事实的时候，经济学家并没有说，达到幸福的唯一手段是拥有更多的物质享受、生活更奢华或享有更多的闲暇，而只是承认现在人们可以更好地满足自己的需要。

人们偏好能使自己获得更多满足的事物，而不是那些使自己获得较少满足的事物，人们根据事物的边际效用来判断事物的价值。这些基本的行为学认知并不会因为在此处新增了一个关于劳动负效用的陈述而需要更正或补充。这些基本的行为学认知隐含如下陈述：只有在劳动收获比闲暇享受更迫切时，人们对劳动的偏好才会甚于闲暇。

劳动这种生产要素在我们的世界占据特殊地位是由于它的非特异性。自然赋予的所有初级生产要素，即所有可以被人用来增加幸福的那些自然事物和力量都具有特殊的能力和优点。其中有些适合用来达成某种目的，有些不太适合用来达成某种目的，还有一些完全不适合用来达成某种目的。但是，对于所有能想象到的生产过程和生产模式来说，人的劳动不仅合适也不可或缺。

当然，人的劳动的真实意义是不能一概而论的。忽略每个人和每个人的工作能力都是彼此不同的，这是一个根本性的错误。某个人能完成的工作，对某些目的比较合适，但对其他目的可能不太合适或者完全不合适。古典经济学的一个不足之处就在于不够重视上述事实。古典经济学学者在建构古典价值、价格和工资理论时，没考虑到这个事实。人们节约利用的对象不是一般劳动，而是一些特定种类的劳动。工资不是按付出多少劳动支付的，而是按劳动成果支付的，劳动成果在数量和质量上是千差万别的。生产每一种特定产品，都需要雇用能完成特定种类劳动的工人。有些古典经济学学者没有考虑到这个事实，有些人还荒谬地提出所谓"事实"的辩解。他们说，事实上，劳动的需求和供给，主要是关于每个健康的人都能执行的那种非技术性的普通劳动，至于技术性的劳动，则只有那些具备先天才能和经过特殊训练的人才能执行，总的来说它就是一种例外。此处无须研究在遥远的过去或原始部落社会里，人们先天的工作能力与后天学习而获得的工作能力不相等是不是节约利用劳动的主要考虑因素。在论述文明人的情况时，不能忽视人们完成的劳动质量是有差别的。不同的人完成的工作质量不同，不仅因为他们天生的能力不同，还因为每个人学得的技巧和经验不同。

我们在讲到人的劳动的非特殊性时，当然不是说所有人的劳动都具有相同的性质。我们想要确认的事实是，生产不同商品所需的劳动种类，其差异程度大于人们天生的能量差异（在强调这一点时，我们不是在论述天才的创造性表现。天才的工作不属于普通人的行为范畴，而更像是命运女神一夜之间所赐予人类的礼物。再者，我们在这里也不考虑制度性的职业障碍，这些障碍会阻止某些群体进入某些行业或得到进入这些行业所需的训练机会）。不同个体之间天生的差异并没有抹杀人类在生物学意义上的同一性，以至于可以将劳动供给切割成无数个毫无关联的部分。因此，每一种特定工作的潜在劳动供给都超过了对这种劳动的实际需求。每一种专门的劳动供给，都可以从别的生产部门挪过一部分工人并对他们进行训练而获得。没有哪一个生产部门的劳动力需求会永远受限于执行特殊工作的人员的稀缺。只有在短期内才可能出现专家稀缺的情况，长期而言，只要找来一些具备某种先天能力的人，并对其加以适当训练，便可以解决专家稀缺的问题。

劳动力在所有初级生产要素中是最稀缺的，因为劳动在某种意义上是非特殊性的，而且每一种产品的生产都需要花费劳动。因此，就别的初级生产要素——自然界所提供的那些非人力生产要素——而言，从行为人的角度来看，所谓稀缺指的就是那些只需要花费最少量的劳动便可开发和利用的初级物质生产要素的稀缺。[1]为了满足人的各种需要，自然界的每一种生产要素都会被开发利用，至于开发利用到什么程度则取决于可供使用的劳动供给的多少。

如果人们能够且愿意花费的劳动供给增加了，那么生产也会增加。劳动不可能因为无法满足进一步提高的劳动需求而闲置不用。遗世独立和自给自足的人，总是有机会以付出更多劳动的方式来改善自己的处境。在市场社会（market society）的劳动力市场中，每一种劳动力总是有对应的买主的。劳动供给充裕或过剩的现象只可能发生在劳动力市场的某些部门，这种现象会导致劳动力被推向别的部门，也导致别的部门的产能扩张。与此相对，在其他情况不变的前提下，只有当新增的土地比耕作中的边际土地更肥沃时，增加可供使用的土地数量才可能导致产量的增加。[2]对于可能用于未来生产而累积起来的各种资本财而言，上述关于土地的陈述同样有效。各种资本财是否值得利用也得视可供使用的劳动供给情况而定，因为如果所需的劳动可以用来满足更迫切的需求，那么提高现有设备的生产能力将是一种浪费。

互补的生产要素可以利用的限度取决于那个最稀缺的要素供应量所容许的大小。且让我们假设，生产1个p必须使用7个a和3个b，而且a和b都不能用来生产p以外的任何东西。如果有49个a和2000个b可供使用，那么生产的p不会超过7个，因为a的供应量决定了b的可利用程度。在这个例子中，只有a被视为经济财，人们只愿意给a支付价格，p的全部价格

---

[1] 当然，有些自然资源非常稀缺是因为它们已被完全开发利用尽了。
[2] 在劳动力可以自由选择的条件下，如果新开垦的土地不能肥沃到足以补偿开垦成本的话，开垦荒地将是一种浪费。

只考虑 7 个 a 的价格。b 不是经济财，它没有任何价格可言，而且还会剩下许多 b。

我们可以想象这样的情形：在某个世界里，所有物质生产要素都已经被充分利用了，没有机会雇用所有人或按照人们愿意工作的程度雇用所有人。在这样的世界里，劳动力是富余的，而劳动力供给的增加不会给总产量带来任何增加。如果我们假设，所有人都有同样的工作能量和热忱，同时进一步忽略劳动的负效用，那么劳动力在这个世界里不是经济财。而如果这个世界是一个计划经济国家，那么人口的增加将会被视为不参与劳动的消费者人数的增加。[1] 如果这个世界是一个市场社会，那么劳动者的工资所得将不足以填饱他们的肚子。不管工资多么低，即使低到不足以维持他们的生命，寻找就业机会的人也愿意去工作，哪怕工作只会把他们饿死的时间稍微延后一会儿，他们也乐意接受。

这里无须细究这个假设所隐含的种种悖论，也无须讨论这个世界的种种问题，毕竟我们的世界和它不一样。在我们的世界里，劳动力的稀缺更甚于物质生产要素。此刻，我们不是在讨论最优人口问题，而只是在讨论眼前的这个事实：有一些物质生产要素还没被充分利用，因为所需的劳动力被用于满足比较迫切的其他需求。在我们的世界里，劳动力不是富余的，而是短缺的，还有一些物质生产要素没被利用，如土地、矿藏，甚至是工厂和设备等。

这种情况可能会因为人口的大量增加而改变，到那时，生产粮食的物质生产要素都被充分利用了——严格来说，粮食是

---

[1] 原文：If this world were a socialist commonwealth, an increase in population figures would be deemed an increase in the number of idle consumers.

维持人类生命不可或缺的。但是，只要人口没有增加，劳动力相对短缺的情况就不可能因生产技术方法的任何改善而改变。以效率更高的生产方法取代效率较低的生产方法，并不会使劳动力变得充裕，只要还有物质生产要素可供利用，便可以利用物质生产要素来增加人类的幸福。而生产技术的进步会增加产出，各种消费品的供应量也因此而增加。各种"节约劳动力"的生产方法（如机器设备）只会增加供给，不会导致"技术性失业"。

每一个单位的产品都是同时使用劳动力和物质生产要素的结果。人不仅可以节约利用各种劳动，也可以节约利用各种物质生产要素。

直接满足的劳动和间接满足的劳动

劳动通常只能间接满足劳动者，也就是经由劳动产出的成果来消除劳动者的不适感。劳动者在放弃闲暇的同时忍受劳动的负效用，以便享受劳动成果，或者享受别人为了换得该劳动成果而愿意交给劳动者的东西。对劳动者来说，劳动是为了达到某些目的的手段，是他付出的代价和成本。

但有些事例显示，劳动的付出可以直接满足劳动者，即劳动者通过付出劳动的过程直接获得满足。这时，劳动的收获是双重的，它包含劳动所获得的产品以及劳动本身给予劳动者的满足。

有些人曾经错误地解读过这个事实，甚至根据错误的解读提出一些异想天开的社会改革计划。计划经济的一个主要观点便是：劳动只有在资本主义生产体系里才有负效用，而在计划经济体制下，劳动将是纯粹的喜悦。我们可以忽略可怜的疯子傅立叶所提出的那些奇思怪想。但是，"科学"计划经济在这一点上和那些乌托邦主义者并无不同。卡尔·考茨基（Karl Kautsky）曾明确宣称，计划经济制度的一个主要任务就是把劳动从一种痛苦改造成一种快乐。[1]

　　有些活动可以带来直接满足，因此是快乐和喜悦的直接来源，但是，这些活动本质上不同于劳动和工作，这个事实经常被忽视。若只对相关事实做出非常肤浅的观察，便看不出其本质上的差异。假日在公园的小湖上划船是一种娱乐，只有从流体力学的观点出发，才能把你划桨的动作和船夫或古战舰船奴的划桨动作相提并论。如果把划船当作达到某些目的的一个手段，那么，它和真正的手段的差别就好比一个散步的人边走边哼着一曲咏叹调和一个演唱家在歌剧表演里吟诵同一曲咏叹调的差别。那个在假日里无忧无虑划船的人和那个哼着小曲儿散步的人，直接从自己的活动中获得满足，但没有获得任何间接满足。所以，他们的活动不是劳动，他们并不是在使用各自的一些生理功能以达到某些目的，而纯粹是娱乐。这种活动本身就是目的，人们为了该活动本身而活动，而该活动也没有让活动者享有任何额外的好处。因为该活动不是劳动，所以不能称其为直接满足的劳动。[2]

　　有时候，一些肤浅的观察者可能会认为，别人的劳动能获得直接满足，所以他自己也想从事某种模仿该劳动的游戏。正如有些孩童喜欢模仿上课、当兵和开火车的游戏一般，某些成

---

[1]　卡尔·考茨基的《社会革命》(*Die soziale Revolution*)（柏林，1911年，第3版），第二卷，第16页。

[2]　像专业赛艇运动员一样练习划船（非专业赛艇运动员的行为）和像歌唱家一样练习唱歌（业余歌手的行为），都属于内向型的劳动。见第二十一章第一节。

年人也会想玩各种各样的游戏。有些成年人以为，火车司机必定很享受操纵和驾驭火车的乐趣，如果这些成年人也被允许开火车，他们也会很享受。一个匆忙赶路去办公室的会计员可能很羡慕巡逻警察，因为会计员认为，警察只要在辖区内到处闲晃、散步，便有薪水可领。但是，这个警察却可能羡慕那个会计员：他待在温暖的房间里，坐在舒服的椅子上，随意写写画画，这种写写画画严格来说不能被称作劳动，但却可以赚钱。其实这些人都错误地解读了别人的劳动，以为别人的劳动只不过是闲暇活动。我们无须理会这些人的意见。

然而，确实有一些事例显示，直接满足的劳动是真实存在的。在特殊情况下，某些种类的少量劳动可以提供直接的满足。但是，能提供直接满足的劳动数量是如此之少，以至于它们在复杂的人类活动中以及以满足需要为目的生产体系中，完全没有什么作用。劳动负效用现象是我们这个世界的一个特征。人们用导致负效用的劳动交换劳动产品。对他们来说，劳动是获得间接满足的一个来源。

如果一种特殊的劳动只产生快乐而非痛苦，只产生直接的满足而非劳动的负效用，那么付出这种劳动便不会被支付工资。相反，付出这种劳动的人，也就是工人，必须购买快乐，他必须为该劳动支付价格。从过去到现在，对许多人来说，打猎通常是一种产生负效用的劳动，但对有些人来说，打猎纯粹是一种娱乐行为。在欧洲，业余猎人向猎场主人购买权利，以获得射杀一定数目和一定种类的猎物的机会。这种权利的价格和捕获的猎物的价格，是分开计算的。所以，一头在陡峭岩石上漫游的公岩羚羊的现金价值，高于它被射杀后，猎人售卖它的肉、皮和角时的现金价值。当然猎人射杀它时也必须花费很多力气攀岩，还需要耗费一些打猎的材料。可以说，让猎人享受射杀的快乐是一头活着的公岩羚羊可以提供的服务之一。

创造性天才

在成千上万的拓荒者中，一些有创造性的先驱者用自己的思想和行为为人类文明的进步披荆斩棘，开辟出新的道路。对创造性天才[1]而言，生命的真谛就是创造，而且生命的意义就在于创造。

这些非凡人物的活动不能被完全纳入行为学的"劳动"的概念之中。这些活动不是行为学意义上的劳动，因为对天才来说，劳动不是手段而是目的。天才活在创造和发明之中，对他来说，没有闲暇，只有暂时的不成功和遇到挫折时的短暂停顿。激发他行动的诱因不是获得成果的欲望，而是产生成果的行动。行动的成果既没有间接满足他，也没有直接满足他。他之所以不能获得直接满足，是因为他的同胞对该成果要么视若无睹，要么报以嘲讽、讥笑和迫害。有很多天才原本可以利用自己的天赋，让自己生活得惬意、快乐，但他们甚至没有考虑过这种可能性，而是毫不犹豫地选择了布满荆棘的创造之路。天才总想完成某个他自认为是上天赋予他的使命，即使他明知这会给他带来不幸。

另外，天才也没有从他自己的创造性活动中直接获得满足。对他来说，创造性活动就是一种痛苦和折磨，是一种对内在和外在障碍的反抗，且永无休止，仿佛要碾碎并吞噬掉他。奥地

---

[1] 领袖不是创造性的先驱。领袖引导人们走在创造性先驱已经开辟出来的道路上。创造性先驱开辟了一条此前无人走过的路，他很可能也不在乎是否有人想要走这一条新路。领袖指导人们实现创造性先驱想要达到的目标。

利诗人格里尔帕策（Grillparzer）在一篇动人的诗作《别了，加施泰因》(*Farewell to Gastein*)[1]中曾经描述过这种情况。可以这样认为，格里尔帕策在创作这篇诗作的时候，不仅想到了自己经历过的各种悲痛和苦难，也想到了另一个更伟大的人物——贝多芬，所遭遇到的更大的困苦和折磨。格里尔帕策觉得贝多芬的命运跟他的命运很像，出于衷心的喜爱和带有同理心的欣赏，他比任何同辈都更了解贝多芬。尼采把自己比作火焰，永不餍足地消耗和毁灭自己。[2]尼采的这种痛苦和一般人认为的隐含在工作与劳动，生产与成功，以及养家糊口与享受人生等概念里的那些痛苦没有任何共同点。

　　天才创作者的成就包括他的思想和理论，他的诗篇、画作和文章，这些都不能被归类为行为学意义上的劳动产品。它们不是那种可以生产生活便利品的劳动力生产出来的产品，哲学、艺术或文学名著不是"生产"出来的。思想家、诗人和艺术家有时候不适合完成别的工作，他们投入创造性活动的时间和辛劳，也不会有别的目的。有时候，一个天才原本有能力创造前所未有的成就，但环境注定了他将一事无成，他除了饿死或拼尽全力苟活，别无选择。反之，如果天才成功地实现了他的目标，除了他自己，别人无须支付他曾经付出的"成本"。歌德的天赋也许会因为在魏玛宫廷里任职而受到束缚，但如果他没有创作戏剧、诗篇和小说，那么他在内阁大臣、戏院经理和矿坑

---

[1]　目前似乎没有这首诗的英文翻译。参见道格拉斯·叶茨（Douglas Yates）的《弗朗茨-格里尔帕泽评传》(*Franz Grillparzer, a critical Biography*)（牛津，1946年）第一卷，第57页，对这首诗的内容进行了简短的概括性介绍。

[2]　尼采这首诗的译文见 M.A. 米格（M. A. Mügge）的《弗里德里希·尼采》(*Friedrich Nietzsche*，纽约，1911年），第275页。

管理员等职位上肯定也不会有什么成就。

再者,天才创造的作品也不可能被别人的作品所取代。如果但丁和贝多芬不曾来到这世上,没有谁能指派其他人承担创作《神曲》和《第九交响曲》的任务,并把它们创作出来。不管是社会还是个人都不可能真正培养出天才或推动实施培养天才的工作。在这方面,再强烈的需求和再专横的政府命令也都是无效的。天才不是生产制造出来的,人们没办法通过调整或改善自然环境和社会环境,以产生天才的培养者和天才。以优生学的手段培养天才和以学校教育训练天才或组织天才活动都是不可能成功的。但是,人们却能把社会以这样或那样的方式组织起来,直到没有任何空间留给创造性先驱和创造性活动为止。

对行为学来说,天才的创造性成就是最终给定的事实,它宛如命运女神赐予的免费礼物横空出现在历史长河之中,它绝不是经济学所谓"生产"的成果。

第四节 生 产

行为如果成功了的话,就会实现它所追求的目标,即生产出了产品。

生产不是什么创造性行为,它产生的不是原本不存在的事物。它只是对一些给定元素进行排列组合,使之发生改变。生产者不是创造者。人,只有在思想领域中才能有所创造,在外在世界中,他只是一个改造者。他所能做的,只是按照自然法则把各种可供利用的手段以各种方式组合起来,从而达到他所希望的结果。

过去人们通常会把有形财货的生产和个人服务的提供进行区分。他们称制作桌椅的木匠的劳动为生产性劳动，但拒绝将这个名称给予治疗该木匠的医生，尽管医生的诊疗建议治好了木匠的病，使木匠能重新制作桌椅。人们当时认为，医生与木匠之间的关系同木匠与裁缝之间的关系是两种不同的关系。他们认为，医生本人什么也没生产，他靠别人生产出来的东西过活，他依赖木匠和裁缝维持生活。在更早的时候，法国的重农学派主张所有的劳动都是没有效果的，除非它能从土地中获得劳动。各种加工工业为各种材料所增加的价值完全比不上加工业工人的生活所消费掉的财货的价值。

今天的经济学家嘲笑前辈们做出了这些站不住脚的区分，然而，他们更应该自我反省，因为他们自己闹出了更大的笑话。许多现代经济学家也对一些问题的论述重蹈覆辙，例如，他们对广告和市场营销成本的看法显然陷入了早该消失的原始错误中。

另一个相当普遍的观点认为，对劳动的利用和对物质生产要素的利用有所不同。有人断言，大自然赐予我们的各项礼物不计代价，但是，劳动必须付出代价，人必须忍受劳动的负效用。人辛苦工作和克服劳动的负效用，给宇宙增添了一些原本不存在的东西，就这个意义而言，劳动是富于创造性的，这种论点也是错误的。在宇宙中，人的工作能量就像土地和动物身上各种原始的和固有的能量那样是给定的。劳动能保留一部分潜能没有被利用的事实，也不能用来区分劳动力和非人力生产要素，因为后者也一样可以不被利用。人们之所以愿意克服劳动的负效用，是因为他们偏好劳动的产出甚于闲暇所能提供的满足。

只有能指导行动和生产的大脑才是具备创造性的。大脑也属于宇宙的一部分，是这既存世界的一部分。说大脑有创造性不等于形而上学的猜想。我们之所以说大脑是有创造性的，是因为当我们一步步追溯人的行为所引发的各种变化背后的原因，并到达人的理智介入人的各种活动的那一点时，我们便不知道如何再继续追溯其背后的原因了。生产不是什么物质的、自然的或外在的现象，它是一种精神的、思维的现象。它的必要条件不是人的劳动和外在的自然力量与物质，而是大脑决定把这些要素当作手段以达到某些目的。生产出产品的不是辛苦和困难本身，而是辛苦工作的人接受理性指导这个事实。只有大脑才有消除不适感的能力。

唯物主义完全误解了这些事情。"生产力"根本不是物质的。生产是精神的、思维的和意识形态的现象，它是人接受理性指导，为了在最大程度内消除不适感所采用的一种方法。把我们现在的处境和一千年前或两万年前我们的祖先的处境区别开来的，不是什么物质方面的差别，而是精神方面的差别。物质层面的改变是精神层面改变的结果。

生产是按照理性的设计对给定的事物进行改造。这些设计——配方、公式、意识形态——是主要的事物，它们把原始要素——人力的和非人力的——转变成手段。人凭借理智进行生产，他选择一些目的并使用一些手段，企图达到这些目的。有些经济学观点认为，经济学研究人的物质生活状况，这是完全错误的。人的行为是人心的展现，从这个意义上来说，行为学可以被称为一门道德科学（Geisteswissenschaft）。

当然，我们不知道智慧是什么，就好像我们不知道运动、生命和电流是什么一样。"智慧"不过是一个词，被我们用来表示一种未知的因素。这种因素使人们取得一定的成就，包括理论和诗篇，大教堂和交响乐，汽车和飞机。

HUMAN ACTION

第二篇　在社会框架内的行为

第八章　人的社会

第一节　人的合作

　　社会是协调的行为，社会就是合作。社会是有意识、有目的的行为的结果。这并不是说，人们订立了契约，而后根据契约建立了社会。产生社会合作以及使社会合作日新月异的那些行为所追求的目标，只不过是借着彼此的合作与互助，达到各自预定的目标，这种由协调的行为所产生的相互关系及其所形成的复杂关系网，就是社会。社会以协同合作取代了个体的孤立。社会是劳动的分工与联合。人，以行为动物的身份，变成社会动物。

　　个人在有社会组织的环境中出生和成长。单就这个意义来说，我们可以接受社会在逻辑上或历史上先于个人而存在的说法。但是，脱离了这层意思，这句话就是空洞而荒谬的。个人在社会中生活和行动，社会不过是一些努力合作的人的行为的联合。社会不在别的地方，它只存在于个人的行为中。不要妄想在个人的行为之外寻找社会。说社会是独立自主的存在，说它有生命、有灵魂以及能采取行动，都是一种比喻，很容易导致错误的联想。

究竟应该把社会还是个人视为最终目的？社会利益究竟该放在个人利益之后还是之前？这些都是没有实际意义的无聊问题。行为总是个人的行为。行为中所谓社会元素或社会共同元素是指人的行为中所显现出来的一种态度。"目的"这个一般概念只在人的行为领域才有意义。神学和历史虚无主义可以按照它们的方式讨论社会的目的，以及上帝想要实现什么关于社会的企图，就像它们也讨论这个被创造出来的宇宙中所有的事物有些什么目的那样。但就科学与理智不可分割的性质而言，科学显然不是一个适合处理这类问题的工具。如果科学对这些问题进行推测，其结果肯定是令人绝望的。

在社会合作的框架里，社会成员之间可能会产生同情心、友情，甚至共同的归属感。这些感觉是人类最愉悦、最高尚的经验来源，也是人类最珍贵的装饰，它们把人类这个物种提升到真正的人的存在。然而，它们不像有些人曾宣称的那样，是导致各种社会关系的动因。它们是社会合作的结果，而且只在社会合作的框架内茁壮成长。它们不是在各种社会关系建立以前就存在的，它们不是让各种社会关系萌芽的种子。

带来合作、社会和文明，以及把动物性的人改造成社会性的人存在的，是下面这两个根本事实：其一，分工下的劳动比独自劳动的生产力高；其二，人的理性能够认识到这个真理。如果这两个事实不存在，那么人们彼此之间将永远都是死敌，会为争取自然界中的一部分稀缺的物资供应而成为关系不可调和的竞争对手。每个人都不得不把其他人看成是自己的敌人，他对满足自己诸多欲望的渴望将导致他和他的同胞产生不可调解的冲突，在这种情况下，不可能发展出什么同情心或友情。

有些社会学家曾声称，原始的、基本的主观事实是某种"同类意识"。[1]其他一些社会学家则声称，如果没有"共同体或共同的归属感"，就不会有社会体系。[2]只要这些有点模糊和含混的名词得到正确解读，人们都会认可它们。我们可以把同类意识、共同体或共同的归属感视为对下面这个事实的承认：在人类为生存而奋斗的过程中，所有人都是潜在的合作者，因为他们都能认识到合作对彼此的好处，而动物则欠缺这种认知能力。然而，我们不可忘记，产生这种意识或这种感觉的基本条件是前面提到的那两个事实。假设在一个世界中，分工不会提高劳动生产力，那么这个世界将不会有社会，也不会有善意的情感。

分工原则是决定宇宙生成和演化的伟大的基本原则之一。生物学家们的做法是正确的，他们从社会哲学中借用了分工的概念，把它应用到生物学研究领域中。任何有机体的各个部分之间都有分工。再者，世上存在着一些由协调合作的动物个体组成的有机统一体，通常来说，我们称蚂蚁群和蜜蜂群这种聚集体为"动物社会"。但千万不要忘记，人类社会的特征是有意识的合作，社会是人的行为的结果，即社会是人们有意识地达到某些目的的结果。据我们所知，在导致动植物体内出现结构功能体系的那些过程中，不存在这种意识因素，在导致蚂蚁群、

---

[1] F.H.吉丁斯（F. H. Giddings），《社会学原理》（*The Principles of Sociology*）（纽约，1926年），第17页。

[2] R.M.麦基弗（R. M. MacIver），《社会》（Society）（纽约，1937年），第6—7页。

蜜蜂群和马蜂群出现类似社会运作秩序的那些过程中也不存在这种意识因素。人类社会是一个与理性相关的精神现象，它是人们有目的地利用决定宇宙生成的普遍法则，即利用能带来较高生产力的分工原则所产生的结果。就像每一个行动的真实案例那样，人们运用自己对自然法则的认识，通过自己的努力改善自己的处境。

第二节　对整体的、形而上学的社会观的批判

按照全体主义、概念实在论、整体主义、集体主义和格式塔心理学等一些代表性人物的说法，社会是一个实体，有它自己的生命，它有别于也独立于诸多不同的个体生命，它为自己的利益运行，它所追求的目的不同于个人所追求的目的。于是，在社会的目的和其成员的诸多目的之间，就会出现对立的情况。为了保障社会的繁荣和进一步发展，必须对人们的私心加以限制，必须迫使人们为社会的利益牺牲他们自己的利益。在这一点上，这些整体主义学说必定会放弃人文科学和逻辑推理的方法，转向神学或形而上学信仰。他们必须假定，天理借由被指派的先知、使徒和有魅力的领袖，强迫本质邪恶的人，即强迫倾向于追求自我目的的人，走在上帝、世界精神或历史要他们遵循的正义之路上。

自古以来，这种哲理一直都是原始部落的特色信条，也一直是所有宗教教义的基本元素。人，必定要遵守某个超凡权力所发布的法律，必定要服从这种超凡权力所委托的负责执行该法律的权威当局。因此，该法律所创造的秩序——人的社会是

神的功劳，而不是人的成就。如果上帝未曾介入以及未曾给经常犯错的人以启迪，社会是不会成立的。没错，对人而言，社会合作是一种福祉；只有在社会的框架里，人才能逐步脱离原始的野蛮状态，脱离道德与物质双重贫困的窘境。然而，如果放任个人不管，让个人自行摸索，那么个人将永远看不到使自己得到救赎的道路。因为让个人适应社会合作的要求并服从道德戒律就等于把一个沉重的枷锁加在他的身上。从"人天生卑鄙的心智"的观点出发，他肯定会把抛弃一些预期利益视为坏事和不幸的。他肯定不会意识到，抛弃眼前可见的快乐将会换来无比巨大的利益。人若不能获得超自然的启示，将永远无从得知命运希望他为自己和后代的幸福做些什么。

18世纪崇尚理性主义和自由主义的社会哲学和现代经济学并未求助于任何超自然力量的奇迹式干预。当个人以协调行为取代孤立行为时，他的每一次行动都能使自己的处境得到直接的和明显的改善。和平的合作与分工所产生的那些利益是普遍性的，它直接有利于每一代人，而不只有利于子孙后代。相对于个人为了社会的存在而必须牺牲的那些利益，个人将获得更丰厚的利益。他的牺牲只是表面的和暂时的，他放弃一份较小的利益，可以在稍后获得一份较大的利益。任何有理智的人都能看到这个明显的事实。当人们扩大可以实现分工的领域并加强社会合作时，或者当人们强化法律保护与和平保障时，其基本的诱因是，所有相关人等都渴望改善他们自己的生活处境。每个人在努力争取他自己"正确了解的利益"时，他也为社会合作与和平交往贡献了微薄之力。社会是人的行为的结果，是人渴望尽可能消除不适的结果。要解释社会的生成和演化，无须求助于一种对真正有宗教情怀的心灵来说会有所冒犯的学说。按照该学说，上帝最初的创造物是有缺陷的，以致后来需要反复进行超常干预才能防止他们的失败。

从休谟到李嘉图，英国政治经济学所确立的这种劳动分工理论的历史作用就在于，它彻底摧毁了所有关于社会合作的起源和运作的形而上学学说。它完成了自古希腊伊壁鸠鲁派哲学创始以来，人类在精神、道德和理性方面的大解放。它用一种自律的理性道德代替了他律和直观论的旧伦理。法律与正当性，道德律与社会体制，不再被尊崇为深奥难懂的上帝的旨意。它们源自人，而唯一可以用来衡量它们的标准就是它们是否适合增加人的幸福。信奉功利主义的经济学家没说，让正义得以伸张，即使世界因此毁灭。他说的是，让正义得以伸张，所以世界用不着毁灭。信奉功利主义的经济学家并未要求个人放弃自己的幸福以成全社会的利益。他建议个人"正确了解利益"（rightly understood interests）。在他看来，上帝的庄严宏大并不表现在他忙于干预君主和政治家的琐碎杂务，而表现在他将理性和追求幸福的渴望赋予了他的创造物。[1]

全体主义、集体主义和整体主义的社会哲学都要面对一个基本的问题：个人凭什么"标志"认出什么才是真正的法律、谁才是传递上帝旨意的真正使徒，以及谁才是合理的权威。许

---

[1] 包括亚当·斯密和巴斯夏（Bastiat）在内的许多经济学家都信神。因此，他们推崇"伟大的大自然监督者"那种恰到好处的眷顾。信奉无神论的批评家谴责经济学家不该有这种态度。然而，这些批评家没有意识到，嘲笑亚当·斯密等人所说的"看不见的手"，不等于可以证明理性主义和功利主义社会哲学的基本理论是无效的。学者必须理解，他们面对的是这样的抉择：社会的联合若不是一个人为的过程（因为它对众人各自的目的帮助最大，而这些人本身也有能力了解自己从适应社会合作的生活中能得到什么好处），就是有一超越常人的存在命令心不甘情不愿的人服从法律和社会权威当局。至于人们是把这个超越常人的存在叫作"神""世界精神""天命""历史""奥丁"（Wotan）还是"生产力"，以及把什么头衔指派给他的使徒，或者说独裁者，都不重要。

多人都声称自己是上帝派来的先知，而这些先知都在宣扬不同的福音。对虔诚的信徒来说，他没有任何疑问，他完全相信自己拥护的是唯一的真理。但正是这种坚定的信仰，使得各方的冲突不可调和。每一方都很想让自己这一方的信条普及于世。但是逻辑的论辩不能决定这些信条哪个对哪个错，于是，除了用武装冲突解决这种争论，没有其他解决办法。非理性主义、非功利主义和非自由主义的社会学说必然会引起内部或外部战争，直到敌对的某一方被征服或被消灭为止。世界上所有宗教的历史都是一连串战役和战争的记录，就像当今一些冒牌的宗教、集体主义、邦国崇拜、民族主义和国家主义的历史那样。

利用刽子手或战士的刀剑进行宣传及其所导致的互相零容忍，是任何他律的伦理体系的固有元素。上帝的法则或命运的法则是普世有效的，所有人都应当服从该法则所宣称的合法权威当局。只要那些他律的道德法典以及它们在哲学上的推论——概念实在论的威望屹立不倒，便不可能有相互包容或持久和平。这一次战斗的停止只不过是在为下一次战斗积蓄能量。只有当自由主义的学说打破全体主义的蛊惑魔咒之后，对他人的意见保持宽容的心态才可能生根。根据功利主义哲学理论，社会和国家不再作为维持某一特定世界秩序的机构而出现。因为人的理性无从得知，所以该特定世界秩序被全体主义者宣称为合乎上帝的旨意——尽管这会伤害许多人的利益。相反，对所有人来说，社会和国家是一种主要手段，供所有人自愿达成他们的目的。社会和国家是人们努力创造出来的，它们的存续和最恰当的组织形态在本质上与人的行为所关注的其他手段并无不同。他律的道德和集体主义学说的拥护者不能指望逻辑推理来证明他们所主张的那些特殊的伦理原则的正确性，同样也不能证明他们所希望的那些独特的社会理想的优越性和唯一合理性。于是，他们不得不要求人们不假思索地接受他们所宣传的意识形态体系，他们要求人们服从他们所认可的权威，他们下定决心要压制所有异己者的声音，要令所有异己者屈服。

当然，总是会有若干人或若干群体，他们的智商是如此之低，以至于不能了解社会合作能带来什么好处。还有一些人，他们的道德心和意志力是如此脆弱，以至于不能抗拒诱惑，他们为了获得眼前短暂的利益而做出一些妨碍社会体系顺畅运作的行为。个人为了适应社会合作的要求需要做出一些牺牲，当然，这些只是暂时的和表面上的牺牲，因为人在社会生活中所获得的更大的好处完全能够抵得过这些牺牲。然而，当个人放弃享受时，当下的牺牲是痛苦的。因此，不是每一个人都能了解以后能获得的好处而做出相应的行为。无政府主义者认为，教育能使所有人都理解，基于自身利益的要求，什么才是他们该做的；人们被正确教导后，将自愿永远遵守维持社会秩序必不可少的那些行为规范。无政府主义者认为，理想的社会秩序是可能存在的，在这种社会里，没有人因享受特权而损害其他同胞的利益，也没有任何强制措施来防止危害社会的行为的发生。这种理想社会用不着国家和政府，也用不着警局和部队——实施强制和胁迫手段的社会机构。

然而，无政府主义者忽略了一个不可否认的事实：有些人，要么是心胸过于狭窄，要么是意志力过于软弱，以至于不能自发地调整自己以适应社会生活的要求。即使我们承认，每个心智健全的成年人都具备必要的能力了解社会合作的好处，从而做出相应的行为，但婴幼儿、老年人和精神失常者的问题尚待解决。我们可以说，做出反社会行为的人应该被视为精神病患者，需要治疗，但只要不是所有人都被治愈了，只要还有婴幼儿和老弱者存在，那就必须得有一些预防措施，以免那些反社会的人危害社会。一个无政府的社会将暴露在每个人的威胁之下。如果大多数人不愿意通过使用暴力或被迫使用暴力阻止少数人破坏社会秩序，社会就不可能存在。这种使用或被迫使用暴力的权力属于国家或政府。

国家或政府是实施强制和胁迫手段的社会机构，它独占了实施暴力行为的权力。谁都不可以使用暴力或被迫使用暴力，除非政府赋予他这种权力。国家本质上是一个维护人与人之间和平关系的机构。然而，为了维护和平，它必须做好准备，随时粉碎和平破坏者的挑衅或攻击。

根据功利主义伦理学和经济学的理论，自由主义的社会学说从一个不同于全体主义与集体主义的观点，来看待政府与被统治者之间的关系。自由主义意识到，如果未获得被统治者当中多数人的同意与支持的话，统治者不可能久居统治地位。无论什么政体，政府赖以建构和维系的基础始终在于被统治者的意见：对于他们自身的利益来说，服从和效忠于政府比反叛政府并建立另一个政权更有帮助。居多数的人有权力罢黜不受欢迎的政府，而且一旦多数人深信，若要增加自己的幸福就必须使用这种权力时，他们就会使用。所以长期而言，不会有"不受欢迎的政府"这回事。内战和革命过去是心怀不满的多数派用来推翻不适合他们的统治者和改变统治方法的手段。为了保持国内和平，自由主义希望实施民主政治。所以，民主政治不是革命制度。相反，民主政治正是用以防止革命和内战的手段，它提供了一个和平调整政府以适应多数人意愿的方法。当掌权者及其所施行的政策不再让多数国民满意时，该掌权者就会在下一次选举时被拥护不同政策的人所取代。

自由主义提出多数统治原则或民主政治原则的目的不是把统治权交给平庸或野蛮的人。民主政治的意思肯定不是像某些批评者宣称的那样，即主张由卑鄙的人、教养不好的人或野蛮人来统治。自由主义者也认为，一个国家应该由最适合执行统治任务的那些人来统治。但是，他们认为，"以理服人"而不是"以力服人"的统治者能更好地证明自己的统治能力。当然，民主不能保证选民会把统治权托付给最能胜任的候选人，但其他体制也同样不能提供这样的保证。如果多数国民坚持不正确的政策原则，并且偏爱不值得托付的那些候选人，那么少数派除了努力阐明更好的政策原则和推荐更好的人选来改变多数人的心意，没有别的补救办法。少数派的力量不可能以其他手段赢得持久的胜利。

全体主义和集体主义者不能接受这种解决统治问题的民主办法。在他们看来，个人在遵守道德律时，并未直接使他获得更多的切身利益；正好相反，他是在牺牲自己的利益以成就上帝的意图或某个集合体的利益。此外，单凭理性是想象不出绝对价值的至高无上的地位的，也想象不出神圣法律的绝对有效性，更不能正确解读神的教规和戒律。因此，在他们看来，尝试说服多数人或通过友好的规劝把多数人引向正确的道路是不可能成功的。而那些被神灵赐福的人，才有熠熠生辉的领袖魅力，他们有责任把福音传给那些温顺听话的人，也有责任使用暴力打击那些冥顽不灵者。具有人格魅力的领袖是上帝的代理人，是受托带领某个集合体的人，是转动历史的工具。他是永远不会犯错的，是永远正确的，他的命令是至高无上的准则。

全体主义和集体主义必然是诉诸神权的统治体制。所有流派的全体主义和集体主义的共同特征就是毫不怀疑地假定：有一个超越凡人的实体存在，每一个人都必须服从他。它们彼此之间的差别在于给这个超凡实体所冠上的不同名号以及以这个名号的名义颁布具体的法律。居于少数派的独裁统治者除了诉说他从某个超凡的绝对权威处获得了所谓的委托，不可能找到任何合理的理由。独裁统治者无论是把统治权力建立在君权神授说的基础上还是建立在某个阶级先锋队的历史任务上，抑或是建立在"世界精神"（黑格尔）或"人道"（孔德）这种至高无上的存在上，都是无关紧要的。不少现代人提倡以集体主义、经济计划和社会控制个人的一切活动，其实在他们所使用的术语中，社会和国家都是某位神明的代名词。这些"新教派的牧师"相信，他们所崇拜的偶像，具有神学家所信奉的上帝的一切属性——无所不能、无所不知、无限仁慈等。

如果一个人认为，在个人的行为之上存在着一个不朽的实体，它以不同于凡人的目的行动，那么他便已经建构了一个超凡存在的概念。于是，他便无法回避这个问题：每当国家或社会的目的与个人的目的发生冲突时，优先考虑谁的目的呢？这个问题的答案已经隐含在集体主义和全体主义所构想的国家或社会的概念中了。如果有人理所当然地认为，有一个比所有人都更高等、更高贵和更完美的存在，那么前面的问题便不可能有其他答案：该超凡存在的崇高目的必定高高耸立在"卑鄙"的个人目的之上［没错，有些悖论的爱好者，例如，施蒂纳（Max Stirner）[1]以颠倒事实为乐，尽管他也承认超凡个体的存在，但还是断言个人的目的优先］。如果社会或国家是一个实体，具有意志、意图以及所有其他集体主义的学说所说的关于社会或国家的特质，那么，拿个人微不足道的"卑鄙"目的与社会或国家的崇高意图对抗，简直是愚蠢至极。

集体主义学说的准神学性质在它们的互相冲突中表露无遗。

---

[1] 参见马克斯·施蒂纳（Max Stirner）的《自尊与自我》（*The Ego and His Own*）（纽约，1907年）。

集体主义学说不会抽象地主张一个集合体的优越性，它总会颂扬某个特定的集体性偶像的卓越性，并且会断然否认其他集体性偶像的存在，或者把它们降到相对于他自己的偶像而言次要、辅助的地位。国家崇拜者颂扬某个特定国家，即颂扬他们自己国家的卓越性，民族主义者颂扬他们自己民族的卓越性。如果持异议者挑战他们特有的纲要，鼓吹另一个集体主义偶像的优越性，他们除了一再重复声明"我们是对的，因为有个内在的声音告诉我们，我们是对的，而你们是错的"，再也提不出什么反对理由了。敌对的集体主义团体或教派之间的冲突无法以逻辑思维来决定谁对谁错，而必须以武力解决。除了自由民主的多数统治原则，就只有军国主义的武装冲突和独裁压迫，没有第三个选项。

让所有集体主义教派在某方面形成统一阵线的是，它们都极端仇恨和敌视自由体系的一些根本的政治制度，包括多数统治、容忍不同意见、思想自由、言论自由、新闻自由、法律面前人人平等。集体主义教派在试图破坏协调合作的自由，这让不少人误以为，当今的政治对立问题是个人主义和集体主义之间的对抗。事实上，政治斗争的一方是自由主义，另一方则是许多集体主义教派，这些集体主义教派彼此间的仇恨和敌意的凶狠程度不亚于它们对自由体系的深恶痛绝。攻击资本主义的不是一个统一的集体主义教派，而是一大群集体主义团体。集体主义取代自由主义将导致永无止境的血腥斗争。

那些习惯用语完全歪曲了真实情况。通常被称为个人主义的哲学思想其实是主张社会合作与增强社会关系的哲学。另一方面，集体主义基本理念的应用，除了导致社会解体和连绵不断的武装斗争，不可能带来其他结果。没错，每一个集体主义教派都许诺永久和平，不过，这种和平要等到它自己取得决定性的胜利——彻底推翻并消灭所有别的意识形态及其支持者之后才会开始。然而，集体主义计划的实现是以人类必须经过某种彻底的改造为前提的。人类必须被分成两类：一类是像神那样无所不能的独裁者；另一类则是群众，这些人必须抛弃他们的意志和思想，以便成为独裁者计划里被摆弄的单纯的棋子。群众必须去人性化，以便让某个人成为他们神一般的主人。人之所以为人的最主要特征——"思想和行为"将变成某一个人的特权。无须赘言，这种企图是不可能实现的。独裁者所谓至福千年的帝国计划注定要失败，它们不可能持续存在。我们已经见证过好几次这种"至福千年"的秩序的崩溃。那些剩下的也肯定不会好到哪里去。

集体主义在现代的复苏取得了如此彻底的成功，以至于自由社会哲学的一些基本观念竟然被世人遗忘了。甚至许多支持民主制度的人现在也忽视了这些自由的观念，他们提出来的为自由民主辩护的理由也沾染了不少集体主义的错误，他们的学说就是对自由主义的一种扭曲，而不是真正在为自由主义背书。在他们看来，多数人的一方永远是对的，只因为他们有权力粉碎任何反对力量；多数派的统治是某些政党的独裁统治，而执政的多数派不会在权力的使用和政治事务的管理上自我设限。一旦某个党派成功赢得多数公民的支持，从而取得政府机器的控制权，它便可以随意拒绝少数党派享有任何民主权利——虽然它自己先前正是因为享有这些权利才得以在最高权位的斗争中迎来最后的胜利。

这种冒牌的自由主义与自由主义学说恰恰是对立的。自由主义者并没有说，多数派像神一般永不犯错；他们也没有说，某一政策仅凭获得多数人拥护的事实便足以证明它在增进共同福祉方面利大于弊。自由主义者不建议多数派独裁统治，也不建议镇压持反对意见的少数派。自由主义追求建立一个能够保障社会合作顺畅运作以及社会关系对等并渐进式增强的政治体制。它的主要目标是避免暴力冲突、战争和革命，因为这些必然会使人的社会协作解体，把人拉回所有部落和政治实体无休止争斗的原始野蛮状态。因为分工需要不受干扰的和平，所以自由主义的目标是建立一个有希望维持和平的统治体系，即民主政治。

行为学和自由主义

在19世纪，从某种意义上来说，自由主义是一种政治学说。它不是一种理论，而是行为学和经济学（尤其是后者）所发展出来的那些理论的一种应用，旨在解决人在社会中的行为所引起的一些问题。

作为一种政治学说，自由主义不是各种价值观的中立，也不是各个行为所追求的最终目的的中立。它假定，所有人或至少大多数人都下定决心想要达到某些特定目的。自由主义政治学说可以提供信息，告诉人们哪些手段适合实现这些目的。自由主义者充分意识到这样一个事实：他们的学说只对那些坚持这些价值原则的人有效。

虽然行为学（经济学也是如此）对"幸福"和"消除不适"等语词的使用只是形式意义上的，但是自由主义却赋予了它们具体的意义。行为预设人们偏好活着甚于死亡，偏好健康甚于疾病，偏好食物丰盈甚于忍饥挨饿，以及偏好富裕甚于贫穷。行为告诉人们怎样按照这些价值排序采取行动。

有些人认为，关心这些事是物质主义的表现。他们指责自由主义加剧了社会中的"物欲横流"，指责自由主义忽视"比较高级的"和"比较高贵的"人性追求。他们说，人不是单靠面包生活的，他们批评功利主义哲学是卑鄙可耻的。然而，这些谩骂是不对的，因为它们严重歪曲了自由主义学说。

第一，自由主义者并不主张人们应该争取上述目标。他们只是说，绝大多数人偏好活着、健康和富裕甚于死亡、疫病贫穷。这种陈述的正确性不容置疑。该陈述的正确性也已经获得证明，因为事实上，所有反对自由主义的党派——各种以宗教为名的神权统治教条、中央经济统制主义、民族主义和计划经济——对于这些问题也都采取同样的态度。这些派别全都许诺其追随者可以过上丰衣足食的生活，他们从来不敢告诉人们，他们的计划的实现是以损害人的物质幸福为代价的。相反，他们强调，他们的政敌的计划将导致大多数人生活贫困，而他们则希望给自己的支持者带来富裕的生活。在许诺给民众一个较高的生活水平方面，信仰基督教的政党所表现出的热切程度不会输给信奉民族主义或计划经济的政党。当今，比较多的教堂聚会话题时常是关于如何提高工资和农业收入的，而比较少的则是关于如何实践基督教的义理。

第二，自由主义者并没有轻视人在理性和精神层面的追求和渴望。正好相反，他们热烈向往理性和道德的完美，以及智慧和品位的卓越。但自由主义者对于这些高级的或高贵的事物的看法，与他们的批评者的粗陋表述大不相同。自由主义者并不会天真地认为，任何社会组织体系都能成功地鼓励哲学与科学思想，并成功地产生文学与艺术杰作，以促使人民群众更加文明开化。自由主义者认识到，在这些层面，社会所能做到的只限于提供一个环境，一方面使天才无须面对难以克服的各种障碍，另一方面使普通人在相当程度内免于物质生活的忧虑，让他能够有机会对养家糊口以外的事物也感兴趣。自由主义者认为，要使人更有人性，最重要的社会手段就是战胜贫穷。智慧、科学以及艺术在富裕的世界里会比在贫困中成长得更好。

以物欲横流指责自由主义的时代是对事实的故意扭曲。19世纪是生产技术和民众的物质生活水平空前进步的世纪，但19世纪的成就远不止这些。19世纪，人类的平均寿命延长了，人类在科学、艺术方面的成就是不朽的，这是一个产生许多不朽音乐家、作家、诗人、画家和雕塑家的时代，它彻底改变了哲学、经济学、数学、物理学、化学和生物学，而且，它有史以来第一次使普通人也可以接触到伟大的作品和伟大的思想。

自由主义和宗教

自由主义根植于一个纯理性与科学的社会合作理论之中。换言之，自由主义所提出的那些政策是某个知识体系的应用——该知识体系完全不涉及任何情感、任何仅凭直觉获得而不能由逻辑推理充分证明的信条、任何神秘的经验以及任何个人对某些超自然现象的亲身感悟。就这个意思来说，"无神论"和"不可知论"这两个时常被扭曲，也时常被误解的词可以冠在自由主义头上。然而，如果就此下结论说，人的行为科学以及应用该科学理论所衍生出来的政策——自由主义，反对有神论和敌视宗教，那便是一个严重的错误。没错，自由主义反对一切神权统治的体制，但对于那些不主张介入社会、政治和经济事务的宗教信仰来说，自由主义的立场是完全中立的。

神权统治是一种以宣称拥有某一超凡头衔为其合理性基础的社会体制。一个神权政体的根本法律是既不能用理智检验，也不能用逻辑方法证明的所谓洞见。它的终极标准是直觉，这种直觉给人心提供了一种主观确定性，使人心感悟到了一些无法凭理智和逻辑推理来构想的事物。如果这种感悟涉及某个传统教义体系，并认为有某种神圣的宇宙创造者和统治者存在，我们便称之为"宗教信仰"。如果它涉及另一类教义体系，我们便称之为"形而上学的信仰"。因此，一个神权统治体制不必然是以世界上某个伟大的历史宗教为基础的，它可能是某些玄学教条的产物，这些玄学教条拒绝所有传统的教会和教派，并且强调它们本身的特质就是反对有神论和玄学教条，且以此为荣。在我们这个时代，一些强大的神权政党反对基督教和所有从犹太一神论发展出来的其他宗教。我们之所以把这些政党称为神权政党，是因为他们渴望按照一套复杂的观念体系来安排世俗事务，而该复杂观念体系的有效性又不能经由理性推理来证明。他们宣称，其领袖得到了特别的祝福，拥有其他人无法接触到的知识，而且该知识和所有没被赋予超凡魅力的那些人所持的观点又大相径庭。那些具有超凡魅力的领袖受到某一神秘的崇高权力的委托，并被授予了合法地位，他们必须管理时常犯错的凡人的事务。只有领袖是有见识的，其他人不是盲人、聋人，就是犯罪分子。

历史上许多伟大的宗教都曾经受到神权统治倾向的影响，这是事实。当时，他们的使徒沉迷于权力的渴望，想要压制、消灭所有持不同意见的教派。然而，我们不可将宗教和神权统治混为一谈。

威廉·詹姆斯（William James）把"个人独处时的情怀、行动和经验"称作"宗教"，"只要当时独处者意识到自己正面对的是可以被称为神圣的东西"。[1] 他列举了宗教生活的特征：

---

[1] W. 詹姆斯（W. James），《宗教经验的多样性》（*The Varieties of Religious Experiences*）（纽约，1925 年，第 35 版），第 31 页。

物质世界是一个更加具有精神性质的宇宙的一部分，物质世界的主要意义来自更加高等的精神宇宙；我们此生真正的目的是和这个更加高等的精神宇宙结合或建立和谐关系，祷告或与这个高等宇宙进行精神交流——不管这精神是"上帝"还是"律法"，这个过程都是真正成就事业的过程。在这个过程中，精神能量流入现象世界，并在这个世界中产生各种心理的或物质上的效果。詹姆斯接着说，宗教信仰还包括下面这些心理特征：一种热情像礼物一样出现，并自动融入个人生活中，它要么迷醉于深情抒发，要么向往真诚与英雄气概；此外，还会产生一种安全感和某种平和的性情，在面对他人时，内心充满慈悲。[1]

这种关于人类宗教经验与情怀的描述，完全没提到如何安排社会合作。在詹姆斯看来，宗教是个人与一个圣洁的、神秘的和令人敬畏的实体之间的纯粹的私人关系。它告诫人应该采取特定的为人处世模式，但对于社会组织问题，它完全没有提出什么要求。亚西西的圣方济各——西方最伟大的宗教天才就从来不过问政治和经济事务。他只想教导信徒如何虔诚地生活，他从未草拟任何组织生产计划，也从未督促追随者诉诸暴力，或攻击意见不同者。对于他所建立的教派怎样解读他的教义，他是不用负责的。

如果一个人只是渴望按照他自己的方式或他的教会以及教派解读福音书教义的方式，去调整自己的行事风格和自己的私人事务，自由主义是不会阻拦他的。但对于所有尝试诉诸宗教直觉与启示来压制社会繁荣问题的理性讨论，自由主义则是完全反对的。自由主义并未禁止任何人离婚或采取节育措施，但

---

[1] W. 詹姆斯（W. James），《宗教经验的多样性》（*The Varieties of Religious Experiences*）（纽约，1925年，第35版），第485—486页。

是，对于某些人想要阻止别人自由讨论这些事情的利弊得失的行为，自由主义是极力反对的。

自由主义者认为，道德律的目的是责令人们调整自己的行事风格，以适应社会生活的要求，并避免一切不利于维系和平的社会合作与改善人际关系的有害行为。自由主义者欢迎一些宗教教义对他们所赞同的那些道德戒律给予支持，但他们反对所有必定会导致社会解体的道德规范，无论这些规范的源头是不是某些宗教的教义。

许多提倡以宗教为基础来建立神权统治政体的人说自由主义敌视宗教，这是对事实的扭曲。在以宗教干预世俗事务为有效原则的地方，各个教会、教派和宗派会彼此攻击。通过政教分离，自由主义使不同的宗教党派之间得以维持和平，同时让每一个教派都有机会不受干扰地传播它的福音。

自由主义者相信理性，他们认为，有可能说服绝大多数人相信，在社会框架里的和平合作比彼此争斗或让社会解体更有利于他们"正确了解利益"。他们对于人的理性有充分的信心。这种乐观的态度也许是不现实的，因此，自由主义者在这一点上也许错了。但是，如果他们真的错了，那么人类的未来大概也就没什么希望了。

第三节　分　工

分工以及与分工相对应的合作是最基本的社会现象。

经验告诉我们，合作的行为比自给自足的个人的孤立行为更有效率，也更有生产力。决定人的生活状态与努力程度的自然情况使劳动分工能提高每单位劳动的产出。这些自然情况是：

第一，在从事各种劳动的能力方面，人天生是不相等的。第二，各种自然给定的非人力生产要素的开发利用机会在地表上的分布是参差不齐的。我们也可以把这两个事实视为同一个事实，即大自然复杂多样的变化使这世界宛如一块具有无数不同区块的色彩缤纷的拼布。如果地表上任何一个地方的自然生产条件完全一样，而且所有人也都完全一样，就好比欧几里得几何学里两个直径相同的圆，那么分工将不会给行为人带来任何好处。

还有第三个事实，即有些工作不是单靠个人的力量就可以完成的，而是需要多数人共同努力。在这些工作当中，有些工作所需要的劳动不是每个人可以单独执行的，因为个人的能力有限；而对于其余的工作，虽然个人有能力单独完成，却必须为这种工作花费很长一段时间才会有结果。就因为这么晚才得到结果，所以该结果不足以补偿个人所有的劳动付出。在这两种情况下，只有多数人共同努力才能达到所追求的目标。

如果只有上述三种情况，人与人之间肯定会出现短暂的合作。然而，这种短暂合作是为了应付个人无法独立完成的一些特定工作而形成的，肯定不会带来持久的社会合作关系。在文明发展的初期，只能以这种方式完成的工作不会太多。此外，所有相关人等可能不会总是同意，完成讨论中的合作工作会比完成他们各自单独完成的工作更有用或者更能满足迫切的需要。包括所有人和所有活动在内的伟大的人的社会不是源于这种偶然的合作。社会不是人们为了某一特定目的而商定的一个短暂的联合体：目的一旦达成，合作关系便会结束，结束之后也不可能再随时恢复合作。社会不是一个短暂的合作。

只要参与分工的伙伴之间的不平等性能达到这种程度——

每一个人或他的每一块土地，至少在一个方面，优于其他人或其他土地——那么分工所带来的生产力的提升就是很明显的。假设 A 在 1 单位时间内能生产 6 个商品 p 或 4 个商品 q，而 B 能生产 2 个商品 p 或 8 个商品 q。当他们独自工作时，他们两人将一共生产出（4p＋6q）商品；当存在分工，且 A 和 B 仅生产比别人更有效率的产品时，他们两人将一共生产出（6p＋8q）的商品。但是，如果 A 不仅在 p 的生产方面，而且也在 q 的生产方面，都比 B 更有效率，那将会发生什么事情呢？

这是李嘉图提出来并且也做出了解答的问题。

第四节　李嘉图的联合律

李嘉图阐述联合律的目的是要说明，当每一方面都比较有效率的某一个人（某一群人）与每一方面都比较没效率的另一个人（另一群人）合作时，分工会有什么结果。他探究了两个资源禀赋不同的区域，在假定产品能在两个区域之间自由流动但工人与累积起来的未来生产要素（资本财）不能自由流动的情况下，两者间的贸易会产生什么问题。李嘉图的联合律指出，这两个区域间的分工会提高劳动生产力，所以，这对所有相关人等都是有利的，即使这两个区域中的某一区域的自然生产条件比另一个区域更有利。对资源禀赋比较好的区域来说，集中生产那些对它来说优势比较大的商品，而把优势比较小的那些商品留给资源禀赋比较差的区域去生产，是有利的。放着比较合适的国内生产条件不用，而从生产条件比较不合适的区域购买国内能生产的商品，这种做法制造了一个矛盾。这个矛盾是劳动和资本不能自由流动的结果。如果资源禀赋比较好的区域能够从资源禀赋比较差的区域引进劳动力和资本，就不会发生前述的矛盾。

李嘉图很清楚，他的比较成本法则虽然是他在处理一个特殊的国际贸易问题时提出来的，但其实该法则是社会联合律的一个特例。

如果A比B更有效率是这样的情况：A生产1单位的商品p需要3个小时，而B则需要5个小时；A生产1单位的商品q需要2个小时，而B则需要4个小时。如果A只生产q，而把p留给B生产，那么A和B均将受益。如果他们两个人都劳动60个小时生产p，60个小时生产q，A的劳动成果是20p+30q，而B的劳动成果是12p+15q。两人的劳动成果一共是32p+45q。然而，如果A只生产q，他用120个小时生产了60q，而B只生产p，在相同时间内生产了24p，他们的劳动成果则变成了24p+60q。p对A来说有一个替代率是3/2q，而对B来说则有一个替代率是5/4q，因此对他们俩来说，（24p+60q）就意味着一个比（32p+45q）更大的产出。所以，很明显，分工能给所有参与者带来好处。有才干的、有能力的和勤勉的人与没才干的、没能力的、懒惰的人的协调合作对双方都有利。分工所产生的利益总是彼此共享的。

联合律让我们得以理解人类的合作日益增强的一些趋势。我们可以设想一下，在争夺自然所提供的有限的生活资料的斗争中，是什么动机促使人们不把彼此仅仅看作竞争对手。我们意识到，是什么促使人们而且将永远促使人们为了合作而相互交往。向更发达的分工模式前进的每一步对参与分工的各方都有利。要理解人为什么不像其他动物那样停留在孤立的状态中——只为他自己或配偶以及无助的婴幼儿搜寻食物和居所，我们无须把它归因于上帝的奇迹式干预，也不需要把它归因于某个空洞的原理，比如人性天生有一股倾向于社会联合的冲动。此外，我们也无须假设，原本孤立的人或原始游牧部落有一天会凑在一起签订契约，宣誓建立社会联系。那个最初促使原始社会产生并促进社会关系逐渐增强的因素是有目的的人的行为，而驱动这种行为的则是，人们认识到劳动在分工之下可以获得较高的生产力。

关于那些已经高度差异化的原始人类社群，我们可以通过一些遗迹的挖掘、最古老的历史文献以及到访过一些原始部落的探险家和旅行家的报道获得一些信息。但是，对于如何从零零星星的一小群非人类祖先演化到原始人类社群，我们什么都不知道。因为不管是历史、人种学或其他知识领域，它们都未能提供任何关于那部分演化过程的描述。关于社会的起源，科学所面对的任务只局限于证明哪些因素能够而且必然会促成人与人的联合关系以及该关系的渐进式增强。行为学解答了这个问题。而且只要分工下的劳动比独自劳动的生产力更高，只要人们能够意识到这个事实，那么人的行为本身便倾向于合作与联合。人之所以成为一个社会性的存在，不在于他为了某一虚构的摩洛神（Moloch）——社会——牺牲切身利益，而在于他想要增加自己的幸福。经验告诉我们，这个条件——劳动在分工下可以产生较高的生产力——是存在的。因为其原因——人们天生并不相同，且自然生产要素在地表的分布也参差不齐——是真实存在的。于是，我们便能够理解社会演化的过程了。

关于联合律的一些流行性误解

有些人对李嘉图的联合律大加挞伐，而它更广为人知的名称是"比较成本法则"。理由很明显：对所有急着以生产者私利或国家战备以外的观点为贸易保护和经济锁国主义辩护的那些人来说，这个定律是一种冒犯。

李嘉图阐述这个定律的首要目的是驳斥那些反对国际自由贸易的理由。贸易保护主义者问道：如果一国生产任何商品的条件都不如别的国家，那么在自由贸易下，这个国家将遇到什么样的命运呢？在一个不仅产品可以自由流动，而且资本财与劳动力也同样可以自由流动的世界里，如果一个国家不能进行生产活动，它将不会建立起任何产业。如果这个国家得不到开发，不能改变相对较差的自然生产条件并使人们的生活得到改善，那么人们肯定不会定居在那里，人们将会离开，让那里变得像南北极地、冻土带和沙漠一样渺无人烟。但是，李嘉图面对的是人们早先的定居条件，是一个受限于各种确定的制度的世界，在这个世界中，资本财和劳动力不能自由流动。在这样的环境下，商品的自由贸易，即只有商品可以自由流动是不可能导致资本和劳动按照各地给劳动生产力所提供的有利的自然条件而在地表上形成某种分布情况的。在这种情况下，比较成本法则开始发生作用。每个国家都朝着某些特定的产业发展，因为它的自然条件给这些产业的劳动生产力提供相对而不是绝对的有利机会。对一国的居民来说，放弃利用国内某些就生产技术而言绝对的、比较有利的生产机会，转而进口国外生产的一些商品，会比较有利——虽然该进口商品是在自然条件（就生产技术而言是绝对的）比国内自然条件更不利的国家生产的。这种情况类似于某个外科医生发现，雇一个人帮他清理手术室和手术器具对他而言是比较好的，虽然这个助手打扫卫生的能力不如他，不过，这个助手让他得以专注于手术与治疗工作，而相对于他在打扫卫生方面的优势，他在手术方面的优势更明显。

比较成本法则和古典经济学的价值理论毫无关系，它不处理价值或价格问题，它是一个分析性的判断。它的结论已隐含在它的两个前提中：技术上可以流动的一些生产要素在不同的地方有不同的生产力，而它们的流动性却因制度而受到限制。这个法则之所以在忽略估值问题前提下保证它若干结论的正确性，是因为它会利用下面这组简单的假设：只有两种产品将被生产出来；这两种产品是可以自由流动的；每一种产品都需要使用两种生产要素，其中一种生产要素（要么是劳动，要么是资本）是生产这两种产品都需要使用的，而这两种产品所需要使用的另一种生产要素（土地的某一特性）是各不相同的；由于两种产品都需要使用的那种共同的生产要素比较稀缺，因而就影响了两种产品所需使用的另一种不相同的生产要素被利用的程度。在这些假定的框架里，可以确立那个共同的生产要素和产出之间的替代比率，于是这个法则便回答了贸易保护主义者所提出的问题。

比较成本法则的推理类似报酬律，两者同样和古典价值理论没有关系。在这两个场合，我们都只需要比较实质的投入和实质的产出就可以了。涉及报酬律时，我们可以比较同一产品的产出量。在使用比较成本法则的场合，我们可以比较两种产品的产出量。这样的比较之所以可行，是因为我们假定，要生产这两种产品中的任何一种，除了要具备某一特殊要素，还需要一种非特殊要素。

有些批评者指责比较成本法则，说它的假设过于简单化。他们认为，现代价值理论要求该法则必须有一个崭新的公式化陈述，以符合主观价值的原则——只有这样的陈述才能提供一个令人满意的决定性证明。然而，他们不想以货币单位来计算。

他们偏好使用效用分析的方法，他们认为他们能以效用为单位来进行价值计算。在下面的论述中，我们将证明，这些试图把货币单位从经济计算中剔除的努力是虚妄的。它们的一些根本假设是站不住脚的，是互相矛盾的，而且它们所衍生出来的所有公式或陈述都是不对的。除了那个以市场决定的货币价格为依据的经济计算，没有别的经济计算的方法是可行的。[1]

比较成本法则所依据的那些简单的假设对古典经济学家的意义和对现代经济学家的意义并不完全相同。有些古典经济学派的追随者认为，它们是国际贸易领域内的价值理论的起始点。我们现在知道，他们的这种想法是错的。此外，我们还知道，就价值和价格如何决定的问题而言，没有国内贸易和国际贸易的差别。人们之所以区分国内市场和国外市场，原因完全在于给定的事实方面的差异，即各种不同的制度条件限制了生产要素和产品的流动性。

如果我们不想在李嘉图所使用的那些简化版的假定下阐述比较成本法则，我们就必须公开使用货币计算。我们不可虚幻地认为无须货币计算也能比较各种不同生产要素的使用和各种产品的产出情况。对于外科医生和他的助手这个例子，我们可以分析说，如果外科医生能把自己有限的工作时间用在做手术上，他每小时会获得50元的报酬，因此，他以每小时2元雇一个助手帮他清理手术器具对他是有利的，虽然这个助手需要花3个小时才能完成外科医生在1小时内就能完成的清理工作。在比较两个国家的情况时，假设在英国，生产1单位的产品a和1单位产品b各需要1个工作日；而在印度，生产1单位a

---

[1] 参见第十一章第二节。

需要 2 个工作日，生产 1 单位 b 需要 3 个工作日；如果资本财以及产品 a 和 b 在英国与印度之间可以自由流动，但劳动力没有流动性，那么，在印度生产 a 的工资率大约是在英国生产 a 的工资率的 50％，而在印度生产 b 的工资率大约是在英国生产 b 的工资率的 33.3%。如果英国的工资率是 6 先令，那么在印度生产 a 的工资率是 3 先令，而生产 b 的工资率是 2 先令。如果劳动力在印度国内的劳动市场具有流动性，那么同种劳动报酬差异不可能持久。工人将从生产 b 转向生产 a，劳动力的流动将降低 a 产业的报酬，同时提高 b 产业的报酬。最后，在印度，这两个产业的工资率将会相等。在印度，a 的生产将扩大，最终会把英国的竞争对手排挤掉；生产 b 将在印度变得无利可图，印度最终会停止生产 b，而 b 的生产在英国则会扩大。如果我们假定两国在生产条件上的差异也包括或者仅在于所需投入的资本数量，那么同样的推理也是有效的。

有人曾宣称，李嘉图的法则只对他那个时代有效，对我们这个时代是无效的，因为现在的情况变了。李嘉图认为，国内和国际贸易的差别只在于资本和劳动力在国内与国际之间的流动性的差异。如果我们假定资本、劳动力和产品是可以流动的，那么，除了运输成本，区域内的贸易和区域间的贸易就不会有什么差别。因此，没必要去建构一个有别于国内贸易的国际贸易理论。资本和劳动力在地表上的分布会按照各个区域所提供的生产条件的好坏而定。一些区域的人口比较密集，也拥有比较多的资本，而其他区域的人口则不太密集，其资本也比较少。地球上同一种劳动的工资率会有均等化的趋势。

然而，李嘉图从如下这个假定出发：资本和劳动只在各自国家内具有流动性，在不同的国家之间则没有流动性。他提出一个问题：在这种情况下，产品的自由流动（如果连产品也没有流动性，那么，每个国家在经济上便都是孤立且自给自足的，这时根本就不会有国际贸易）会产生哪些后果？比较成本的理论回答了这个问题。李嘉图的那些假定大致适用于他的那个时代，到了19世纪，情况改变了。资本和劳动力的流动性障碍逐渐消失了，资本和劳动力的国际移转变得越来越普遍。然后，情况又变了，现在，资本和劳动力的国际流动性再次受到限制，现实情况又符合李嘉图的那些假定了。

然而，古典国际贸易理论的那些学说是不受任何制度条件变化影响的，它们让我们能够在任何想象得到的假定中研究有关问题。

第五节 分工的效果

分工是人对差异化的自然条件做出的有意识的反应的结果，而且它本身也是导致差异多样化的一个因素。它赋予各个地理区域在复杂的社会生产关系网中以特殊功能，它使某些区域成为都市，使其余区域成为乡村，并把制造业、采矿业和农业定位在不同的地方。然而，更为重要的是，它扩大了人们天生的差异。训练和实践使人们更能适应各自的工作要求，使各自发展出一些原本不具备的能力，同时也抑制了其他能力的发展。各种各样的职业出现了，人们变成了各行各业的专家。

分工把生产过程分成许多细小的工作，其中许多工作是能用机器完成的。这个事实使得机器的利用成为可能，并且促成了生产技术的惊人进步。机械化生产是分工的结果，是分工最有益于人的结果，而不是分工的动机和泉源。电动化的机器设备只有在分工的社会环境中才可能被使用。在使用越来越特殊的、精细化的和有生产力的机器这条道路上，每前进一步都需要生产的进一步细分和专业化。

第六节 社会里的个人

行为学为了更透彻地理解社会合作的问题才讨论独自存在的个人：一个只顾自己行动，与别人没有任何交集的人。行为学没有断言这种独自存在的自给自足的人曾经活在这个世界上，也没有断言在人进化到社会阶段之前，曾在某个阶段像动物那样独自漫游并四处搜寻食物。人类的非人类祖先演化成生物学意义上的人和出现原始的社会关系是在同一个过程中实现的。人，以社会性的存在出现在世事变迁的场景中。独自存在的没有社会化的人，只是一个虚构的分析概念。

从个人的角度出发，社会是用来达成行为人所有目的的伟大手段。一个人不管想要以什么行为实现什么计划，社会的持续存在都是一个必要的条件。即使是冥顽不灵的流氓——不能按照社会合作体系里的生活要求而调整其行为举止的人，也不想错过任何源自分工的好处。他不会刻意想要破坏社会，他想要从人们共同生产出来的财富中，攫取一份比社会秩序分配给他的还要多的财富。如果反社会行为变得普遍，以至于这种行为的必然后果——回到原始的匮乏状态成为现实，他同样也会痛苦。

有些异想天开的人宣称，某些人在进入社会时放弃了那种据称非常美妙的自然状态所给予的各种恩赐与祝福，正因为这些人曾放弃这些利益，所以他们有合理的权利为曾经蒙受的损失要求赔偿。在一种没有社会交往的状态下，有人会过得比较好，这是因为这个人会因社会的存在而受到伤害。这样的想法实在荒谬。社会合作带来了较高生产力，人类已经繁衍到远远超过很早以前那种初步分工条件下所能养活的人口的程度。每个人现在的生活水平都远远高于其野蛮的祖先。在自然状态下，人们过着极端贫穷和不安全的生活。其实，哀叹原始野蛮状态的快乐日子一去不复返，只是在发牢骚。在野蛮状态下，这些发牢骚的人肯定无法活到成年，或者即使活到成年，也不会享有文明所提供的那些机会和便利。如果卢梭曾活在那种以思古的浪漫幽情所描述的原始状态中，那么他肯定没时间研究和写作。

社会给予个体的特权是让个体活着——即使个体生病或身体残疾。生病的动物注定难逃一死，它们的衰弱使得它们无法寻找食物，也难以抵抗别的动物的攻击。耳不聪、目不明或有残疾的野蛮人必定早亡，但这样的缺陷不至于让一个人毫无机会提升自己以适应社会生活。我们现今的大多数人有某些在生物学上被视为病症的身体缺陷，但我们的文明在很大程度上却是以这些人为代价而成就的。在社会合作的情况下，物竞天择的力量被大大削弱了。因此，有些人说，文明倾向于降低社会成员的遗传品质。

如果某人以饲养员的眼光看待人类，并下定决心要养育出一种具有特定性质的动物，那么这样的判断就是合理的。但是，社会不是专门用来生产某一特定类型的人的饲养场。在人的演化过程中，没有什么"自然的"标准可以用来确定什么是可喜的或不可喜的改变。任何被选定的标准，都是任意的、武断的，都是纯主观的，总之，都是一种价值判断。如果不是根据某些已确定的未来人类养育计划的话，那么"种族进步"和"种族退化"这些词就是毫无意义的。

没错,文明人适应的是社会生活,而不是原始森林中的狩猎生活。

神秘交流的神话

行为学的社会理论受到神秘交流的神话（the fable of the mystic commuuion）的抨击。

这种神话的支持者宣称,社会不是人有意识的行为的结果,不是合作与分工,而是源自深奥难测的心底,源自某一根深蒂固于人性本质的冲动。有一群支持者说,社会源于人们全心全意受到圣灵吸引并借助某一神秘之物分享上帝的力量和爱。另一群支持者则认为,社会是一种生物学现象,它是血脉相连的结果。血脉是把子孙和他们的共同祖先彼此团结起来的纽带,是农夫和他所耕种的土地之间的神秘和谐。

这种心理现象是真实存在的。有一些人经历过这种神秘交流,认为这种经验比什么都重要；另有一些人则深信,他们听到了血脉的呼唤,而且还能闻到他们所珍爱的独特的乡土气息。这种神秘的经验和心醉神迷的感觉就像其他心理现象那样,是心理学必须认真看待的。这些神秘的交流学说的错误不在于它们声称这些心理现象确实发生了,而在于它们认为这些心理现象与理性思考无关。

那些不知道同居和怀孕之间因果关系的野蛮人是听不到可以触动一个父亲及其子女的那种"血脉的呼唤"的。现在,由于每个人都知道这个因果关系,一个人如果对妻子的忠贞有充分的信任,那他也许听得到这种声音,但是,如果一个人对妻子的忠贞有疑虑,那么"血脉的呼唤"是没什么用的。从来没人敢说，可以凭"血脉的呼唤"来判断谁才是孩子的父亲。如果一个母亲从小孩出生开始就一直照看他，那她可能听得到这种"血脉的呼唤"；如果她在很早的时候便和小孩失去了联系，后来也许还可以凭借小孩身上的一些痕迹认出他来。例如，小说家曾一度很喜欢加入的情节是小孩身上有胎记或疤痕。但是，如果小孩身上的特征以及从这种特征所得出的结论没有让血脉开口呼唤的话，血脉是不会有声音的。德国的种族主义者坚称，"血脉的呼唤"把德国民族的所有成员神秘地团结起来。但是，人类学显示，德国人其实是一些不同种族、民族和血缘后裔的混合人种，并非某一共同始祖的纯种后裔。最近归入德国的斯拉夫人，不久前才把他们的父系姓氏改成德语拼音的姓氏，他们认为这样就可以和德国人血肉相连了。另外，他们也没有体验到有什么内在的冲动，促使自己与那些目前仍然是捷克人或波兰人的兄弟或亲戚团结在一起。

"血脉的呼唤"不是一个原始的基本现象，而是由人的理性思考引发出来的问题。因为某人相信他自己和另一个人有着共同的血缘关系，所以他对该人发展出某种特别的情感，于是有些人就将这种特别的情感以诗情画意的形式形容为"血脉的呼唤"。

对宗教信仰的心醉神迷以及神秘的乡土情结也是同样的情形。虔诚的神秘信仰者和圣灵的神秘交流，是以信仰者熟悉所有宗教信仰的基本教义为前提的。一个人只有在得知上帝的伟大和荣耀后，才可能会有和他直接交流的体验。神秘的乡土情结与特定的地缘政治思想的发展有关。因此，平原或临海的一些居民在宣扬与他们热情联结的乡土印象中，纳入了一些他们不熟悉也不可能适应的山地区域，只因为这些区域是某个政治实体的领土，而他们本来就是或者希望是这个政治实体的成员。

而且，如果一些邻近区域凑巧是某一外国的领土的话，即使这些区域与他们的乡土非常类似，他们往往也不会在他们的乡土印象中纳入这些区域。

一个民族或不同的语群以及他们分别形成的一些社群，不一定是友好的、团结的。每一个民族的历史都记载着各个分支彼此厌恶甚至仇恨的事迹。例如，英国的英格兰人和苏格兰人，美国的北方人和南方人，德国的普鲁士人和巴伐利亚人。其实正是一些意识形态克服了民族或不同语群之间的敌意与憎恨，进而启发了所有成员衍生出那种被称为"共同体"或彼此相连的感觉。当今的民族主义者将这种感觉视为自然的原始现象，其实，它们是特定意识形态的结果。

两性之间的彼此吸引是人类固有的动物性之一，与思想和推理没有任何关系。我们不妨把性吸引形容为原始的、生殖的、本能的或神秘的，也不妨断言性吸引使两个存在创造出一个存在，这些都是理所当然且不会有什么危害的。我们可以称性吸引为两个实体之间的神秘交流，两者形成了一个共同体。然而，不管是同居之前、同居时还是同居之后的性吸引，都不会产生社会合作和社会性质的生活模式。在交配时，动物也会聚在一起，但它们未发展出社会关系，家庭生活并不仅仅是两性交配的结果。父母和子女像现在这样一起生活在家庭里，绝不是自然的和必要的。交配关系不必然导致家庭组织，人类的家庭是思想、计划和行为的结果。正是这个事实使得人类家庭与那种被我们比拟为动物家庭的动物群居有着根本的区别。

交流或共同体的神秘体验不是社会关系的起源，而是社会关系的结果。

和神秘的交流神话对立的是另一种神话。据说，不同种族或民族之间有一种自然的原始互斥性。这种互斥的神话声称，有一种本能可以教导人们分辨同一种类的人和不同种类的人，并且教导人们厌恶与自己不同种类的人。高贵种族的子孙厌恶与低等种族的成员发生任何接触。要驳斥这种陈述，只需指出种族混合的事实。由于当今的欧洲没有纯种人，我们必须下结论说，曾经定居在欧洲的那些不同种族的成员之间有性吸引，而没有本能的互斥性。对于这种"不同种族之间有自然的互斥性"的说法，混血儿是活生生的反证。

像神秘的交流那样，种族仇恨也不是人们天生固有的一种自然现象，而是特定意识形态的结果。但即使不同种族之间有这样一种天生的憎恶感存在，这种存在也不会使社会合作变得没有作用，同样也不会使李嘉图的社会联合理论变得无效。社会合作与个人的爱恨或是否存在一种要求人们彼此相爱的普遍戒律，完全无关。人们不是因为彼此相爱或应该彼此相爱才分工合作的，而是因为合作对维护人们自己的利益最有帮助。归根结底，促使个人自我调整以适应社会生活的要求，促使他尊重同胞的权利与自由，以及促使他以协调合作取代仇恨冲突的原因，既不是爱，也不是慈善或任何其他同理心的情感，而是他对私利的"正确理解"。

第七节 大社会

不是所有人际关系都是社会关系。当人们在生死决战中相互残杀时，当人们冷酷无情到好像是在消灭极其有害的物种那般相互争斗时，交战的各方之间也有相互作用和相互关系，但没有社会。社会是联合的行为与合作，每个参与者都把其他伙伴的成功当作成就他自己的手段。

原始的游牧人群或部落之间为了争夺水源地、狩猎场、牧草地和战利品所进行的斗争便是这种冷酷无情的灭绝战。这种斗争完全就是战争。19世纪，欧洲人在新开拓的领土上与原住民的首次冲突也是这种灭绝战。但早在太古时期，在有历史记录之前，另一种交战模式便已开始出现——即使在战争进行中，人们也保留了一些先前建立的基本社会关系。在同先前从未接触过的民族作战时，人们会考虑，尽管目前作战双方处于敌对状态，但未来还是有可能合作的。发动战争是为了伤害敌人，但敌对行为已不再是完全意义上的残酷无情了。交战各方开始尊重某些界限，他们认为和人类斗争并不同于和野兽斗争，有些界限是不可逾越的。在不可调和的仇恨和疯狂的毁灭、破坏中，某个社会元素开始取得优势。人们开始意识到，每个敌人都应该被视作一个潜在的未来合作伙伴，而且在进行军事活动时，这个事实不该被忽略。战争不再是人际关系的正常状态，人们意识到，和平的合作是赢得生存的最佳手段。可以说，一旦人们意识到，奴役战败者比杀死战败者更有利，即使还在战斗，人们也会考虑战斗的后果——和平。大体上，奴役战俘是走向合作的一个预备步骤。[1]

即使在战争中，也不是所有行动都是被允许的。有些战争行为是合法的，有一些则是非法的。有一些法律，即有一些社会关系是位于所有民族之上的，甚至位于那些暂时彼此交战的民族之上。这样的想法逐渐占据上风，终于建立了包含所有人

---

[1] 关于奴隶的生产力，亚当·斯密在其所著《原富》中有一些有趣的观察。他说，奴隶比自由人的生产力低，因为比较欠缺努力。此外，第二十一章第九节也有相关论述。——译者注

类和所有民族的大社会，所有区域性社会汇合在一起便成为一个包含全世界的大社会。

不以野兽的方式进行野蛮战争，而是按照人道的和社会的战争规则进行战争，交战各方会放弃使用一些毁灭性的方法以使敌人做出同样的让步。只要交战各方遵守这些规则，他们之间便还存在着社会关系。"敌对"行为本身不仅是非社会的，更是反社会的。"社会关系"的定义如果包括那些旨在消灭别人或阻挠别人的行为，那就是不对的。[1] 当人们之间只存在以互相伤害为目的的关系时，这个世界就不会有社会，也不会有社会关系。

社会不仅仅是互动。世界的各个部分之间也都有互动，即相互影响：在狼和它所吞噬的羊之间，在细菌和它所杀害的人之间，在滚落的石头和它所击中的东西之间。然而，社会总是指人与人之间的合作，以便让所有参与者都能达到他们各自的目的。

第八节　攻击和毁灭的本能

有人曾经断言，人是一种掠食性野兽，与生俱来的自然本性驱使他们攻击、杀戮和毁灭。文明创造出非自然的人道主义的舒适环境，使人远离他的动物性本能，并努力消除自己本能的冲动与欲望。文明已经把人变成了堕落的弱者，他以自己的动物性为耻，并且骄傲地把自己的堕落叫作真正的人道。为了防止人类的进一步退化，我们必须要把他从文明的恶劣影响中

---

[1] 这就是利奥波德·冯·韦塞（Leopold von Wiese）使用的术语。参见《一般社会学》(*Allgemeine Soziologie*)（慕尼黑，1924年），第一卷，第10页。

解放出来，因为文明只是劣等人的一个狡黠的发明。这些劣等人太过软弱，根本不是活力四射的英雄的对手；他们太过怯懦，不敢承受应得的惩罚——被彻底灭绝；他们也太过懒惰和傲慢，不适合作为服侍主人的奴隶。于是，他们借助于一种狡猾的障眼法。他们颠覆了永恒的宇宙法则所确定的永恒的价值标准，他们宣扬一种充满自卑感的道德观，把高贵的、卓越的英雄品性称作恶习。这种奴隶的道德反叛必须通过对所有价值的重新评估来拨乱反正。这个奴隶的道德体系和这个出自弱者对强者心怀憎恨的产物必须被完全抛弃；强者的道德体系（确切地说是废弃所有道德规范）必须取代奴隶的道德体系。人，必须成为和他的先祖，即昔日高贵的野兽相配的子孙。

这种学说通常被称为社会达尔文主义。我们在这里无须评判这个名称是否得当，但是，给这种学说冠上演化的或生物学的称号无论如何都是一个错误。这种学说贬低整个人类的历史，把人类从他们把自己提升到非人类祖先之上而摆脱纯动物性存在以来的发展视为不断的退化和衰落。对于如何评价生物身上的那些变化，除了判断那些变化是否成功地让生物个体适应赖以生存的环境，从而改善它们在生存竞争中的机会，生物学没有提供任何标准。事实上，从这个观点来看，文明应该被视为一件好事，而不是一件坏事。它让人得以在与其他生物，包括大型的掠食性猛兽以及更为致命的微生物为生存而竞争时，未曾落败；它使人的求生手段更加丰富；它使人长得更高，更敏捷灵巧，更多才多艺，也更长寿；它使人成为地球上无可争议的主人；它使人口增加了无数倍，并且把生活水平提升到史前时代天然穴居的人类从未梦想过的高度。没错，这个演化过程阻碍了某些能力和天赋的发展，这些在生存竞争中曾经有用的能力和天赋如今因为情况的改变而不再有用。它也使得一些在社会框架下生活所不可或缺的才能和技巧得到发展。然而,任何生物演化的观点绝不会对这种变化吹毛求疵。坚硬的拳头和好战的性格对原始人有用,就好比精于算数和正确拼写的能力对现代人有用一样。只把过去对原始人有用的那些特质称为自然的、与人的天性相配的,而把文明人迫切需要的那些才能和技巧贬抑为变质的和生物性退化的标志,完全是任意的、武断的,而且无疑是违背生物学标准的。建议人类回归史前祖先那样的身体和心智特征,不会比劝他们放弃直立行走并且再长出一条尾巴更为合理。

值得一提的是,那些站在最前面、叫得最欢,且颂扬我们的野蛮祖先的一些凶残行动的人,身体是如此脆弱以至于根本达不到"危险生活"所要求的条件。尼采在精神崩溃之前已经病得很厉害了,他唯一能忍受的是瑞士恩加丁山谷以及某些意大利山区的气候。如果文明社会没有保护好他那脆弱的神经,使他免于生活的折磨,他肯定无法完成自己的著作。那些倡导暴力革命的人,在他们所揶揄讽刺和鄙薄轻蔑的"资产阶级安全"所提供的保护伞下,撰写他们的著作。他们可以自由发表有煽动性的文章,因为他们所蔑视的自由主义保障了新闻和出版自由。如果他们不得不舍弃他们所鄙视的对文明的祝福,他们肯定会感到绝望的。瞧!那是什么样的奇特景观!一个胆小怯懦的作家乔治·索列尔(Georges Sorel),对残忍野蛮的称颂是如此极端,他甚至谴责现代教育体系削弱了人类那天生残暴的倾向。[1]

我们可以承认,原始人身上那种杀戮和毁灭的习性和残忍的倾向是天生的。我们也可以假定,在人类早期社会,攻击和杀戮倾向有利于保护生命。人,曾经是一种凶残的野兽(这里

---

[1] 乔治·索雷尔,《暴力的弹性》(*Réflexions sur la violence*)(巴黎,1912年,第3版),第269页。

无须深究史前人类是肉食性的还是草食性的动物）。但我们不可忘记，从体格上来说，人是一种软弱的动物。当时，如果人没被赋予一种奇特的武器——理智的话，他肯定不是大型掠食性野兽的对手。人是一种理性的生物，所以他不会毫不反抗地屈服于任何冲动，而是会运用理性来考虑和安排自己的行为。从动物学的观点来说，这样的事实不可称之为不自然的。理性行为意味着，人在无法满足自己所有的冲动、愿望和欲求时，会放弃某些自己认为比较不迫切的满足。为了不危害社会合作的运行，人不得不放弃满足某些欲望，因为这些欲望的满足会阻碍社会制度的确立。毫无疑问，这样克制自己的欲望是痛苦的，然而，人已经做出了选择。人已经放弃满足某些与社会生活不兼容的欲望，而选择优先满足其他欲望，这些欲望只有在某种分工体系下才能被满足或被更充分地满足。于是，他开始迈向文明、社会合作和富裕之路。

这个选择并非不可改变，也并非最后的决定。父辈的选择不会妨碍儿孙辈的选择，儿孙辈能把从前的决定颠倒过来。每一天，他们都能进行价值的重新评估，都偏好野蛮甚于文明，或者像某些作家说的，偏好灵魂甚于心智，偏好神话甚于理智，以及偏好暴力甚于和平。但他们必须有所取舍，因为要同时拥有彼此不兼容的事物是不可能的。

基于价值中立的观点，科学不会谴责暴力原则的倡议者赞美疯狂的谋杀和虐待。价值判断是主观的，而自由的社会给予每个人自由表达其看法的权利。文明尚未根除原始人特有的一些倾向，例如，攻击、嗜血和残忍等。它们蛰伏在许多文明人身上，一旦文明所发展出来的一些约束失效，它们便会爆发出来。相信你还记得纳粹集中营中那种无法形容的恐怖景象吧！新闻不断报道的一些可憎的犯罪情节表明，人类潜在的兽性冲动依然存在。一些畅销小说和电影所描述的主题是血腥暴力，斗牛和斗鸡能吸引大批观众。

如果某位作家说："乌合之众渴望血腥，而我和他们一样。"他这么说也许是正确的，正如他断言原始人喜欢杀戮那样正确。但是，如果他忽略这种施虐欲的满足对社会的持续存在其实是有害的，如果他断言"真正的"文明和"好的"社会是由那群明目张胆地纵容自己沉溺于暴力、杀戮和残忍的人所成就的，如果他觉得压抑残暴的冲动危害了人类的演化，而以野蛮原则取代人道原则将拯救人类免于退化；那么，他就错了，社会分工与合作建立在各种纷争的调和之上。正如赫拉克利特所言，所有社会关系的源头不是战争，而是和平。人，除了杀戮的欲望，还有其他一些天生的欲望。如果他想满足其他欲望，就必须放弃他的嗜杀冲动。想要尽可能好又想要尽可能长久地维系生命与健康，人就必须意识到，尊重他人的生命与健康比相反的行为模式对他达成目的更有帮助。某人也许会遗憾，真实的事态是这个模样，但是，无论多少遗憾都不可能改变这个确定的事实。

以不理性来批判上面的陈述是没用的。所有本能的冲动都无法用理性来检视，因为理性只研究达到目的的手段，不研究最终目的。但人之所以有别于其他动物，恰恰在于人不会自然而然地屈服于本能的冲动，即他自己的意志不会完全不起作用。人类通过理性在不兼容的欲望之间做出选择。

我们不能告诉人们：纵容你们的杀戮冲动吧，因为它是纯正的人性，而且最有益于你们的幸福。我们必须告诉他们：如果你们想要满足嗜血的欲望，就必须摒弃许多其他欲望；你们希望有食物吃，有酒喝，有房子住，有衣服穿，以及有其他无数种只有社会才能供应的事物；你们不可能拥有一切，你们必须做出选择；危险的生活和残暴的施虐也许会让你们高兴，但它们与你们不想失去的安全与富裕是不兼容的。

作为一门科学，行为学不会侵犯个人的选择和行动的权利。最终的决定权在行为人手中，不在理论家手中。科学对生活和行为的贡献不在于确立价值判断，而在于说明人必然会在什么情况下行动以及各种行为模式会产生什么效果。行为学提供行为人做出选择时必须具备的所有信息，让他充分了解各种选择的后果。可以说，行为学给行为人准备了一份成本和收益的估算表。如果行为学在这份估算表里少列了一项可能会影响行为人的选择与决定的成本或收益的话，行为学就不可能完成这个任务。

当今关于现代自然科学（特别是达尔文主义）的一些误解

当今一些反对自由主义的人士，包括右翼的和左翼的，把他们的学说建立在错误地解读现代生物学的成就上。

第一，人是不平等的。18世纪的自由主义和当今的平等主义一样，都从"所有人都生而平等，而且他们都被他们的创造者赋予了一些已确定的不可转让的权利"这个"自明之真理"出发。然而，某个从生物学衍生出来的社会哲学的倡导者却说，自然科学已经以一种无可辩驳的方式证明了人是不同的。在对自然现象进行实验观察的框架里，"自然权利"这种概念没有立足之处。对于任何生命的生死或喜悲，大自然不会有同情心，也不会有感觉。大自然具有铁一般的必然性和规律性。把模糊的自由概念和宇宙秩序的绝对法则联结在一起，是形而上学的无稽之谈。因此，自由主义的根本观念被揭露为一种谬误。

没错，18世纪和19世纪的自由民主运动从自然法学说和个人天生拥有不可剥夺的权利中汲取了一大部分力量。这些观念源于古代哲学和犹太神学，后来则吸收了基督教的思想。一些反对旧罗马天主教的新教派以这些观念为核心论述其新的政治主张。后来，许多杰出的哲学家相继对这些观念的内容进行完善。于是，这些观念变得流行起来，成为一股推动民主演化的最大力量。时至今日，这些观念的支持者仍然大有人在，但这些支持者不关心这个不容争辩的事实：上帝或大自然并没有平等地造人，因为有些人生下来很健壮，而有些人则有残疾。在他们看来，人与人之间的所有差异都源于教育、机遇和社会制度。

但是，功利主义哲学和古典经济学的论述与天赋人权或自然权利学说完全没有关系。对功利主义哲学和古典经济学来说，唯一的要点是社会功效。它们提出民选政府、私有财产、容忍异见以及出版与言论自由，不是因为这些是自然的、公正的，而是因为这些是有益的。李嘉图哲学的核心在于证明社会合作和劳动分工对各方面都优越且效率高的人与各方面都低劣且效率低的人皆有利。边沁（Bentham）这个激进的哲学家大喊："自然的权利是单纯的废话；自然的绝对权利是荒谬之词。"[1] 对边沁来说，"政府的唯一目标应该是使社会中尽可能多的人获得最大的幸福"。[2] 因此，在研究是非对错的标准时，他不在乎人们对于上帝或大自然的计划与意图有什么意见，因为那些所谓计划与意图永远不是凡人所能探知的，他只专注于发现什么最

---

[1] 边沁，《无政府主义谬论：对法国大革命期间发表的〈权利宣言〉的审查》(*Anarchical Fallacies; being an Examination of the Declaration of Rights issued during the French Revolution*)，载于《边沁作品集》(*Works*)，第二卷，第501页。

[2] 边沁，《民法典原理》(*Principles of the Civil Code*)，载《边沁作品集》，第一卷，第301页。

有助于增加人类的幸福快乐。马尔萨斯指出，由于大自然限制了生存的手段，所以大自然没有赋予任何生命存在的权利。此外，如果不假思索地沉溺于天生的繁殖冲动，人将永远不能摆脱濒于饿死的状态。他声称，人的文明与幸福能发展到什么程度依赖于人学会以道德约束把自己的性欲克制到什么程度。功利主义者抨击专制政府和特权，不是因为它们违反了自然法，而是因为它们不利于社会繁荣。功利主义者倡导民法之下人人平等，不是因为人们生而平等，而是因为这样的法律有益于大众福利。现代生物学驳斥了虚幻的自然法和人生而平等的观念，但也只是在重复功利主义者所倡导的自由主义和民主，而功利主义者在很早以前就以一种更有说服力的方式表述过这些观念。显然，生物学的学说也无法否定关于民选政府、私有财产、言论和出版自由，以及法律面前人人平等这些制度的社会效果等功利主义哲学的效用。

当今赞同社会解体和暴力冲突的各种学说盛行，不是因为社会哲学被调整到顺应生物学的一些新发现，而是因为人们几乎普遍抛弃了功利主义哲学和经济理论。人们已经用一种不可调和的阶级冲突与国际冲突的意识形态取代了"正统的"意识形态；后者认为所有个人、社群和国家的长期利益是和谐一致的。人们现在彼此攻击是因为他们深信：消灭对手是唯一能增加他们幸福的手段。

第二，达尔文学说的社会含义。有一派社会达尔文主义者说，达尔文所提出的演化理论已经清楚地证明，自然界没有和平，也没有尊重其他生命和福祉这种事情。自然界永远存在斗争，而那些没能成功保卫自己的弱者面对的是无情的毁灭。自由主义的永久和平计划——国内的和国际的——是虚幻的理性主义的产物，它违背了自然秩序。

然而，达尔文理论从马尔萨斯那里借来的这个"物竞天择"概念必须被当成一个比喻来理解。"物竞天择"的意思是，一个生物积极地抵抗各种对其生命有害的力量。如果要在这种抵抗中获得成功，该生物必须与其赖以生存的环境相适应。它不必一直坚持像人与各种病菌之间那样的消灭战。理智已经证明，对人来说，改善自身处境最适当的手段是社会合作与分工。社会合作与分工是人最重要的"生存斗争"工具。但是，社会合作与分工只在有和平的地方才能发挥作用。战争和革命不利于人的"生存斗争"，因为它们破坏了社会合作机制。

第三，理性和理性行为是不自然的。基督教神学鄙视人的各种动物性功能，并且把"灵魂"描述为某种和所有生物现象无关的东西。对这种哲学的过激反应使一些现代人倾向于蔑视人和其他动物的不同之处。在他们看来，人的理智不如人原来的动物性本能和冲动，理智是不自然的，所以也是不好的。对他们来说，"理性主义"和"理性行为"是有可耻含义的字眼。真正完美的人服从自己的原始本能多于服从自己的理性。

显而易见，理性——人的最主要特征，也是一种生物现象。和智人的其他特征，如直立行走或无毛的皮肤相比，理性既不是自然的，也不是不自然的。

第九章　思想的作用

第一节　人的理智

　　理智是人独有的特征。理智是否可以作为认识绝对真理的工具呢？对于这个问题，行为学无须深究。行为学所说的理智，仅限于使人得以行动的理智。

　　那些作为人的感觉、知觉和观察基础的对象其他动物也都能通过感官呈现。但是，只有人才能把感官刺激转变成观察与经验，而且也只有人才能把各式各样的观察与经验变成连贯的思想体系。

　　行动之前，先有思考。思考是在事前权衡将来、在事后反省过去的行为。思考和行为是分不开的。每一种行为总是基于某一确定的因果关系的概念。想到某一因果关系，就是想到某一定理。没有思考的行为与没有理论的实践，都是不可想象的。一个人的思考可能犯错，他相信的理论也可能是错的，但是，思考和理论绝不会在任何行为中缺席。另一方面，思考总是涉及某一潜在的行为，任何正在思考纯理论的人也会假定该理论是正确的，即按照该理论去采取行动将产生该理论所预期产生的结果。所以，从逻辑上来说，理论所预设的行为是否实际可行是无关紧要的。

思考的主体永远是个体。社会不会思考，一如它不会吃饭也不会喝水。人的思考演化——从原始人那种幼稚的思考演化到现代科学这种比较微妙的思考——发生在社会框架内。然而，思考本身永远是个人成就。有联合的行为，但绝不会有联合的思考。思想传统是保存前人的思想，并且把思想传递给后人以刺激他们思考。然而，人除了把前人的思想再思考一次，没有什么别的办法可以接收和利用前人的思想。然后，他当然也可以根据前人的思想再往前迈进。思想传统最主要的承载工具是语言文字。思考是和语言挂钩的，反之亦然。各种概念都以语言文字为载体。语言是思考的工具，就像语言也是社会行为的工具那样。

思想和观念的历史是一个持续地跨代对话过程，后代的思想产生自前代的思想。没有前代思想的刺激，智力是不可能进步的。人类发展的连续性是在为后代播种，同时也是在前人开辟和耕种的土地上收获，这也体现在科学和思想史上。我们从祖先那里继承了各种财货与产品，这是我们物质财富的来源，我们同样也继承了许多观念和思想、理论和技术，这是我们通过思考创造生产力的来源。

但是，思考永远是个体的表现。

第二节　世界观和意识形态

指导行为的各种理论往往是不完善的，也是不令人满意的。它们也许是互相矛盾的，不适合被组成一个全面的和连贯的体系。

如果我们把指导某些人或团体的行为的所有定理和理论视为一个连贯的综合体，并且尽可能地把它们组成一个系统，即一个综合的知识体系，我们便可以称之为一种世界观。世界观作为一种理论，是对所有事物的一种解释，是一种行为准则，是关于尽可能消除不适的最佳手段究竟是什么的看法。因此，一方面，一种世界观是对所有现象的一种解释，而另一方面，它也是一种技术。解释和技术在这里是从广义上来说的。宗教、形而上学和哲学的目标都在于提供某种世界观，它们解释宇宙现象，它们也建议人们怎样行动。

"意识形态"这个概念的范围比世界观狭窄。提到意识形态时，我们想到的只限于人的行为和社会合作，而不会涉及形而上学和宗教信仰问题，也不会涉及各种自然科学以及它们所衍生出的各种技术。意识形态是所有关于个人行为和社会关系之教条（或原则）的综合。不管是世界观还是意识形态，其范围都超出纯粹价值中立以及实然的学术研究必须遵守的界限。它们不仅包含各种科学理论，也包含应然的教条，即关于人在世俗中应该实现的最终目标。

禁欲主义教导人们说，要消除痛苦，获得完全的平静、满足和快乐，唯一的办法是远离尘嚣，弃绝尘世。人要获得解脱，除了放弃追逐物质幸福，甘心忍受尘世旅程的各种苦难，终生致力于为永恒极乐的来世做准备，没有别的办法。然而，坚定不渝地奉行禁欲主义的人毕竟太少了，甚至要举个例子都不容易。禁欲主义主张的那种完全消极的处世态度似乎是违背自然的。生活中的诱惑占据了上风，禁欲主义的原则不再纯净了。即使是最圣洁的隐士也对生活中的利害关系做出了一些不符合隐士严格处世原则的让步。但是，一个人一旦为世俗所牵绊，一旦承认世俗的意义超越了纯粹出世无为的理想，不管这种承认是有限的还是与他所信奉的教条格格不入的，他都已经跨越了那道把他和所有认可各种世俗追求的人分隔开来的鸿沟。于是，他和所有人便有了共同之处。

在有些领域中，人不能靠纯粹的推理和经验获得知识，人的思想差异如此之大，以至于永远也不可能达成一致。在这些领域中，人的思想不受逻辑思维和感官经验的限制，因而人能尽情地宣泄自己的个性和主观思想。没有什么比有关超自然的观念和印象更具个人主观性的了。语言文字无法传达任何关于超自然的感觉，任何人都无法确定听者心里想的和说者心里想的是否相符。人们对于超自然的东西不可能有意见一致，宗教战争是最可怕的战争，因为这种战争没有任何和解的可能。

但是，当涉及世俗的时候，所有人的自然亲和性以及维持生命所必需的生物性条件的一致性便开始发挥作用。分工合作具有较高的生产力，这使得社会合作成为每个人实现自己的目的的最重要的手段（不管是什么目的）。每个人都关心社会合作的维系和进一步加强。每种世界观和每个意识形态，只要不是绝对地奉行禁欲主义和追求隐居遁世的生活，都必定会注意到这个事实：社会是达成各种世俗目的的伟大手段。于是，人们便有了一个共同的基础，并可以从这个基础出发，清除障碍，比如，针对一些比较不重要的社会问题和社会组织的细节达成一致意见。不管各种意识形态之间有怎样的冲突，它们有一点是和谐的——它们都承认人必须生活在社会里。

人有时候未能看到这个事实,因为在面对各门派的哲学思想和意识形态时,人们比较关注它们在超自然和不可知的事物方面说了些什么,而不太关注它们在世俗行为方面的陈述。一个意识形态体系的各个部分之间往往有着无法逾越的鸿沟。对行为人来说,真正重要的是那些行动准则,而不是那些纯学术的、对社会合作框架里的行为没有任何意义的论述。我们可以忽略坚定不移的禁欲主义哲学,因为这种严格的禁欲主义势必导致它的拥护者彻底灭亡。由于其他意识形态都赞同拥有各种生活必需品,这使得人们不得不在某种程度上考虑分工下的生产力比独自工作的生产力更高的事实。于是,它们都承认人需要社会合作。

行为学和经济学没有资格处理任何学说中属于超自然和形而上学层面的问题。但是,诉诸任何宗教或形而上学的教条与信仰,也不能证明符合逻辑的行为学推理所发展出来的那些关于社会合作的定理和理论是无效的。如果某派哲学承认人与人之间的社会联系是必要的,那么它便处于必须正视社会行为问题的处境中,不可能躲进不受科学方法彻底检视的个人信念和信仰宣示里。

这一基本事实往往被人们所忽视。有些人认为世界观的分歧所产生的冲突是不可调和的。有人说,持不同世界观的各方之间的根本对立是不可能靠妥协而得到调和的。这些对立源自人的灵魂深处,是个人天生能够与某些超自然的永恒力量交流的显现。在持不同世界观的人之间,不可能有合作。

然而,如果我们回顾所有政党的纲领——包括那些被详细阐释并且广为宣扬的政纲,以及一些政党执政时实际执行的党纲——我们便能轻易地发现,上述解读是错的。当今所有政党都想为它们的支持者争取世俗的幸福与繁荣。它们承诺将使经济情况变得让它们的追随者更加满意。就这个议题而言，在罗马天主教和各个新教之间，只要它们介入政治和社会问题，就没有什么差别，甚至在基督教和非基督教之间，在支持经济自由的政党和支持唯物论的政党之间，在民族主义者和国际主义者之间，在种族主义者和种族和平论者之间，也同样没有差别。没错，许多政党认为，除非牺牲别的社群，否则它们自己的社群不可能繁荣；有些政党甚至认为，把别的社群彻底消灭或征服为奴，是让它们自己的社群得以繁荣的必要条件。但是，对它们来说，灭绝或奴役别的社群不是最终的目的，而是达成它们想要的最终目的——它们自己的社群繁荣兴盛——的一个手段罢了。这些政党知道它们的策略是由一些错误的理论所推导出来的，而且一定不会带来它们所预期的有利效果，那么它们势必会改变它们的政纲。

关于不可知的超出人的思维能力范围的东西——各种宇宙哲学、世界观、宗教、神秘主义、形而上学和概念幻想，人们对它们的浮夸描述有很大的差异。但是，各种意识形态的实际要义，即关于在世俗生活中要实现什么目的，以及要用什么手段达到这些目的，其给出的说教却是一致的。诚然，不管是关于目的还是关于手段，不同的意识形态之间还是有一些差异和对立的。不过，其关于目的的差异，并非不可调和，那些差异不至于在社会行为方面妨碍合作。至于那些只涉及手段和行为模式的差异，由于纯粹属于技术层面的问题，更可以用理性的方法予以检视。在党派争执最激烈的时候，如果某个党派声明："在这一点上，我们无法继续与你们协商，因为这个问题触及我们的世界观，在这一点上，我们必须严格坚持我们的原则，不管结果如何。"我们只需要更仔细地检视问题便可了解，这种声明把彼此的对立说得比实际情况还要尖锐。事实上，对所有下定决心要为人民争取世俗幸福，从而赞同社会合作的政党来说，社会组织和社会行为模式不是最终原则和世界观的问题，而是意识形态的问题。这些是技术性的问题，它们总是可以找到一些方法加以解决。没有哪个政党会倾向于社会解体、无政府状态和退回到原始的野蛮时代，而不愿意解决技术性问题——尽管它们必须在某些意识形态细节上做出让步。

在政党的纲领中，这些技术性问题当然至关重要。一个政党是与一定的手段绑在一起的。它推行某些政治方法，而拒绝所有它认为不适当的方法和政策。一个政党是所有渴望使用同一手段、共同行动的那些人结合而成的团体。对人进行区分，又同时整合各政党的原则是关于手段的选择。因此，就政党本身而言，它所选择的手段是它的根本。如果一个政党所选择的手段被看作明显无效的话，它注定是没前途的。鉴于政党首领的威望和政治前途是和党纲绑在一起的，它们也许有充足的理由不想让党纲的原则被无限制地讨论；它们也许会说党纲具有不容置疑的最终目的的性质，说党纲是以某一世界观为依据的。但是，对政党首领自称要代理的那些人民，以及他想要拉拢并想要获得其选票支持的选民来说，事情有另外一面。这些人民不反对仔细检查每一个党纲的每一个环节，他们认为，这种纲领只不过是在推行某种手段罢了，而要知道这种手段对于达成他们自己的目的——世俗的幸福——是否有用，必须对其进行仔细检查。

现在有些政党被称为世界观政党，因为对于最终目的，这些政党坚持一些基本的哲理。但是，使它们彼此之间有差异的，是关于最终目的的表面分歧。它们彼此对立，或者涉及宗教信仰，或者涉及国际关系问题，或者涉及生产工具所有权问题，或者涉及政治组织问题。但我们能证明，所有这些对立和分歧都是关于手段的，而不是关于最终目的的。

且让我们从一国的政治组织问题讲起。有些人支持民主政治体制，有些人支持君主世袭体制，有些人则支持所谓的精英统治或独裁专制。[1]没错，有些人在推行这些政纲时，往往会提到一些神圣的建制、宇宙永恒的法则、自然秩序、历史演化不可避免的趋势，以及其他一些超越经验认知的事物。但是，这种陈述只是附带条件。在吸引选票时，这些政党提出的是另一套说辞。它们急于证明，它们所主张的制度将比其他政党主张的制度更能成功实现选民所要实现的目的。它们会列举过去在他们执政时期或实施相同制度的其他国家已经达成的一些有利结果，它们还会贬抑其他政党的政纲，细数这些政纲过往的失败。它们不仅会借助纯粹的推理，也会借助历史经验的解读，证明它们自己的建议是最优秀的，而它们的对手的那些建议则是无效的。它们的主要说词总是：我们主张的政治体制将使你们更富裕、更满意。

在社会的经济组织方面，有自由主义政党主张生产手段私有制，有计划经济政党主张生产手段公有制，还有干预主义政党主张某个第三种制度，并且声称这种制度距离计划经济和距离资本主义一样远。在这些政党的冲突中，也有人大谈特谈基本的哲理问题，比如真正的自由、平等、社会正义、个人权利、社群共同体、团结和人道主义等。但是，每个政党都下定决心要以逻辑推理和历史经验的解读证明，只有自己的制度才能使选民过上富裕和满足的生活。每个政党都会告诉人民，实现它

---

[1] 现代独裁专制的典型是法西斯党和纳粹党等独裁政权。

的政纲将使人们生活水平提高,并超过其他政党的党纲所能提高的生活水平。每个政党都坚决主张它的各项计划合宜、有效。显然,各个政党彼此之间的差异不在于目的,而只在于手段。所有政党都自称要为大多数选民谋求最大的物质幸福。

民族主义政党强调,不同的国家之间有不可调和的利益冲突,但是,就国内所有公民而言,个人"正确了解利益"却是彼此和谐的。一国要想更繁荣,只能以牺牲他国的繁荣为代价。只有自己的国家更繁荣,公民才可能过得更好。自由主义者有不同的看法,他们认为,不同国家的利益是和谐的,正如一国之内不同个人、团体、阶级或阶层的利益是和谐的一样。要达成他们和民族主义者都想要实现的目的——本国的繁荣幸福,国际合作是一个比国际冲突更适合的手段。他们之所以主张和平与自由贸易,绝非像民族主义者指责的那样,用出卖本国的利益去成就外国人的利益。相反,他们认为,要使本国富裕繁荣,国际和平与自由贸易是最佳手段。自由贸易主义者和民族主义者的区别不在于两者的目的不同,而在于彼此用来达成(相同的)目的的手段不同。

宗教信仰方面的纠纷不能用理性的办法解决。宗教冲突基本上是很难和解或调和的。然而,一个宗教团体一旦涉入政治领域,并尝试处理社会组织问题,势必要考虑一些尘世的利害关系,不管这种考虑多么有违教义和信条。从来没有哪个宗教敢在世俗活动中坦率地告诉人们:实现我们的社会组织计划将使你们贫穷,将损害你们的世俗幸福。一贯坚持清贫生活的宗教人士会选择退出政治舞台、遁世隐居。但是,那些想要吸引新的信徒,想要影响信徒的政治、社会活动的教会和宗教团体则一向拥护世俗的行为原则。在处理人的尘世旅程的诸多问题时,它们和任何非宗教政党几乎没有什么两样。在竞选拉票时,它们比较强调为教友准备了什么物质利益，而较少谈及天堂的至福。

理性思考揭示了社会合作是达成人世间所有目的的伟大手段。只有那种附和支持者而完全放弃尘世活动的世界观，才会疏于留意这样的理性思考和结论。因为人是社会动物，只能在社会里茁壮成长，所以，所有意识形态都不得不承认社会合作尤为重要。所有意识形态都必须谋求成立最满意的社会组织，必须赞同人们对改善物质幸福的关心。因此，所有意识形态都植根于一个共同基础，使它们有所差别的，不是世界观或是无法理性讨论的超越经验范围的问题，而是手段和方法层面的问题。意识形态的这种对立是可以用行为学和经济学的科学方法予以彻底研究和解决的。

去伪存真

在对伟大的思想家所建构的哲学体系加以批判检视后，我们时常可以发现，在那些看似一贯相连的综合思想体系所组成的宏伟建构里，存在着一些瑕疵和裂缝。即使是天才，在草拟某个世界观时，也未能避免一些矛盾和谬误的演绎推理。

公众舆论所接受的那些意识形态，常受到人的思想的影响。那些意识形态大多是由一些彼此不兼容的观念折中拼凑起来的，其内容禁不起逻辑的检视，其内在的诸多矛盾是不可补救的，也无法把不同的部分拼凑成一个一以贯之的思想体系。

有些论述者尝试为这些意识形态的矛盾辩护。他们说，不管这些意识形态从逻辑上来看是多么不理想，折中妥协后都并非一无是处。他们说，折中妥协有利于人际关系的顺畅运行。他们参照流行的谬见，说生命和现实是"非逻辑的"，并据此声称，对于一个矛盾的思想体系来说，也许结果将证明它是合宜的，甚至事实会证明它是一个真理，因为它会令人满意地运作，反而是逻辑一致的思想体系将导致灾难。这里无须重新驳斥这种流行的谬误。逻辑思考和现实生活不是两条分开的轨道。对人来说，逻辑是用来克服现实问题的唯一工具，而那些矛盾的想法在现实中也会有矛盾。矛盾的想法无法提供令人满意的或行得通的办法来解决现实抛出的问题。意识形态内部矛盾的唯一作用是隐瞒真正的问题，从而妨碍人们及时找到适当的方法解决这些问题。一些矛盾的意识形态有时候也许能延缓冲突的出现，但是，也肯定会加重它们所遮掩的问题的严重性，使得彻底解决问题更加困难。矛盾的意识形态使痛苦加倍，使仇恨加深，使和平成为不可能。认为意识形态的一些矛盾无伤大雅，甚至有益，其实是一个严重的错误。

行为学和经济学的主要目标是要以逻辑一贯正确的意识形态取代流行的折中主义所产生的那些矛盾的教条。除了理性所提供的手段，没有其他手段可以防止社会解体并保障人的处境逐步得到改善。人们必须在心力所能达到的极限内努力把所有相关问题想个明白，不可默许前人留下来的任何解决办法。人们必须重新质疑每一种理论和每一个定理，不可在努力扫除谬论并寻找最佳认知时有任何松懈，人们必须揭露那些似是而非的学说，详细讲解真理，去伪存真，永不懈怠。

这里涉及的一切问题都是纯粹的智力问题，它们必须被当作纯粹的智力问题来处理。把它们转移到道德领域，同时把那些拥有不同意识形态的人叫作恶棍，这种对待问题的方式其实是一种灾难。一味地坚持认为我们想达到的目的是好的，而我们的对手想达到的目的是不好的，那是没用的。我们需要解决的问题正是什么该被视为好的，以及什么该被视为不好的。宗教团体和乌托邦主义那种特有的僵化的教条主义只会导致不可调和的冲突。它预先谴责所有反对者为恶棍，质疑反对者的真诚，要求反对者无条件投降。在这种态度横行的地方，没有社会合作的可能。

另一种当今很流行的不好心态动辄就把不同意识形态的支持者称为精神失常者。关于精神正常和失常的鉴别，精神病医生所给出的意见并不是很明确。外行人介入精神医学来解决这个问题肯定是不明智的。然而，很明显，如果只因某个人提出错误的见解并且根据自己的误解去行动，人们便把他视为精神失常的，那么，要找到一个可以称之为精神正常的人，肯定是非常困难的。如果那样，我们势必要把以前的人称为精神失常者，因为关于自然科学的一些问题，他们的想法以及处理问题的方法，和我们今天的想法与方法不一样。而未来的人们也将根据同一理由，说我们是精神失常者。人是会犯错的，如果犯错是精神不健全的特征，那么，每个人都可以被称作精神失常者。

同样，即使某个人的意见和同时代的多数人的意见不一样，我们也不能说他精神失常。哥白尼、伽利略和拉瓦锡是精神失常者吗？历史的常态是，一个人想到了一些和别人不同的新观念，其中有些后来被纳入公认的真实的知识体系内。难道只容许称呼那些从来没有自己想法的人为精神正常者，而拒绝给所有创新者同一称呼吗？

当代某些精神科医生的治疗方法实在太离谱了，他们完全不知道行为学和经济学的理论。他们对当今一些意识形态的认识相当肤浅，而且对它们的对错也没有什么判断能力。然而，他们却轻佻地称呼某些意识形态的支持者为"偏执狂"。

有些人，现在通常被称为"货币怪咖"。"货币怪咖"提出了一个使每个人都能变富裕的货币措施,他的那些计划是虚幻的。然而,这些计划却是某个货币意识形态一以贯之的应用,而这个意识形态不仅获得了当下舆论的赞同,而且几乎得到了所有国家政策的青睐。经济学家针对此意识形态的许多错误之处所提出的那些反对意见,反而得不到各国政府、政党和媒体的正确对待。

那些不熟悉经济理论的人通常认为,信用扩张和流通中的货币数量增加是有效的手段,可以把利率永远降低到不受人为操纵的资本与借贷市场所决定的利率水平以下。这个理论是全然虚幻的。[1] 但是,它却几乎指导了当代所有政府的货币和信用政策。根据这个错误的意识形态,没人能有效地反对蒲鲁东（Pierre-Joseph Proudhon）、苏尔维（Ernest Solvay）、道格拉斯（Clifford Hugh Douglas）和其他许多自称为"改革者"的人所提出的那些计划。这些人只是比其他人更彻底地一以贯之罢了。他们希望把利率降为零,从而完全消除资本的稀缺。任何人若想驳斥他们,就必须攻击各主要国家的货币与信用政策所依据的那些理论。

精神科医生也许会提出反驳说,一个精神失常者的特征恰好在于欠缺节制,且总是走向极端,而正常人是足够审慎,他们知道自我约束,偏执狂却总是逾越所有界限。这样的反驳实在令人不敢苟同。所有支持信用扩张能把利率从 5% 降至 4% 或从 3% 降至 2% 的那些理由,对于把利率降为零的主张也同样有效。从大众认可的那些货币谬论的观点来看,这些"货币怪咖"的建议无疑是对的。

---

[1] 参见第二十章。

有些精神科医生称拥护纳粹主义的德国人为"精神失常者",并且希望通过一些治疗手段医治他们。这里,我们又遇到了同样的问题。那些纳粹主义的理论是不对的,但它们基本上与他国公众舆论所赞同的国家主义的意识形态并无不同。纳粹主义的特殊之处仅在于纳粹在德国的特殊情况下一以贯之地应用了这些意识形态。和当代所有国家一样,纳粹主义也主张政府控制企业以及实现本国经济的自给自足,即闭关自守。纳粹政策的不同之处仅在于,对于其他国家也采纳同一闭关自守政策导致德国利益受损的现实,纳粹绝不接受。正如纳粹自己所言,他们不甘心永远"禁锢"在一个人口相对过剩的区域里,况且该区域的自然条件还使劳动生产力低于其他国家。纳粹相信,其本国人口众多,地理位置具有战略优势,他们的军队天生精干强壮、勇敢英武,这让他们有很好的机会通过武力侵略来消除自己强烈反对的那些不公平、非正义及其他弊端。

不管是谁,一旦把民族主义等意识形态视为真理,作为自己国家的政策标准,那么,他便没有立场去反驳纳粹党员根据这些意识形态所得出的那些结论。其他拥护这类主义的国家,若想驳斥纳粹主义,唯一的办法就是在战争中打败纳粹党。而且,只要世界舆论认为这样的意识形态是至高无上的真理,德国人民或其他国家的人民将会再度尝试以侵略手段达成他们的目的——如果他们觉得下一次很可能成功的话。想要根除侵略者的心态,就必须彻底摧毁衍生出这种心态的那些错误的意识形态,否则是没有希望的。这不是精神科医生的任务,而是经济学家的任务。[1]

---

[1] 参见米塞斯的《全能政府》(*Omnipotent Government*)(纽黑文,1944年),第221—228页,第129—131页,第135—140页。

德国人的问题肯定不在于他们没有遵守福音书的教诲——没有哪个国家遵守过福音书。除了没有什么影响力的极少数教友派信徒，几乎所有基督教教派和宗派都曾经为战士的武器送上祝福。在从前的日耳曼征服者当中，最冷酷无情的，便是那些以十字架为名而征战的条顿骑士。当今德国人的侵略性的根源在于德国人抛弃了自由主义哲学，以民族主义和国家主义取代了主张自由贸易与和平的自由主义原则。如果人类不能重新相信遭到鄙视的"过时的""曼彻斯特哲学的"和"自由放任的"理念，那么唯一可以防止新的侵略战争的办法就只有剥夺德国人发动战争的手段，使他们变得对世界无害。

人，只有一个去伪存真的手段：理智。

第三节　影响力

社会是人的行为的结果。人的行为受意识形态的指引。因此，社会和任何具体的社会事态都是意识形态的结果，但意识形态不是既定社会事态的结果。没错，人的思想和观念不是孤独的个体创造出来的。思想若要有所收获，也需要通过许多思想家的合作。如果总是推倒重来的话，任何人都不可能在推理思考上有什么进步。一个人能在思想上有所进步，完全是因为他在努力之余得到许多思想前辈的帮助。前人的努力产生了许多思考工具，产生了许多概念和术语，而且也提出了许多重要的深具启发意义的问题。

任何社会秩序在建立之前都要经过深思熟虑和合理计划。某种意识形态在时序与逻辑上的先发性并不意味着人们事先草拟了一份完整的社会体系建构计划，就像空想家草拟的那样。实际上，我们需要事先考虑的不是怎么协调众人的行为形成统一的社会组织体系，而是人们各自对他们的同胞采取怎样的行动，以及既有的人民团体对其他团体要采取怎样的行动。一个人在帮助同伴砍树之前，必定事先想好如何合作。在以物易物的行为发生前，彼此交换财货与服务的念头必定是事先想好的。相关个人不一定需要知道这种相互关系实际上会导致社会联系的确立以及社会体系的出现。个人既没计划也没刻意实施那些要建构整个社会的行为。他的行为和其他人的相应行为产生了各种社会联结。

任何现存的社会事态都是以前意识形态的产物。在社会中，一些新的意识形态可能会出现，并且取代一些旧的意识形态，从而改变社会体制。然而，社会总是由一些时序与逻辑上先发的意识形态创造的。行为总是受到观念的指引，行为完成了思想先前已经计划好的事项。

如果我们把意识形态的概念实体化或拟人化，我们也许可以说，意识形态对人有影响力。影响力是指引行为的能力或权力。通常我们只在讲到某个人或某个团体时，才会说他或它有影响力。这时，影响力是指引他人行为的权力。影响力来自某一意识形态。只有意识形态才能让某个人拥有影响他人选择与行为的权力。一个人之所以能成为一个领袖，完全是因为他得到了某个意识形态的支持，这个意识形态促使别人对他臣服并与他配合。因此，影响力不是一种有形的东西，而是一种道德性的精神现象。一位国王的影响力在于他的臣民认可君权统治的意识形态。

统治国家的人利用他的影响力管理国家，即管理对人民实施强制手段的社会机构。统治是在一个政治实体里运用影响力。统治总是以影响力为基础，即以指引他人行为的权力为基础。

当然，政府是有可能建立在暴力镇压反抗的人民之上的。国家和政府的特色标志就是对那些不自愿屈服者使用或威胁使用暴力。然而，这种暴力镇压也同样建立在意识形态的影响力之上。想要使用暴力的人需要某些人的自愿合作。一个人完全靠他自己，便不可能以暴力维持统治。[1] 他需要一群意识形态的支持者，以便制服其他人。专制统治者必须有一群自愿听从其命令的随从。这些人的自发服从使专制统治者拥有用来征服他人的工具。他是否成功，并使他的统治地位得以持续，取决于两群人的相对人数，即那些自愿支持他的人和那些被他打到屈服的人哪一边的人数比较多。一个专制统治者虽然可以凭借少数人的支持暂时维持统治，因为少数派一方有武器，而多数派一方没有武器，但是，长期而言，少数派是不可能使多数派保持驯服的。被压迫的一方终将起义，摆脱专制的桎梏。

一个具有持续性的统治体制必定奠基于某一得到多数人认可的意识形态之上。现实因素，即那些作为统治基础并且让统治者拥有可以对少数顽强的反对者使用暴力的权力的"现实力量"基本上是意识形态的、道德的和精神的。历史上那些未能意识到这个第一统治原理的统治者，自恃他们的军队无敌，鄙视精神力量和观念，最后都被对手打败了。许多政治和历史书籍常见的一个错误就是把影响力解读为一种无须依靠意识形态的现实因素。"现实政治"（Realpolitik）一词，只有被用来表示所采取的政策是以普遍接受的意识形态为根据的，而不是以一些未获得充分认可且不能长久支撑统治体制的意识形态为根据的时，才有意义。

有些人只是以主管部分军警力量的次级官员那种偏狭观点来

---

[1] 一个流氓也许能压制某个比较软弱或没有武器的同胞。然而，这和社会生活毫无关系，它是单一的反社会事件。

看问题，所以他们才会把影响力解读为可以坚持下去的真实的现实权力，并且认为暴力行为是统治的真正基础。其实，在居于统治地位的意识形态框架里，某些确定的任务被分派给这些次级官员执行。他们的长官把一些军警部队托付给他们管理，这些部队不仅有充足的战斗装备、武器和强大的组织，而且还被大量地灌输了服从上级命令的精神。这些下属部队的指挥官把这种精神因素视为理所当然的，因为他们自己也同样被灌输了这种精神，他们甚至不能想象还有什么别的意识形态。一个意识形态的力量就在于人们没有任何迟疑或顾虑地顺从它的指引。

然而，对政府首脑来说，事情不是这样的。他必须注意保持军警部队的士气以及人民的忠诚。因为这些精神因素是关系到他的统治地位能否持续的唯一现实因素。如果支持该权力的意识形态消失不见，他的权力就会被削弱。

少数派有时候凭借优越的军事技巧也能征服多数派，从而建立少数派统治政权，但是，这种统治秩序不可能持久。如果那些获胜的征服者随后没能成功地把一开始的暴力统治体制转变成一种获得被统治者认可的意识形态统治体制，那么他们势必在新的斗争中败亡。所有那些获得胜利并且曾经建立持久统治体制的少数族群，都是凭借后来的意识形态优势巩固他们的统治地位的。他们为了使自己的统治合理化，也可能顺从被征服族群的意识形态，或者改变这些意识形态。凡是这两个条件没有被满足的地方，被压迫的多数族群或者借由公开反叛，或者借助意识形态的力量通过沉默但坚定地实践，到后来都会撵走压迫他们的少数族群。[1]

---

[1] 参见第二十三章第三节。

历史上许多伟大的征服之所以能够持久，完全是因为入侵者和被征服民族中的某些阶级形成了同盟关系。这些阶级获得了族人的主流意识形态的支持，即被族人视为合法的统治者。欧洲中古世纪的鞑靼人在俄罗斯，土耳其人在多瑙河流域的诸公国以及匈牙利和特兰西瓦尼亚（Transylvania），近代英国人在西印度群岛，以及荷兰人在东印度群岛，采取的就是这种统治体制。而少数英国人之所以能够统治数以亿计的印度人，是因为印度的公侯和贵族把英国人的统治看作让他们的特权得以维持的一种手段，于是他们把一般印度人民认可的能够支持他们享有统治地位的那种意识形态的影响力，提供给外来的英国统治者。只要印度的公众继续认可传统的社会秩序，英国统治下的印度帝国便是稳固的。英国统治下的和平保障了印度公侯和地主的特权，也保护了一般印度民众免于无休止的战争的痛苦，包括公侯之间的战争和各公侯国内部的继承之争。在我们这个年代，来自国外的颠覆性思想的渗透已经侵蚀了英国在印度的统治基础，同时也使得印度那种历史悠久的社会秩序岌岌可危。

得胜的少数族群有时候是由于技术优势而获得成功的，但是，这改变不了前面的论点。长期而言，要阻挡多数族群拥有武器是不可能的。不是装备精良的军队，而是一些意识形态因素保护了待在印度的英国人。[1]

一国的舆论也许在意识形态上有严重的分歧，以至于没有哪一群人能获得足够多的意识形态支持，于是便没有足够的影响力建立一个持久的政府，这时，就会出现无政府状态。革命

---

[1] 这里我们讨论的是少数欧洲人在非欧洲人国家的统治地位维护问题。关于未来亚洲人可能入侵西方的展望，参见第二十四章第二节。

和内斗将成为常态。

传统主义是一种意识形态

传统主义作为一种意识形态认为，忠于祖辈或祖辈留下来的价值标准、习惯和程序方法不仅是正当的，也是有利的。这里的祖辈不必然是生物学意义上的祖先，也不必然是有证据能被认定为这种生物学意义上的祖先。所谓的祖辈有时候只是有关国家的原住民或同一宗教信仰曾经的支持者，以及完成某一特殊任务的先驱。什么人会被当作祖先以及什么实体内容会被当作传统留下来，取决于各种传统主义的具体教条。这种意识形态凸显了部分祖先，而把其余的祖先遗忘掉。有时候，它会把一些与所谓后代子孙毫无关系的人称为"祖先"。它时常会捏造一个"传统的"教条，其实这个教条是不久前才出现的，而且也与祖先真正坚持的意识形态不符。

传统主义为了替它的那些教条辩护会尝试引证该教条过去所取得的成功。至于他们所说的成功是否属实，则是另外一回事了。相关的研究有时候能在传统的历史陈述中发现一些错误，然而，这不必然会推翻传统教条。因为传统主义的核心不是真实的历史事实，而是关于历史事实的看法——不管它错得多离谱，以及信服那些历史悠久的某些权威的决心如何。

第四节 社会改良论和进步思想

只有在一个具有目的性的思想体系里，"进步"和"退步"

的观念才有意义。在这种思想框架内，人们把接近目标称作"进步"，而把反方向的移动称作"退步"是合理的。如果没有具有动因的行为作为参照，以及已确定的目标，"进步"和"退步"的观念就是空洞的，也是没有意义的。

许多19世纪哲学的缺点之一就是错误地解读了宇宙变化的意义，而把"进步"的观念偷偷搬进生物演化理论里。从任何给定的事态回顾过去的事态，我们能恰当地按照中性意义使用"发展"和"演化"这些字眼。于是，"演化"一词表示的是从过去的情况导致目前这一情况的那个过程。但是，我们必须慎防把它与"改变""改善"以及"朝向比较高级的生命形式演化"等相混淆。同样不容许的，是以某种假冒科学的人类中心说（anthropocentrism）取代宗教的人类中心说和古老的形而上学教条。

然而，行为学无须批判这种哲学。它的任务是铲除当今的意识形态所隐含的种种错误。

18世纪的社会哲学深信，人类已经进入了理性时代。过去是神学和形而上学的错误观念当道，而今后将是理性主导一切。人们将逐渐从传统和迷信的枷锁中解脱出来，可以专心致力于改善社会体制。每个时代的人对此一光荣任务都将贡献一份心力。随着时间的推进，社会将越来越趋近自由人的社会，也将会以最大多数人的最大幸福为目标。当然，暂时的挫折是难免的。但是，好的目标终将实现，因为好的目标就是理性的目标，当时有些哲学家认为，他们自己的幸福就在于，身为启蒙时代的公民，他们可以借由发现理性行为的法则为人间世事的不断改良铺就一条康庄大道。让他们痛惜的只是自己过于年迈，无法亲自见证他们参与创建的新哲学的所有效果。边沁对夏斯莱（Philarete Chasles）说："但愿我被授予特权，把我还能活着的这几年挪到我死后的每一个世纪末,这样我就能见证自己著作的影响了。"[1]

所有这些希望,都建立在那个时代所特有的坚定的信念上:人民群众不仅道德良善,而且也是有理性的。上层阶级——那些锦衣玉食的贵族特权阶级在当时被认为是腐败堕落的。而一般平民,尤其是小农和工人,在浪漫的气氛下,则被称颂和美化为品行高贵而且拥有永不出错的判断力。当时的哲学家就是这样笃定地认为,民主政治——由人民统治——将使社会变得完美。

这种偏见是当时的人道主义者、哲学家和自由主义者的致命错误。人不可能不犯错,他们经常犯错。事实上,人民群众并不总是正确的,并不总是知道什么手段可以达到他们想要的目的。相信普通人并没有比相信国王、僧侣和贵族的神奇天赋有更好的依据。民主政治可以保证有一个符合多数人愿望与计划的统治体制,但是,民主政治不能阻止多数人误信错误的观念,不能阻止他们采纳不适当的政策,其结果不仅达不到他们想要的目的,反而会带来灾难。大多数人也可能犯下大错,摧毁我们的文明。好的目标不会仅凭它本身是合理而有利的就必定获胜。只有当人们终于下定决心要拥护合理的、可行的政策手段时,文明才会进步,而社会与国家也才可能让人们更满意。不过,这种满意不是形而上学意义上的幸福。不管这个条件是否存在,只有未知的未来才能揭晓答案。

在行为学的理论体系里,没有社会改良论和乐观的宿命论的容身之处。人,每天必须在导致成功的政策和导致灾难、社

---

[1] 菲拉莱特·查斯莱斯,《人与人的关系研究》(*Études sur les hommes et les moers du xixe siècle*)(巴黎,1849年),第89页。

会解体和回到野蛮状态的政策之间做选择。就这个意义来说，他是自由的。

"进步"一词，若用来形容宇宙事件或某个综合性的世界观是没有意义的。因为我们对最原始的动因（agent）或原动者（prime mover）有些什么计划一无所知。但是，如果在某个意识形态的框架内使用"进步"一词，那就不会没意义。绝大多数人会争取比较多、比较好的食物、衣服、居住环境和其他便利设施的供应。经济学家虽然把人民群众生活水平的提高当作进步和改善，但这可不是在拥护唯物主义。经济学家只是在确立一个事实：人们有一种想要改善物质生活条件的动机，这种动机驱使他们行动。经济学家从人们想要达到的目的出发评判政策的好坏。一个鄙视婴幼儿死亡率下降，以及饥荒和瘟疫逐渐消失的人，也许会带头攻击经济学家的这种唯物主义观念。

评估人的行为的标准只有一个，即它是否适合达到行为人想要达到的目的。

第十章 社会中的交换

第一节 独自交换和人际交换

行为基本上是某一事物和另一事物的交换。如果某个人的行为完全不涉及与他人的合作,我们可以称之为"独自交换"。举一个例子:一个猎人独自猎杀了一只动物供自己食用——他用闲暇时间和一盒子弹为代价,来交换食物。

社会中的合作,以人际(社会)交换取代独自交换。一个人给他人东西,是为了从他人手中获得其他东西,所以相互关系出现了,人帮助他人是为了得到他人的帮助。

交换关系是最基本的社会关系。把人们联系起来的社会关系,是由财货或服务的人际交换编织而成的。社会形成的公式是:彼此交换。如果没有刻意的相互交换关系,如果某人在做出某一行为时,并没有打算从别人的行为中获得任何好处,那么,就没有人际交换,而只有独自交换。至于该独自行为对他人是有利、有害，还是没有任何关系，都是无关紧要的。一个天才执行任务，可能只是为了他自己，而不是为了群众，然而，他却是人类的恩人。一个强盗为了自己的利益而杀害某人，这个被害人绝不是这桩罪行的同伙，而只是这桩罪行的对象。强盗的所作所为，是不利于被害人的。

恶意攻击是人的非人类祖先的日常行为，至于有意识、有目的的合作则是长期演化的结果。关于早期的原始人际交换形态，民族学和历史学都提供了有趣的信息。有些学者认为，人们有送礼和回礼的习惯，并会事先约定用什么回礼，这是人际交换的初步形态。[1] 另有些学者则认为，缄默的以物易物（dumb barter）是原始的交换形态。然而，期望获得他人的回礼而送礼，或为了获得某个人的好感以避免他的敌意所能导致的灾难而送礼，就已经等于人际交换了。缄默的以物易物也是一样，这种交换与其他以物易物的交换形态的不同之处在于，它没有通过口头讨论。

人的行为的各种基本元素的基本特征在于，它们是必然伴随着行为发生的、完整的且不可能有中间过渡阶段的。采取还是不采取某种行为，交换还是不交换，泾渭分明。在每一个事例中，是否有与行为和交换相关的元素主要取决于人们有没有行为与交换。同样，独自交换和人际交换之间的界线也是泾渭分明的。单方面送礼，没打算获得受礼者或其他第三者任何形式的报答的是独自交换。这时送礼者因受礼者的处境改善而感到满意，而受礼者则把这礼物视为天上掉下来的好事。但是，如果送礼是为了影响某些人的行为，那么送礼就不再是单方面

---

[1] 古斯塔夫·卡塞尔（Gustav Cassel），《社会经济理论》（*The Theory of Social Economy*）（伦敦，1932年），第371页。

的事了，而是送礼者和他打算影响的对象之间的人际交换。虽然人际交换的出现是长期演化的结果，但在独自交换和人际交换之间是不可能有逐渐地转变阶段的。在这两种交换之间，没有任何中间阶段的交换形态。从独自交换过渡到人际交换的这一步是跳跃的一步——一跃变成本质上完全不同的崭新事物，就像从人体细胞与神经的自动反应过渡到有意识、有目的的动作一样，或者说，过渡行为也是跳跃的一步。

第二节　契约型联结和支配型联结

社会合作有两种不同的形态：依靠契约与协调的合作，以及依靠命令、服从或霸权支配的合作。

只要合作是基于契约的，合作双方之间的逻辑关系便是对称的。他们每个人都是人际交换契约的一方。某甲之于某乙的关系，和某乙之于某甲的关系是一样的。只要合作基于命令与服从，那就必然有某个发号施令的人，而其他人则听从他的命令。这两个人之间的逻辑关系是不对称的。在这种联结中有一个指挥者，还有在他指挥监管之下的一些人。指挥者独自选择和指挥，而其他人——被监管者，则只是指挥者用来执行其独自行为的卒子。

任何社会团体赖以形成和汲取活力的源泉总是某一意识形态的影响力，而一个人之所以成为某个社会团体的成员，原因在于这是他自己的选择。这个陈述对于支配型的社会联结同样有效。没错，人们通常出生于占主导地位的支配型社会联结里，也就是出生于某个家庭、某个国家，出生于一些现在已经消失的支配型社会联结里,比如奴隶制度和农奴制度。然而,任何肢体暴力和强制,都不可能迫使人们违背自己的意志留在支配型联结的社会秩序里当一个被监管者。暴力或暴力威胁所导致的是这样一个事态:人们在面对这个事态时,通常认为屈服比反叛对自己更有利。在顺从与不顺从的后果之间做抉择时,被监管者偏好前者,于是他把自己整合到相关的支配秩序里。每一个新命令都一次又一次地把抉择的机会摆在他面前。他一次又一次地选择服从,这为支配型社会体制的持续存在贡献了一份力量。即使在这种体制里,他只是一个被监管者,他也仍然是一个行为人,即他不是一个只会一味选择服从的盲目冲动的存在,而是一个在面临不同选项时会使用理性进行选择的存在。

支配型联结和契约型联结的不同之处在于,人们各自的选择对事态发展的影响范围不同。一个人一旦决定要服从某个支配型的体制,则在该体制的活动范围内以及在他的服从期间内,他就变成指挥者用来实施其行为的一个卒子。在支配型的社会体制里,在该体制指挥下属可操作的范围内,就只有指挥者在采取行为。所有下属及被监管者所能做出的行为都只是在选择是否服从。一旦他们选择了服从,他们便不再为自己采取行动,而是由别人代理负责。

在一个契约型的社会框架内,个别成员彼此交换质量有保证的财货或服务。而一个人选择服从某一支配型团体后,他既没有给出也没有获得任何实际的事物。他把自己整合到某个体制里,在那里,他必须提供质量无法保证的服务,也将获得指挥者愿意分配给他的报酬。他听任指挥者摆布,只有指挥者可以自由选择。指挥者是一个人还是一群有组织的人(比如指挥部或董事会),以及指挥者是一个自私疯狂的暴君还是一个仁慈如父的专制君主,对于整个支配型体制的结构来说,是不相关的。

这两种社会合作形态的不同之处是所有社会理论的普遍认识。弗格森（Ferguson）以好战的民族和商业民族为对比，阐述这种区分[1]；圣西门（Saint Simon）以好战的民族和爱好和平的民族或工业化民族为对比；斯宾赛（Herbert Spencer）以个人自由的社会和争斗结构的社会为对比[2]；桑巴特（Sombart）以英雄和小商贩为对比[3]。有些人对两种类型的社会的区分，一方面是原始社会状态下无比美妙的"氏族组织"（gentile organization）和未来永恒极乐的计划经济体制；另一方面则是当今难以表述的堕落的资本主义社会。[4]纳粹哲学家对虚伪的资产阶级安全体制和英勇的威权领袖体制进行区分。不同的社会学家对这两种社会体制的评价不同，但是，他们完全同意上述对比，而且也一致承认，再没有第三种社会组织可以想象的或是可行的。

西方文明以及一些比较先进的东方文明，都是人们按照契约形态协调合作的成果。没错，这些文明在某些方面采取了支配型结构的合作关系。国家作为一个强制与胁迫机构，必然是一个支配型的组织，家庭也是一个支配型的组织。然而，这些文明的特征是各个家庭之间特有的那种契约型结构。早先的家

---

[1] 亚当·弗格森，《公民社会史随笔》（An Essay on the History of Civil Society）（巴塞尔，1789年），第208页。

[2] 赫伯特·斯宾塞，《社会学原理》（The Principles of Sociology）（纽约，1914年），第三卷，第575—611页。

[3] 维尔纳·松巴特，《汉德勒与英雄》（Haendler und Helden）（慕尼黑，1915年）。

[4] 弗雷德里克·恩格斯，《家庭、私有财产和国家的起源》（The Origin of the Family, Private Property and the State）（纽约，1942年），第144页。

庭几乎是完全自给自足的，在经济上几乎是完全孤立的。当初取代各个家庭经济自给自足模式的那种财货与服务交换模式，在所有实现文明发展的民族里，都是契约型合作。历史经验表明，迄今为止的人类文明，绝大部分是契约型合作的结果。

任何形态的人类合作与社会关系实际上都是一个和平的与调解纷争的秩序。任何社会团体，不管是契约型的还是支配型的，其内部关系必须是和平的。任何地方，只要有暴力冲突，就没有合作，也没有社会性联结。有些政党渴望以支配型体制取代契约型体制，它们批评和平与资产阶级的安全是腐败易碎的，颂扬暴力与流血是高贵的道德，称赞战争与革命是自然的人际关系处理方法，其实这是自相矛盾的，因为它们口中的和平的国度就是乌托邦。这些政党将采取绥靖的办法把乌托邦创造出来。所谓绥靖的办法，就是要以暴力征服所有那些不准备放弃抵抗和不直接投降的人。在一个契约型的世界里，不同的国家能和平共存。在一个支配型的世界里，只能有一个帝国或共和国，而且也只能有一个指挥者。计划经济必须选择放弃涵盖全球所有人民的分工秩序所产生的利益，或建立一个包含全世界的支配型秩序。就是这个事实，使俄罗斯的布尔什维克主义、德国的纳粹主义和意大利的法西斯主义变得"很有活力"，即"很有侵略性"。在契约型的关系中，帝国会分解成一个松散的联盟，其中各个成员国是独立自主的。支配型的体制势必要争取兼并所有的独立国家。

契约型的社会秩序是一种权利与法律的秩序，一个法治之下的统治体制，不同于福利国家或家长式的干预体制。权利与法律是一套复杂的规则，决定了人们自由行动的范围。在一个支配型的社会里，被监管者没有这种自由；在支配型的国家里，既没有权利也没有法律，只有各种指令和规定，指挥者可以天天改变它们，也可以随自己的心情任意利用它们：无论如何，那些被监管者总是必须遵守这些规则。被监管者只有一种自由：默默地服从。

第三节　可计算的行为

所有行为学的基本概念和元素都是永恒不变的，因为它们是由理性思维和人类生存所依附的那些自然条件所决定的。无论采取某个行为还是思考某个与行为有关的理论，人都不可能脱离或超越这些概念与元素。对人来说，超出行为学范畴的行为是不可能存在的，也是不可想象的。人无法理解那些既不是行为也不是非行为的事物。行为没有历史，没有什么演化过程会从非行为过渡到行为。在行为和非行为之间，没有任何过渡阶段，只有泾渭分明的行为和非行为。而且对每一个具体行为来说，所有从"一般行为"概念演绎出来并被确立的那些论点都是严格有效的。

每一个行为都可以对应一个序数，但对基数的应用和根据基数的算术计算，则需要特殊的条件。在契约型社会的历史演化过程中，这些条件出现了。于是，在计划未来的行为以及在确定过去的行为所取得的一些成果时，人们可以应用算术计算。基数及其在算术上的应用，也是人类思维中永恒不变的范畴。但是，它们是否能应用于行为的事前思考和事后记录则要看某些特定条件是否存在。这些条件在人类发展的早期阶段并不存在，是后来才出现的，而将来则可能消失。

当初就是人们对于行为可以用基数计算的世界所发生的一

些事情有所认识，人们才推理和发展出行为学和经济学这两门科学的。经济学本质上是论述行为范畴的理论，在这个范畴内的行为，是可以被计算的，或者如果某些条件成立的话，是可以被应用的。对人的实际生活以及对人的行为研究来说，不会有什么比行为是不是可以计算更为重要的区分了。现代文明最重要的特征就在于，它已经发展出一套系统性的方法，使人们得以在广泛的活动范围内使用算术计算。当人们以"理性"一词来形容现代文明时（这样做其实不是很妥当，也时常引起误会），他们心里想的，就是广泛使用算术计算的事实。

理解与分析一个使用算术计算的市场体系所呈现的众多问题是经济思想的出发点，这在后来导向一般行为学知识。然而，并不是因为考虑到这个历史事实，我们在阐述一个完整的经济理论体系时才必须从分析市场经济体系开始，而且在此之前还必须对经济计算问题进行审查。我们遵循这样的程序，既不是出于历史的考虑，也不是出于启发讨论的考虑，而是源于逻辑与系统性严谨的要求。我们要讨论的那些问题只有在使用算数计算的市场经济领域里，才会一目了然，也才有实际意义。只有借助假设性和比喻性的移转，才能研究不容许算术计算的其他经济组织体系。要想理解所有经济问题，经济计算是关键。